中国人民大学马克思主义学院图书出版资助项目成果

农业国工业化的社会主义模式研究

沈尤佳　著

中国经济出版社
CHINA ECONOMIC PUBLISHING HOUSE
·北 京·

图书在版编目（CIP）数据

农业国工业化的社会主义模式研究 / 沈尤佳著. --北京：中国经济出版社，2022.3

ISBN 978-7-5136-6867-5

Ⅰ. ①农… Ⅱ. ①沈… Ⅲ. ①工业化-研究-中国 Ⅳ. ①F424

中国版本图书馆 CIP 数据核字（2022）第 050183 号

责任编辑 严 莉
责任印制 巢新强
封面设计 任燕飞

出版发行 中国经济出版社
印 刷 者 北京九州迅驰传媒文化有限公司
经 销 者 各地新华书店
开　　本 710mm×1000mm 1/16
印　　张 16
字　　数 214 千字
版　　次 2022 年 3 月第 1 版
印　　次 2022 年 3 月第 1 次
定　　价 78.00 元
广告经营许可证 京西工商广字第 8179 号

中国经济出版社 **网址** www. economyph. com **社址** 北京市东城区安定门外大街 58 号 **邮编** 100011
本版图书如存在印装质量问题，请与本社销售中心联系调换（联系电话：010-57512564）

内容梗概

新中国由一个落后的农业国转变为一个工业国的历史，是与中国共产党执政的历史重合的。社会主义革命和建设为中国特色社会主义的经济成功建立起了基本的物质前提，而不是运用庸俗的一分为二法，把整个历史时期人为地割裂为停滞的前一历史时期和有活力的后一历史时期。中国现代工业革命应当被看作70年的完整历程，跨越了两个时期。

本书拟以1949年新民主主义革命的胜利为起点，解释在垄断资本和帝国主义使落后国家的可自我持续的和累积性的工业发展窒息的条件下，在中国共产党的领导下，中华人民共和国是如何发展成为世界的主要工业力量的，以及传统上是由资产阶级领导的工业革命的任务为什么及如何由旨在社会主义的中国共产党承担。

新民主主义革命的主要成果是在中国近代史上第一次完成实质的国家统一和实质的民族独立，为工业革命的发生准备好了170多年来始终欠缺的两个基本前提。土地改革和资本主义工商业的社会主义改造为剩余积累及其生产性投资奠定了具有中国革命特色的制度基础，生产性投资被优先用于重工业（生产资料部门）的发展。调动劳动力的特殊方法是农村工业化、群众自己掌握科学技术以及思想教育对劳动的激励。

改革开放从两个方面加速社会主义现代化建设（在四个现代化旗帜下物质生产的发展）：一是调动劳动力的新方法，这是由经济体制改革和对外开放实现的。解放生产力的所有手段都被允许使用，并不排除历史上跟资本主义联系在一起的某些手段。农村和城镇劳动力商品化和自由流动，增加了剩余的生产和积累。融入世界体系是国家求存的需要，受新中国身处其中的更大的力量支配。二是保障剩余积累是为中华民族的利益，以及保障剩余用在生产性投资的制度。这就是坚持中国共产党对经济工作的领导，它是四项基本原则的一个内容。一国建设社会主义工业国的努力受到资本主义世界秩序的窒碍。但是，共产党领导的国家作为一个保证者站在那里，它是资本主义的障碍，也是帝国主义的障碍。国家控制经济制高点，避免新中国被西方垄断资本左右命运。

新时代中国特色社会主义融合不能互相否定的前后两个历史时期：继承邓小平的“四个现代化”理论，从坚持四项基本原则到社会主义制度的本质特征是中国共产党的领导，发扬毛泽东的“以人民为中心”思想，“党是领导一切的”和“党的群众路线”相结合，把党的建设放到决定性位置。着手解决之前的历史时期遗留的政治经济体制改革的重大问题，包括以技术进步提高劳动生产率的问题和约束官僚权力的问题，以及随着中国在世界体系的位置经历了边缘、半边缘的位移并表现出向中心突破的趋势，帝国主义对中国的复兴采取愈益强硬和迫切的延缓和控制，对这些严峻的问题一一给出睿智的回答。

从社会主义革命和建设、改革开放和社会主义现代化建设到新时代中国特色社会主义，各个历史时期根据当时特定的条件和对“什么是社会主义、怎样建设社会主义、怎样把农业国工业化”的认识，走出了各有侧重点的路线，殊途同归于一个时代命题：中华民族的现代化与复兴。

本书可能填补国内外对“中国经济奇迹”“中国模式”的缺乏历史逻辑的断章取义式研究的缺陷。本书运用辩证唯物主义的方法，向历史发生学的一切范畴和规律提出具体性的要求，也就是研究这些范畴和规律是在什么样的历史上一定的前提下才是有效和有意义的。着重点不在于由偶然性（比如某一历史事件）生发出的枝节，而在于由必然性（比如生产力和生产关系、上层建筑之间的相互作用）生发出的总规律。如果不坚持这种研究方法，而只是机械地进行数据比较，我们并不能找到中国的新民主主义革命和社会主义革命必然使中国现代工业革命取得人类现代化史上罕见高速度和空前巨大规模的科学结论，反而可能得出错误的结论，错误的理论指导对于中华民族伟大复兴的最终实现是极为不利的。

目录

CONTENTS

导　论

一、问题的提出

农业国家的工业化是一个世界性的问题，经济落后的以农业为主的中国如何走上工业化的道路？中国当时正面临这一复杂而迫切的历史任务。

早在1937年日本侵华战争全面爆发伊始，战争结束以后中国这样一个农业国应该采取怎样的方式实现工业化、中国这样一个农业国要如何实现工业化，成为当时的中国社会科学界讨论的中心议题。

20世纪五六十年代，经济发展学说（Economic Development）在世界范围内成为热门的新兴经济学分支，由美国加州大学洛杉矶分校、麻省理工学院、哈佛大学、芝加哥大学的学者以新古典经济学为范式创建，到20世纪60年代以后偃旗息鼓，地球上没有一个穷国因为西方这门学问的提点而发展起来。

新中国经济的罕见高速增长和空前巨大规模创造了人类史上现代化的奇迹，为经济发展学说的历史研究提供了重要的对象。对中国共产党领导农业国工业化的社会主义模式进行全面系统的研究，无论对于我国继续推进现代大工业体系的建设，还是对于落后的以农业为主的发展中国家走上工业化的道路，抑或是对于经济发展学说摆脱新古典经济学范式的桎梏，使理论拥有对历史现实的解释力量，都具有突出的意义。

二、现有重要学术基础

张培刚的《农业与工业化》写成于20世纪40年代中期。他主张，中国要振兴经济，变落后国为先进国，必须实现“工业化”。“工业化一语，含义甚广，我们要做到工业化，不但要建设工业化的城市，同时也要建设工业化的农村。”①

20世纪20年代末30年代初，在探讨中国经济的发展道路问题上，旧中国学术界曾经展开过一场“以农立国”，抑或“以工立国”的辩论。最先有一些人提出两条可供选择的道路：一条是主张复兴农村；另一条是主张开发工业。后来有一些学者撰文提出第三条道路，主张在农村兴办乡村工业，作为中国经济发展的出路。主张走第三条道路的学者们，不赞成兴办整个国家现代工业的工业化，他们认为中国在帝国主义压迫下，都市现代工业难以发展起来，只能在乡村集镇开办小手工业或乡村企业，慢慢发展后就可以促进整个国家的经济发展。张培刚与撰文主张走第三条道路的观点展开辩论，明确表示第三条道路行不通。他写道：“诚然，农村工业是分散的，但经济的压力如水银泻地，无孔不入；说农村工业易免去飞机的轰炸则可，说能免去帝国主义经济的束缚与压迫，就未免太认不清事实了。所以我们觉得，在帝国主义经济的压力不能免除之时，发展都市工业固然不容易，建立农村工业也是一样的困难。”②

中国的工业化开始于1890年③，但就人民的生活水准提高而言，其

---

①② 张培刚．农业与工业化[M]．北京：中国人民大学出版社，2014：14.

③ 除了官办兵工厂外，1890年以前中国几乎无大工业存在。1890年设立了第一个棉织工厂。1880—1894年建筑了一条铁路，但铁路的大量建造，直到1894年甲午中日战争以后才开始。1890年以前已经存在一些现代工业经营单位。1862年，一个中国公司造出了第一艘汽船。1872年“中国招商轮船局”（China Merchants Steam Navigation Company）成立。第一家碾米工厂在1863年设立于上海，1873年成立第一家缫丝厂，1878年成立第一个现代煤矿，1890年成立第一家钢铁工厂。关于进一步的实际情况，读者可参阅：H. D. Fong. China's Industrialization：A Statistical Survey[D]. Shanghai，1931. 不过张培刚认为，直到第一次世界大战开始时，中国才真正开始发生比较大规模的工业化。因为这是中国自从与列强接触以来第一次获得机会（虽然很短），趁着列强忙于战事，建立和发展自己的工业。

效果实甚微小。中国最初对于西方列强，稍后对于日本，都不过是作为工业产品的一个销售市场和原料的一个供给来源而已。这些乃是殖民地经济的基本特征。中国从首先与西方列强接触，后来与日本接触，直到日本侵华战争爆发整个时期内，尚保持着政治上的“独立”形式，多少能自由制定自己的经济政策，但是自由港埠的开放、大城市租界的设立、对列强在我国内河航行权的承认，使外国工业产品在它们原来由于大规模生产和现代销售组织就已经有了较低成本的基础上，更有了超越中国产品的诸种利益。有些国家运用倾销政策，结果使中国的情况更加恶化。而且，大多数外国货物享有只纳一次低额关税就可以被自由地运到有运输设备的内地的各种便利，而国内货物从甲地被运到乙地反而须缴纳多种关卡租税。在这种情况下，任何幼稚工业要想健康地成长起来都极其困难。中国国内区域之间的关卡壁垒和运输工具的落后，是使商品和生产要素很难自由流动的另一障碍，它们已经阻止了中国的现代工业化很长时间。

张培刚还提到了在社会结构中根深蒂固的诸般障碍。其中，他谈到农场面积过小和工业化的矛盾。中国在工业化过程中无疑地将把农业机器和化学肥料应用到农业中去。问题是：农业机械化发生的可能性究竟有多大？中国农村人口众多，使机器的应用在经济上无利可获；同时农场面积过小，使机器的利用在技术上极为困难。他设想解决农场面积过小带来的问题，是通过采用进步方案合并农场，如由政府从地主手中买进他们无意开垦的农场，然后以合作管理的方式重新分配给自耕农及农业工人；或者由土地所有者自愿将农场用于与无地农民合作。他认为当时的日本侵华战争使战后的土地合并较为容易，华东沦陷区的农场田界多半在战时被破坏，而地主和不少有地农民已经死亡或离开了农场。因此，战后是进行农场合并的最好时机，这种合并还可推广到未沦陷的地区。

张培刚看到了帝国主义对中国现代工业建设的压迫、军阀割据长期阻碍中国的现代工业化、封建地主土地私有制对农业机械化和工业化的阻碍，但没有敢于设想以社会革命破除阻碍的可能性。张培刚考虑到了工业化的激发力量是在社会制度方面，但没有展开详述。

1961 年，奥斯卡·兰格在埃及中央银行连续作了三场报告，谈论“经济发展”问题。兰格指出，把一个进入起飞的经济体与那种或多或少停滞于传统生活方式的经济体区别开的是劳动生产率的增长。这包括三个方面的内容：第一是为了生产性投资而积累一部分产品；第二是技术进步；第三是经济活动组织的改善。这三个方面彼此高度相关，其中根本的是生产性投资，这是一切起飞的共性。①

在更古老的停滞了好几个世纪的经济体里，存在着各种各样的障碍，阻滞经济起飞。兰格把障碍主要归结为生产性投资可用的资源规模狭小。由于劳动生产率低，维系社会劳动力以外的剩余产品很少。更可观的原因是，剩余被用于非生产性目的。剩余的这种非生产性使用与社会关系的制度有关：是封建的，或者在许多国家甚至是前封建的。一切经济起飞皆始于克服这些障碍。这意味着克服封建的或前封建的社会关系，也意味着克服与之相关的精神传统。

第一次世界大战以前，克服或打破传统障碍的方式，也就是剩余被利用以服务于生产性投资的方式是资本积累和城市中等阶级的生产性投资。这一度被认为是唯一的方式。在西欧的城镇，中等阶级的资产阶级首先发展起来，积累了一定数量的财富。与封建阶级不同，他们不会把财富用于炫耀性消费，而是转向生产性投资，变成了导致资本主义发展的基础。② 这就是西欧和后来的美国启动经济发展的资本主义道路。

---

① Oskar Lange. Economic Development, Planning, and International Cooperation [M]. New York: Monthly Review Press, 1963:7－8.

② 当然还有其他源泉：其一，对殖民地的剥削，往往采取直接掠夺的形式。其二，一定数量的资本积累是由国家完成的或是由国家辅助完成的。在资本主义发展的更早期阶段，国家扮演着十分重要的角色，要么是在类似铁路、公共设施以及有时甚至是工商业企业领域的直接投资，要么是对私人企业的补贴。参考：Oskar Lange. Economic Development, Planning, and International Cooperation [M]. New York: Monthly Review Press, 1963.

兰格提出一个理论：第一次世界大战及之后，经济发展的资本主义道路对不发达国家的经济起飞变得不现实，原因是有一个全新的因素进入图景，即垄断资本主义和帝国主义的发展（毛泽东，1940）。来自美日欧的、在欠发达国家的资本投资形成了特殊的属性：①主要剥削自然资源，美日欧掌握的产业把它用作原材料；以及在欠发达国家发展食物生产，以养活美日欧的人口。发展经济的基础设施，如交通、港口以及其他对于海外转运必要的设施。结果，不发达国家的经济变成单向的、原材料和食物出口型经济（保罗·巴兰，1957；兰格，1963）。②美日欧资本在这些国家赚取的利润不是用在这些国家任何较大规模的工业的再投资，而是汇回资本的母国（巴兰，1957；兰格，1963）。而大规模工业是经济发展真正的动力要素。③美日欧垄断资产阶级支持不发达国家的封建因素，作为维系其经济和政治影响力的工具（巴兰，1957；兰格，1963）。这是不发达国家经济起飞的另一重障碍。

结果，新的经济发展的社会主义道路出现。兰格指出，任何地方的社会主义革命发端于两个行动：一是既有的资本主义工业、贸易、金融、交通的国有化；二是废除封建农业社会关系的农业改革，在农民之间分割土地，稍后培育农业生产的合作化。这两个行动为生产性投资提供了积累。国有工业（包括贸易、金融、交通）提供了可用于额外工业投资的利润池。随着新产业的建立，这一利润池会变大。新利润被用于新投资，于是，经济的国有部门成长起来。通过这种方法，一个可自我持续的成长过程启动了。这些国家是不发达的，工业在其经济中扮演的角色没有那么重要，不足以为大规模投资提供需要的资源。额外的投资资源是农民的贡献。农民在农业改革中获得了土地，因而被要求通过税收、主要是义务性的产品缴纳，以很低的价格贡献部分产品给国家。国家把农业人口的贡献投资工业，把越来越多的工业利润做再投资，越来越多的积累被启动，这一发展逐渐拥有了自我持续性和累积性。

兰格指出，起飞的核心在于确保一定数量的生产性投资。充分的投资对于国民经济结构产生真实的、有质量的改变是必要的。最重要的是建立生产资料工业的生产，这种工业生产能够提高经济体的生产力。有两个补充类别的投资也是必要的：一是农业方面的投资以增加食物生产。随着工业的发展，随着雇佣于工业或交通服务等行业的人口的不断增长，需要大量农业产品的剩余来养活这些非农业人口，也需要一定数量的消费品工业的投资，这是人民所需要的，人民的生活标准需要随着工业就业和产出的扩张而提高。二是有一定数量投资于那些为整个人口生产必要消费品的产业。

兰格的经济发展理论的基础是波兰人民共和国和其他东欧社会主义国家的实践。兰格发现的社会主义模式的经济发展规律是否普遍适用于解释其他社会主义国家的经济发展？研究中国共产党领导农业国工业化的社会主义模式，是对兰格的经济发展理论的一个检验。

三、本书的研究对象和主要的研究内容

新中国由一个落后的农业国转变为一个工业国的历史，是与中国共产党执政的历史重合的。社会主义革命和建设为中国特色社会主义的经济成功建立起了基本的物质前提。而不是运用庸俗的一分为二法，把整个历史时期人为地割裂为停滞的前一历史时期和有活力的后一历史时期。中国现代工业革命应当被看作 70 年的完整历程，跨越了两个时期。

本书的研究拟解释在垄断资本和帝国主义使落后国家的可自我持续的和累积性的工业发展窒息的条件下，在中国共产党的领导下，中华人民共和国是如何成为世界的主要工业力量的，以及传统上是由资产阶级领导的工业革命的任务为什么及如何由旨在社会主义的中国共产党承担。

新民主主义革命的主要成果是在中国近代史上第一次完成实质的国家统一和实质的民族独立，为工业革命的发生准备好了 170 多年来始终欠缺的两个基本前提。土地改革和资本主义工商业的社会主义改造为剩

余积累及其生产性投资奠定了具有中国革命特色的制度基础，生产性投资被优先用于重工业（生产资料部门）的发展。调动劳动力的特殊方法是农村工业化、群众自己掌握科学技术以及思想教育对劳动的激励。

改革开放从两个方面加速社会主义现代化建设（在四个现代化旗帜下物质生产的发展）：一是调动劳动力的新方法，这是由经济体制改革和对外开放实现的。解放生产力的所有手段都被允许使用，并不排除历史上跟资本主义联系在一起的某些手段。农村和城镇劳动力商品化和自由流动，增加了剩余的生产和积累。融入世界体系，是国家求存的需要，受新中国身处其中的更大的力量支配。二是保障剩余积累是为中华民族的利益，以及保障剩余用在生产性投资的制度。这就是坚持中国共产党对经济工作的领导，它是四项基本原则的一个内容。一国建设社会主义工业国的努力受到资本主义世界秩序的窒碍。但是，共产党领导的国家作为一个保证者站在那里，它是资本主义的障碍，也是帝国主义的障碍。国家控制经济制高点，避免了新中国被西方垄断资本左右命运。

新时代中国特色社会主义融合不能互相否定的前后两个历史时期：继承邓小平的“四个现代化”理论，从坚持四项基本原则到社会主义制度的本质特征是中国共产党的领导，发扬毛泽东的“以人民为中心”思想，“党是领导一切的”和“党的群众路线”相结合，把党的建设放到决定性位置。着手解决之前的历史时期遗留的政治经济体制改革的重大问题，包括以技术进步提高劳动生产率的问题和约束官僚权力的问题，以及随着中国在世界体系的位置经历了边缘、半边缘的位移并表现出向中心突破的趋势，帝国主义对中国的复兴采取愈益强硬和迫切的延缓和控制，对这些严峻的问题一一给出睿智的回答。

从社会主义革命和建设、改革开放和社会主义现代化建设到新时代中国特色社会主义，各个历史时期根据当时特定的条件和对“什么是社会主义、怎样建设社会主义、怎样把农业国工业化”的认识，走出了各有侧重点的路线，殊途同归于一个时代命题：中华民族的现代化与复兴。

本书可能填补国内外对“中国经济奇迹”“中国模式”的缺乏历史逻辑的断章取义式研究的缺陷[①]。本书运用辩证唯物主义的方法，向历史发生学的一切范畴和规律提出具体性的要求，也就是研究这些范畴和规律是在什么样的历史上一定的前提下才是有效和有意义的。着重点不在于由偶然性（比如某一历史事件）生发出的枝节，而在于由必然性（比如生产力和生产关系、上层建筑之间的相互作用）生发出的总规律。如果不坚持这种研究方法，而只是机械地进行数据比较，我们不但不能找到中国的社会主义革命必然使中国现代工业革命取得人类现代化史上罕见高速度和空前巨大规模的科学结论，反而可能得出错误的结论，错误的理论指导对于中华民族伟大复兴的最终实现是极为不利的。

① 绝大多数研究把“奇迹”仅仅归于 1978 年以后的 40 多年(傅高义,2013;海闻,2006;周其仁,2010;华民,2011;盛洪,2011;姚洋,2012;徐崇温,2015;林毅夫,2008,2010,2018;韩庆祥,2019),认为这是引进市场机制、私有制合法化、引进外资、廉价劳动力与海外市场结合的结果(傅高义,2013;海闻,2006;周其仁,2010;林毅夫,2010;华民,2011;盛洪,2011;姚洋,2012),或是国家力量主导经济的特殊结构的结果(唐任伍,2011;徐崇温,2015;林毅夫,2018;韩庆祥,2019)。

第一章

农业国资本主义工业化的停滞

自周秦以来，中国是一个封建社会。封建社会最主要的生产活动是农业。中国自封建社会解体后，并没有像西欧一样通过旧式的民主主义革命建立起资产阶级专政的资本主义社会。世界历史进入垄断资本主义和帝国主义时代，掐断了中国这个封建农业国的资本主义工业化道路的历史可能性。本章拟回溯封建农业和与之相适应的社会结构如何转化为半殖民地半封建的社会结构，以及这种社会结构如何使近代资本主义陷入一种“主要是不发展”的状态。

第一节　封建农业和与之相适应的社会结构

一般认为中国封建社会是战国中期到1840年鸦片战争前这段时期。封建社会最主要的生产活动是农业。公元9世纪（唐）至公元18世纪（清），中国经济整体水平长期保持世界领先地位。公元8世纪（唐中期）时，3/4人口居住在中国北部，主要的农作物为小麦和谷子。到了公元13世纪（南宋、金、西夏、大理、西辽、蒙古、吐蕃等并存时期），3/4人口居住在长江以南，水利工程和早熟品种为水稻耕作的大规模发展提供了理想的条件，此时主要的农作物是水稻。生产上的发展和产品的多样化提高了人们的生活水平，从公元13世纪到18世纪，中国经济在长期大致保持人均收入稳定的同时，支持了4倍的人口增长。① 社会的物质生产力发展到一定阶段，便同它们一直在其中运动的现存生产关系发生矛盾。封建农业的长期续延制约着整个社会生活、政治生活和精神生活的过程，社会结构长期停滞。

一、土地所有制

最重要的农业生产资料是土地，地主土地所有制是中国封建社会的基本经济制度。从秦代统一中国论起，其大致经历了如下三个阶段的发展变化：自秦汉经魏晋南北朝至唐代中叶，为第一阶段，国家限制地主土地所有制发展；自唐代中叶经过宋元至明代中叶，为第二阶段，国家限制松弛；明代中叶至鸦片战争前的清代前期，为第三阶段，国家限制进一步松弛。

从秦汉到唐代中叶，自耕农大量存在，自耕农经济是国民经济的主体，是封建国家赋役征课的主要对象、财政收入的主要来源。封建国家为了保证财政收入，采取各种措施，反对地主兼并农民的土地，限制地主土地所有制的发展。西汉政权从与封建地主争夺自耕农出发，始终以租重于赋、致民贫困为由，攻击兼并农民土地的豪强地主。“除豪强、抑兼并”是西汉政权的一贯政策。据传汉代有均田之制，由此便发生“田宅逾制”的问题。汉武帝设刺史周行郡国，首先是查问“强宗豪右田宅逾制”之事。汉代限田之议，至西晋发展为实际的土地制度，即占田制、荫客制。贵族和官吏既有财富，又有特权，是兼并农民土地的主要力量，遂成为限田的首要对象。西晋的占田制，对贵族、官吏和农民的占田数额都做了具体规定，既确认了贵族、官吏多占田亩的特权，

① 安格斯·麦斯森．中国经济的长期表现(公元960—2030年)[M]．上海：上海人民出版社，2016:3.

又按品级限制其占有土地自五十顷至十顷。荫客制规定了贵族、官吏庇荫佃客、衣食客的人数，东晋有类似的给客制。这既规定了贵族、官吏占田的具体数额，又通过限制他们占有劳动人手的数量，进一步限制其占田。北魏、北齐、北周和隋、唐五朝皆行均田制，变消极限田为向贵族、官吏和农民授田。如唐代，农民男丁授田一百亩，其中八十亩为口分田，二十亩为永业田。口分田身死交还，永业田终身不还。而贵族、官吏的永业田少者二十顷，多者一百顷。北魏的露田不准买卖。唐代的口分田开始不准买卖，后来有条件地允许买卖。这都是从积极方面培育自耕农，并收限制土地兼并之效，以培养税源。

但是，封建国家的法令并不能阻止贵族地主、官僚地主的法外占田和法外荫客。多次土断、括户也难以遏制。同时，封建等级制度和封建特权盛行，许多贵族、功臣、宠臣常可获得帝王大量赐田。唐代实行均田制时期，仍有赐田。当时人少田多，特别是经过战乱，公田和无主荒田大量存在，勋贵官吏又可用各种名义，向封建国家假、借、请、射公田。自汉代“公田转假”开始，魏晋南北朝益盛行，至唐仍有。有些贵族、官吏还倚仗权势，侵夺和贱市民田。上述这些措置实际都哺育了世族门阀地主。所谓限田、均田之制，至多是不利于庶族地主（或可能包括中小官吏）占田，特别是不利于他们发展大土地所有制。世族门阀地主土地所有制的“一枝独秀”，遂成为这一时期地主占田的重要特征。

恩格斯指出，“完全的、自由的土地所有权，不仅意味着毫无阻碍和毫无限制地占有土地的可能性，而且也意味着把它出让的可能性”①。按照这种标准衡量，这一时期不论是农民还是地主所具有的土地，都只是属于不完全、不自由的土地私有制。由于前述各种情况，土地买卖受到限制。尽管它从来也没有停止过，并在唐代前期的土地兼并中有所发

① 马克思恩格斯选集(第四卷)[M]. 北京:人民出版社,1995:167.

展，但总的来说土地买卖还没有成为人们占有土地的主要途径。因买卖而发生的地权转移，在总量中占比还不大，土地市场发展还比较微小。

唐代中叶至明代中叶为地主土地所有制在国家限制松弛下的发展时期。由于地主制经济发展，均田制逐渐瓦解。唐代中叶实行两税法，国家停止向农民授田，取消地主占田限制，“兼并者不复追正，贫弱者不复田业”①，这实际是宋代所谓的“田制不立”“不抑兼并”的滥觞。从此封建国家不再建立田制以限制人们占有土地。人们遂从依靠政治权力占有田地向主要依靠经济权力占有田地转变；从“贵者有力可以占田”向“富者有资可以买田”转变，即人们不论贵贱都可以通过买卖比较自由地占有土地。

国家的限制既弛，土地兼并之风遂炽。除官僚地主倚仗权势，利用典当、影占等形式巧取豪夺，继续兼并土地之外，庶族地主更日益崭露头角。这在唐玄宗时业已开始，两税法后愈激烈，至南宋初“今郡县之间，官户田居其半”②，官僚地主占田一度膨胀，而农村中的庶族地主也同样活跃。地主的土地集体所有制，如义田、养济院田、禀田、学田之类，亦肇始于宋。

农民过去主要依靠垦荒和国家授田获得土地，两税法后也主要依靠买卖获得土地。特别是佃农，到宋代，经济地位低下的佃农也获得了占有土地的自由。

这些情况说明，中国封建社会相对完全、相对自由的土地私有制至此已开始确立。由于土地买卖成为人们占有土地的重要途径，北宋真宗至南宋宁宗多次大量出卖官田，南宋末又买置官田，加以地主所有的田亩也多由购买而设，土地市场遂迅速扩大。

明代中叶至清代中叶，封建国家继续不立田制，不抑兼并。大土地所有制兴盛是宋代地主制经济发展的一个重要特征。明代，特别是清代

① 《文献通考》卷3《田赋三》。

② 《宋史全文》卷二十上。

社会经济条件的变化，则为中小地主的发展提供了更为宽松的环境。明初以来，贵族、官僚地主具有“户无赋、身无徭、田无粮、廛无税”的优免特权。到了清初，开始加以限制，顺治年间规定，优免只及于本官自身，宗族等别户一概不得混免。康熙时更予取消。至此贵族、官僚地主在赋役上的优免特权终止，杜绝了他们接受投献、投靠以侵占田地的门路。唐中叶后至宋元，封建国家对土地的亲邻优先购买权均有立法。明清时期不但不予立法，对其演化成的民间习俗，也逐渐加以禁止，使土地商品化趋于纯化。明初，封建政权占有大量官田，嘉靖以后，在许多地方采取“扒平科则”“一则征粮”等办法，取消了官民田的科则差别。又以租佃方式售卖官田，“其更佃实同鬻田，第契券则书承佃而已”①，使许多官田转入地主手中。清代规定将明代废藩土地归现种佃户所有，并按民田起科，称之为“更名田”。清政府对清初圈占的旗地，本来不许买卖，乾隆年间终于开禁。这些措置都推动了官田的民田化。总之，封建政权对地主土地的所有制和土地私有制的限制进一步松弛。

随着商品经济的发展，商业、高利贷、矿业和其他手工业等的投资门路增多，引发了地主的财富分流。加以随着人口增加，多子均分财产的继承制度更有力地推动着土地的分散。这些条件都有利于中小地主的发展。到清代前期，中小地主拥有的土地在地主拥有的土地总量中已占据绝对优势。

明代中叶以后，押租制流行。佃农须交纳租金才能佃种地主的土地，俗称“买耕”。而佃农的佃权，即土地经营权，既是有偿取得，遂可以有偿转佃和出典。这都反映了土地经营权的商品化和货币化，土地经营权从此进入市场。永佃制流行后，田面权也进入市场，活买、绝卖、典当、加找等形式应有尽有，一如土地所有权的买卖。在某些地

① 顾起元:《客座赘语》卷二《条鞭始末》。

区，地主的土地又以加押减租分期付款方式进入市场，以经营权转让之名，行所有权转让之实。这些都导致市场规模剧巨扩大。如果说唐宋时期土地市场的发展，只是一种土地产权买卖在原有基础上的扩大，即土地市场外延的扩大，而明清时期，除了传统的土地产权买卖仍在继续扩大之外，土地经营权、田面权进入市场，土地市场遂呈现为一种内涵的扩大。

二、农业生产劳动者与土地结合的方式

在地主制经济下，地主的土地除部分自营生产之外，大部分被出租予农民耕种，收取地租，形成租佃制。封建租佃制度的发展，大致经历以依附农为主体、以分成租契约佃农为主体、以定额租佃农为主体的三个租佃制时期。

战国至秦，封建地主大都是采取自营形式，役使庶子、庸奴和奴婢从事生产。封建租佃制只是稀疏地存在。以西汉武帝时期为转折，土地兼并盛行，许多自耕农破产，沦为佃农，封建租佃制得到发展。

当时封建地主使用奴婢自营生产是历史传统。农民破产往往是“卖田宅、鬻子孙”，沦为奴婢。封建租佃制却为破产农民提供了佃种地主土地的另一条生路。它保存了农民的自有经济，保持了农民的个体经营，在生产工具相同的条件下，比奴婢生产成本低、效益高，更能调动农民的生产积极性。

两汉之际，刘秀起兵，豪强大族多领私兵相随，对东汉立国有功，豪强地主因而得势。他们政治地位高贵，经济力量强大，文化知识独占，逐渐形成世族门阀地主。依附他们的附徒、宾客、私属之属，大量参加农业生产，依附农租佃制渐起。三国曹魏、孙吴赐客、复客给功臣贵族，是为依附农合法化之始。西晋颁布户调式，规定贵族、官吏得荫人为佃客，东晋又颁给客之制，依附农租佃制得到封建政权法律的确认。

三国以来，通过合法庇荫、非法庇荫、奴婢放免、部曲参加农业生产等途径，依附农租佃制日益发展，在两晋臻于鼎盛。当时世族门阀地主在全部地主中居于主导地位。名目繁多的依附农逐渐规范化，佃客成为其典型形式。主佃之间的关系是：佃客“皆注家籍”，附属在地主的户籍之中。佃客耕种地主的土地，“其佃谷皆与大家量分”[①]，交纳分成实物地租。佃客“皆无课役”，不负担封建国家的赋役，但为地主服劳役以至充当私兵。地主对于佃客及其家属的人身，享有管辖、惩处和役使的权力，还有权限制他们的自由，可以迁徙和转让他们。主客之间的依附关系，是终身和世袭的，只能通过佃客的赎免或封建地主的放免而终结。

东汉以来依附农租佃制的兴起，实与国家的干预有关，地主凭借封建国家赋予的特权，通过建立依附关系以控制佃农的人身自由，并据此形成超经济强制，是当时封建等级、封建特权和封建徭役等制度严苛而生产力发展程度不足的政治经济条件的结果。

隋唐宋元至明代前期以分成租契约佃农为主体。隋代为时短暂。唐宋两朝实现了从世族地主和依附农占优势局面，向庶民地主和契约佃农占优势局面的转变，也使地主与佃农之间实现了从超经济强制关系到经济强制关系的转变。

唐代两税法以后，“田制不立”，“不抑兼并”，推动了地主制经济的发展。隋代以来，佃客、部曲经过大量放免和自赎，保存下来的部曲也退出了农业生产，依附农随着庶民地主的发展逐渐自然消失。这个过程实际也是依附农、奴婢和具有一定人身自由的佃农这几种劳动形式长期相互比较，并随着社会经济条件的变化而逐渐优胜劣汰的过程。

封建国家适应社会经济的变化，调整了佃农的社会地位。唐代除封建贵族及其从属的部曲和奴婢之外，包括庶民地主和佃农在内的其他人

---

① 《汉书·食货志》。

民都是编户百姓。宋代也是如此。庶民地主与佃农同属国家编户，又同样属于良民等级（并不排斥他们之间的政治、经济和法律地位上仍然有明显的差别）。

佃农社会地位的提高，促进了佃农人身自由的发展。对于佃农来说，租佃自由是他们人身自由最重要的部分。所谓租佃自由，即佃田和退田的自由。它包括择主（选择能提供较为优惠的条件的地主）、择地（选择自然条件好、肥沃的土地）以及选择人少多地地区的自由。这些都与佃农生产经营条件的优化有关联。这种自由原先受到国家户籍制度的限制。两税法后，封建国家对佃农迁徙的控制已基本解除。

这种自由还受到地主的限制。在北宋仁宗以前，在江淮、两浙、荆湖、福建、广南州军等地区，佃农迁徙“多被主人抑勒，不放起移”，“如主人发遣，给予凭由，方许别住”①。宋天圣五年（1027 年）规定，“自今后，客户起移，更不取主人凭由，须每田收毕日，商量去住，各取稳便”，“如果主人非理拦占，许经县详论”②。佃农的租佃自由从此得到解决。佃农的来去自由，标志着他们比较彻底地摆脱了人身依附关系的缠绕，获得了迁徙、租佃等的自由。

适应佃农社会地位的提高和个人自由的发展，佃租契约应运而生。租佃契约，唐代开始在某些地区流行，宋代则已颇为普遍。契约的主要内容是，地主以提供土地为条件，要求佃农按时按量缴纳地租。宋代契约大都是地主单方面的凭据，主要是地主土地收益权的契约化。虽规定有租佃年限，但由于只是对佃农单方面的规定，也就难以保证地主不增租铲佃。租佃契约虽然体现了地主与佃农之间名义上的平等而实际上的不平等，但它的流行，却是经济强制关系形成的重要标志（铲佃自由是经济强制关系的核心）。

唐宋时期，佃农自有经济还不充实，需要地主提供部分生产资料和

①② 《宋会要辑稿·食货·农田杂录》。

生活资料。与佃农自有生产资料不够充实相适应，分成租占主导地位。在分成租下，地租量与土地收获量直接关联，产量高就地租多，地主又强烈希冀向佃农提供的牛种等投入能从土地产出中收回，并使农作物品种能保证国家的征调。这些就导致了地主干预和指挥生产，并临场监分。地主的干预通常只限于主要粮食作物的生产。它是由分成租这种劳动者与土地相结合的方式所决定的一种经济强制关系，也是地主为了上述需要保留了一部分土地经营权，从而使所有权与经营权还只是处于一种半分离状态的反映。

宋代还有“旁户”和“随田佃客”等依附农残余形式，地主对于佃农“鞭笞驱使，视以奴仆”①，以及有“非礼之需”“非时之役”等传统附属物，但这都无碍于封建租佃制发展的主流及其呈现的典型形式。

明代中叶至清代前期以定额租契约佃农为主体。定额租始于唐，宋代江南地区有所发展，明代进一步发展，到清代，定额租在全国范围内占主导地位。定额租发展，以土地一定的稳产高产为前提，是农业生产力发展的结果。它又以佃农摆脱对地主除土地以外的依赖、具有比较完备的生产资料和生活资料为前提，是佃农自有经济比较充实的结果。在定额租下，“田中事，田主一切不问，皆佃农任之”②。地主和佃农之间，“交租之外，两不相问”。佃农对租种的土地，是“偿租而外，与己业无异”“勤则倍收，产户不得过而问焉”。在定额租下，佃户排除了地主对生产的干预，获得了土地的经营权，地主的土地所有权与经营权完全分离。

在定额租发展的基础上，押租制和永佃制随之发展。到明代中叶的万历年间，书商刊印的租佃契式中已有押租，可见其已开始广泛流行。清代日益发展，遍及全国各地。押租制是一种佃农交纳押金才能佃种地主土地的租佃制度。佃农的佃权，即土地经营权既是有偿取得，也可以

① 《元典章》卷五十七《刑部・诸禁》。

② 陶煦《租核》。

有偿转让，任意典卖。押租制的流行，使佃农通过货币权，获得了更有保障的土地经营权。它巩固了土地所有权与经营权的分离。

永佃制产生于宋，明清相继发展，到清代已流行于苏、浙、赣、闽、皖诸省的许多地区。在永佃制下，地主的土地所有权发生分解，分割成田底与田面。由于佃农投入工本垦辟、改良土地或出资购买，地主用田面权的形式，将土地的经营权和部分土地所有权授予或转让予佃农。地主对于田底、佃农对于田面，分别享有占有、收益和处置的权利，主要是可以分别让渡，分别出佃并收取地租。地主无权增租夺佃和干预佃农的生产经营，佃农获得了更完备的经营自由。地主土地的全部经营权和部分所有权向佃农转移，是明清封建租佃制最重要和最本质的进步。

封建租佃制度的一系列变化，归根结底是解放生产力，即对佃农的束缚逐步松弛。封建地主从利用奴婢劳动自营生产，推进到租佃制度；从具有严格依附关系的佃农，推进到契约关系佃农；从分成租佃农，推进到定额租佃农，又推进到享有田面权的佃农。这是一个逐步改进分配关系以至所有权关系，逐步分裂土地所有权和经营权，使佃农的经营自由不断完备，佃农的自有经济不断充实，适应生产力发展的过程。

三、土地和劳动力资源的配置主体

从秦汉到唐代中叶，封建国家采取刚性政策措施干预农业，是国家配置资源占主导地位的时代。采取“制民之产”的土地政策，通过建立田制，以配置土地资源。土地是农民最基本的生产资料，又是农民最基本的生活保障。封建国家总是采取分配土地的政策，让农民保有一定数量的土地，以保证国家赋役的征调。汉代以“赋民公田”、授田型的“假民公田”和租赁制的“假民公田”等形式，将公田分配予农民耕种。曹魏以提供牛种、官民分成办法，组织农民在公田上屯田。两晋实施占田制，国家并不授予农民土地，而是规定农民占田百亩，以鼓励他们通过开垦占有土地。北魏至隋唐的均田制，更是向农民授田。

采取征调实物与劳力的财政政策，建立赋役制度，以配置劳动力和土地。农民本应有权安排自己的生产，封建国家却通过赋役制度越俎代庖。国家为了保证征课，不仅有粟米绢布的实物征调和兵徭杂役的征调，还规定农民种树。北魏规定农民在桑田中“种桑五十树，枣五株，榆三根”。授麻田的农民，亦“依法课莳榆枣”，“限三年种毕，不毕，夺其不毕之地”。唐代规定农民永业田中，“每亩课种桑五十根以上，榆、枣各十根以上。三年种毕。乡土不宜者，任以所宜树充”。口分田则不许种树。国家干预土地和劳动力配置的深入，于斯可见。

唐代中叶至明代中叶，地主配置资源占主导地位。自耕农要为国家生产田赋，佃农要为地主生产地租。生产这些产品的土地和劳动力，实际上是由田赋与地租所需产品的结构与数量来决定的。在隋唐以前，租佃制还不够发展，从整体上说，国家对农业资源配置的干预还是大于地主的干预。唐宋以来，随着地主制经济的发展，自耕农相应减少，佃农成为农业生产的基本力量，成为农民的主体。田赋寓于地租之中，主要从佃农的剩余产品中提取。从此，田赋配置农业资源的作用减弱，地租配置农业资源的作用加强。

地主总是按照生活享受和地产增殖的要求，通过地租的再投资来运营地产。在农业领域里，地主既自营自给性生产，也自营商品性生产。地主从事自给性生产，是古老的历史传统。唐代地主自营农业生产的庄田、别业，主要从事自给性生产，以满足地主的消费需求。宋代以后，家族同居之制渐衰，地主家庭缩小，特别是中小地主增多，地主的自给生产虽然逐渐小型化，但所支配的土地和劳动力总量却增加了。地主从事商品性生产也是古老传统，从唐代以来，有逐渐萎缩之势，但绵延不绝，亦有兴旺之时。如明万历前一段时间，江南经营地主发展，“陆孳畜之蹄角”，“水孳鱼鳖”，“治瓜果芥蔬，种茶漆楮栗”，有的地主种“桑切十万株”。

明代中叶至清代前期，农民配置资源占主导地位。在地主制经济下，农民通常是种粮自食、织布自衣，以满足自己的基本生活需求。由于农民人数众多，他们这种自己支配的土地和劳动力，在整个农业生产中占有巨大的份额。到明清时期，经过赋役制度和租佃制度的改革，国家和地主都不直接干预农民的生产经营（部分分成租田地除外），农民可在自给自足和货币租赁生产中自主配置资源。尽管粮食实物地租仍居主导地位，但农民不用种粮交租（粜买输将），或折交其他实物与货币，也会提高农民安排生产的自由度。明清时期，押租制和押租制下佃农转佃的流行是一种筛选，它使许多农民因付不出押租金而被摒除在押租佃户行列之外，而使另一批经济实力较强的农民成为押租佃户。农民这个实际生产经营群体在资源配置中占主导地位，为优化资源配置开辟了相对广阔的道路，清代农业生产和商品经济达到了中国封建经济的高峰，正是其必然结果。

四、商品经济的发展

土地买卖、实物地租和小农经营是中国地主制经济的基本特征，是容纳商品经济发展的经济根据。商品经济的发展，主要有赖于农民商品生产的发展。

中国封建社会农民的商品生产具有多层次性，是一个有部分质的差异的体系。它有以下四种类型：第一种类型是，农民从事自给性生产，只把自用有余的少量产品投入交换，以换取其他生产和生活必需品。第二种类型是，农民以自给性生产为主，以商品性生产为辅。第三种类型是，农民以商品性生产为主，自给性生产为辅。这部分农民已成为小商品生产者。但与前一类型相同，他们生产的商品，都是用以交换其他生产和生活必需品，生产都是为了谋生。第四种类型是，农民生产商品化程度更高，自给性生产无足轻重，其生产已从谋生转向牟利，以发财致富。这四种类型的生产，在封建社会的任何时代都是存在的，只是在不同历史时期（生产力水平和制度、机制）有不同的比例配置。

西汉初，自耕农发展，农民的商品生产一度活跃。西汉中叶以后，以至整个魏晋南北朝时期，繁重的赋役和实物征课以及依附农制，成为农民发展商品经济的严重制度性障碍，农民的商品生产萎缩，第一种类型的生产广泛存在。农民还处在一种“男有余粟，女有余布”，以互通有无、调剂余缺的局面。这时社会对农产品的商品需求，主要靠地主组织生产来解决。地主特别是官僚地主投资商品生产，是这一时期地产、商业资本和高利贷资本三结合的主要特征。

唐宋时期，在农业生产发展、赋役制度开始松弛、依附农制度解体的推动下，农民商品生产得以发展。宋代农民在农村市场上出售的商品已有：米、粟、麦、豆、谷、茶、桑、麻、丝、楮、布、竹、木、蔬菜、果品、禽、畜、柴薪、农具等。这个商品系列表明，农民第二种类型的生产已有较普遍的发展。

唐代以前，全国农特产品呈现一种自然状态下的地区分布。唐代以后，专业性生产集中产区发展：如安徽祁门的茶、太湖洞庭山的柑橘桑麻、浙江湖州的蚕桑、四川遂宁的蔗糖。重要产品集中产区的出现，说明农民第三种类型生产已有所发展。这时地主从事农产品商品生产仍然比较发达，但商业和高利贷已逐渐发展。

明清时期，农民在市场价格的驱动下，重视从事机会成本低的经济作物种植和家庭手工业生产，以获取比较利益。此时第二种类型生产普遍发展，同时出现了农产品向自然条件和经济条件优越地区集中、手工业品向原料产地集中的趋势。重要农产品如棉花、蚕丝、烟草、茶、蔗、大豆、花生、水果、蓝靛、漆、蜡等，重要手工业品如棉布、丝织品、纸、糖、油、陶器、编织品等，均形成了众多的专业性生产地区，与宋代已不可同日而语。这既表明了农产品和手工业品生产布局的优化，也表明了农民第二种类型的生产有较大发展。

农民生产成本低，具有价格竞争优势，也有力地排挤了地主的农产品商品生产，使经营地主日益衰落。全国农产品和某些重要手工业品（如棉布）的消费需求，主要由农民供应，更加强了农民第一市场主体的地位。这时地租和商业资本、高利贷资本规模日益扩大。

中国封建社会存在三大基本消费群体，即具有贡赋收入的国家、具有地租收入的地主和具有生产收入的农民。他们的消费需求共同推动着商品经济的发展。自秦汉以后的长时期内，商品经济的发展主要是由田赋和地租所形成的消费需求拉动的。明中叶以后到清代，广大工农劳动者的消费需求拉动经济的作用开始日益凸显，商品经济基础扩大。

从秦汉至唐代中叶，封建国家通过贡赋收入占有社会剩余产品的绝大部分，巨额的贡赋收入形成庞大的有效需求，商品经济的发展遂主要由贡赋收入所形成的有效需求拉动。君主、贵族和各级官吏以及为他们服务，并由他们供养的各色人等，都居住在城市中，用他们的收入，与工农业生产者（包括地主与商人）的产品相交换。各地的农副土特产品、奢侈品通过贩运贸易流向城市，形成繁荣的城市商业。当时的商业主要满足以城市家庭为支柱的消费需求。坊市制的发展正与此相适应。

唐宋以后，地主制经济发展，田赋收入和地租收入仍是国内需求的主要来源，但地租收入已提升至首要地位。如田赋按“十五税一”计算，则田赋收入占全国秋粮总产量的1/15，地租占全国秋粮总产量的1/4，地主的地租收入大大高于国家的田赋收入。这一时期商品经济的发展遂主要由地租所形成的有效需求拉动。

由于地主城居日益增多，农产品和手工业品通过贩运贸易流向城市，与皇室、贵族、官吏和城居地主相交换占主导地位，促进了城市经济的发展。同时还有许多地主或居乡村，或居草市，他们的消费需求推动着草市向市镇经济的发展。随着耕地面积增加，地主占有的土地也在增加，以田赋和地租为消费需求基础的市场规模随之扩大，大大超过前一阶段。

明清时期，特别是清代，农民商品生产发展，地区分工发展，农民商品消费需求扩大。与此相适应，粮食产区、手工业品产区和原料作物区之间，农民与农民、农民与手工业者之间的交换扩大，米、麦、豆、棉、棉布、果、茶等日用消费品成为大宗商品，促进了贩运贸易发展。这使国内市场出现了具有划时代意义的发展。同时，农民和手工业者的产品，通过贩运贸易流向城市，与皇朝、贵族、官吏和地主的租赋收入相交换的形式仍在继续发展。但满足乡居地主与广大农民家庭为支柱的消费需求已日显重要，因之在全国形成了以城市为中心、以市镇为骨干、与墟集相串联的市场网络，市场规模达到了封建社会的最高水平。

五、资本主义萌芽的迟缓

我国农业生产发展出一套复杂的技术，走上集约化的道路，强调精耕细作。如根据气候、土壤性质不同种植不同作物；注意深耕以碎土保墒，播种时选用良种，并多次中耕除草；兴修水利以灌溉或防洪排涝；不断使用各种肥料以提高地力，使土地可连续耕种；以提高单位面积产量为目标，不强调广种薄收。中古时期（从公元500年到公元1500年，即中国的南北朝至明朝），西欧农业则是粗放式经营。如长期沿用散播，浪费种子；田间管理粗糙，不注意中耕除草；特别是施肥很少，因耕种面积大，牛羊粪不易得，有时只能施点泥炭。单位面积产量低，它施行的是广种薄收方针。精耕农业和粗放农业的不同，导致中西封建社会[①]的模式不同。

第一，中国封建主的土地，有祖传地产，也有占田买田，也有由国家封赐者。但中国君主对臣下土地的封赏，并不以他必须服军役为条件，也不存在土地层层封授的情况。封建主对自己的土地有较大的处分权，可以继承、转让、买卖等。当然，中国封建主亦不存在近代意义上

① 把封建制度理解为垄断生产资料的封建主与广大独立小生产者即农民对立的社会。马克垚．中国和西欧封建制度比较研究[J]．北京大学学报（哲学社会科学版），1991（2）：1－12.

的土地私有权。中国封建主的土地往往被称为“名田”“占田”，即国家法律规定范围内的占有。历代都有占田限额的规定，封建主的土地不得超过规定的数目。封建主在限额之内合法占有的土地，也受到国家的干预，如唐代国家授予官僚永业田，按规定可以传及子孙，也可以出卖，但如被免除官爵，就要收回这种土地。西欧封建主之间存在封君封臣关系，这是通过土地封授而形成的人身连锁，君臣之间互有权利义务。同一块土地经过反复封授，往往形成一田多主。土地的实际占有者不能自由行使对土地的权利，而要受到上级封君的干预。尽管中国封建主的土地私有权保有一些政治的或社会的附属物，不能完全自由，但较之西欧封建主，自由度还是要大得多。

第二，中国自秦汉即形成统一的中央集权国家。有从中央到地方的一整套行政机构，有统一的法律及完备的司法系统，有强大的军队。中国封建主对土地只有经济上的权利，并无司法行政权力，土地所有权和统治权是分离的。西欧封建主在领地上控制着庄园法庭，对农民有司法审判权，是所有权与统治权的合一。中国封建地产不具备西欧封土那样强烈的政治附属物，当然，也尚未发展到纯经济的形态，仍是封建性的地产。

第三，中国封建主的生产组织是分种制田庄，田庄主人向耕作者（佃客）分配土地令其耕作，主要的地租形态是实物地租，即客所耕种的土地，其收获和地主按比例分成（宋代起，纳定额实物租的租佃关系在农村日益发展）。中国农业甚早走上精耕道路，收成的好坏和劳动者积极主动性的发挥有很大关系，不宜实行强制性较大的劳役租剥削，一直以实物地租为主。西欧封建主把他的地产划成庄园管理，一个庄园是一个经营单位，土地划分为领主自营地和农民份地两部分，领主自营地由农奴及其他依附农民无偿耕作，其收入全部归领主。西欧劳役制庄园和粗放耕作有关系，耕作粗放便于实行监督。

第四，中国封建主阶级的核心由官僚组成，官职不能世袭。他们的地产不同于西欧的封土，没有官职、爵位等头衔，更不实行长子继承制，而是分割继承。财产的不稳定造成了这些封建家族变化无常，升沉不定。中国的官僚有开放性，理论上任何良人只要通过考试都可担任，并升迁至很高的地位。

第五，中国城市没有自治权，中古时期西欧的一些城市取得自治权。中国封建时代基本上是统一大国，行政管理严密、法令统一。许多城市是中央集权制下的一级政权机关所在地，由国家派遣官吏统治。西欧城市所处的政治环境王权衰微，大小封建主割据独立，缺乏全国的行政司法系统。各个封建领地都是具有行政、司法职能的独立实体。由于中古时期的西欧城市作为一个独立政治实体存在过、活动过，它锻炼了自己的居民，市民作为一个等级在中世纪欧洲社会发挥着中国的城市居民所不曾发挥的作用。

由于上述区别的存在，我国资本主义生产关系的萌芽比起西欧晚来了约两个世纪，开始于明后期，到清中叶，在农业中还是微不足道的，在手工业中亦只占极小比重。经过 300 多年，直到鸦片战争前也未能进入工场手工业阶段。我国的封建社会较早地从领主制经济过渡到地主制经济，较早地出现了土地买卖，较早地实现了中央集权的大一统，生产力有高度发展，是一种成熟的封建制。正因为是成熟的封建社会，它的经济结构比较坚固，自给性比较完整，上层建筑比较强大，并具有较大的自我调整的机能，不容易被冲破和瓦解。这就是我国资本主义萌芽发展迟缓的基本原因。

（一）生产上小农业和家庭手工业的牢固结合

自古以来，谷类和桑、麻就是我国人民食衣的主要来源。宋、元以后，棉代替麻成为被服的主要原料，粮棉遂成为农业与家庭手工业结合的基本内容。我国由于食衣问题解决得比较早，11 世纪（宋）以来人口即呈现长期增长的趋势，而粮食和棉、桑又都是需要大量劳动力的，这种男耕女织结合形式也就越来越紧密。

除少量经营地主外，土地都被分租给佃户，形成一家一户的基本生产单位，即通常所说的小农业、小农经济。农工结合也成为完全以家庭为单位的小农业与家庭手工业的结合。我国的自耕农，除少量富户外，也都是小农经济，也是小农业与家庭手工业结合的生产结构。

在我国的佃农经济中，劳动者有较多的人身自由，生产有较大的相对独立性。由于是实行实物地租，农民具有较大的活动余地去从事剩余劳动，并使产品归自己所有。明代，特别是清代，分成租大量转化为定额租制，使农民自有经济的相对独立性得到增强，农民支配自己产品的余地扩大。这样，他们就有可能将一部分剩余农产品或家庭手工业产品投入市场。同时，佃农与土地的结合是没有保障的，常有被迫离开土地的可能；又因地少人多，农民在租佃土地上存在着竞争；他们有必要从事一些手工业，多一份生产门路，就多一份生存保障。明清还广泛存在的自耕农民，在耕作上有更大的自由，和手工业的结合也更容易。中国的小农经济的生产结构具有容纳一定程度商品生产的内在条件。

到清前中期，明显地看到了经济作物种植规模的扩大、农产品加工和农家副业的发展、农民家庭手工业的内容增多。有些农民或者在农业的一极，或者在家庭手工业的一极，把部分生产转化为小商品生产。除丝、茶、棉布等传统商品外，烟、糖、豆油、豆饼也陆续上市，乃至像造纸、陶器等也都成为家庭副业。

这种农民家庭手工业有一定的市场条件即可以从农业中分离出来，成为独立的小商品生产，进一步发展，就可转化为资本主义生产。然而，在我国，事实并非如此。从农业中分离出来的手工业，除明代即已开始的丝织业外，几乎举不出恰当的例子。除丝织业外，也未见什么包买商支配家庭劳动的形式。在茶、烟、酒等农产品加工中曾出现资本主义萌芽，但并不是由农业中分离出来的小商品生产者转化来的，而是商人雇工生产的。在制糖、造纸中曾出现工场手工业，但也不是由农民家庭手工业转化来的，而是地主、商人投资开办的。在这些行业中，农民家庭手工业仍然存在，与商人雇主制或工场手工业并行，并且，前者的大量存在阻碍了后者的发展。这种情况突出地表现在最重要的也是数量上占绝大部分的一门手工业，即棉纺织业上。直到鸦片战争前，尽管已经有了广大的棉布市场，我国的棉纺织业还几乎全部停留在农民家庭手工业阶段，也没有任何资本主义萌芽。它为什么没有从农业上分离出来，最重要的原因就是我国小农经济生产结构的坚固性。

我国小农业和家庭手工业的结合为什么这样坚固呢？第一，农业集约化。在我国，以农民一家一户为基本单位。从明到清，农业生产力有颇大增长，但生产工具极少革新，它主要是依靠集约化耕作得来的，一些农艺学上的改进也都需增加人力。集约化耕作是靠人的勤劳，因而它的发展又巩固了一家一户的生产体制。在这种体制下，集约化又使得耕作规模更加细小。在明代，江南一般是一夫耕作水田 10 ~ 20 亩；到清代耕种 10 亩还要“雇工以助之”。集约化耕作需要一定的农业投资，又往往需要现金支付，这都使得耕作者更加依靠手工业来补充。集约化程度最高的地区也是土地不足的地区，这些地区的农民都要“以副养农”，“以织助耕”，或农业仅足糊口，应付租税和日常所需就要靠家庭手工业了。

第二，人口。明清以来农业的集约化，有农艺学进步的因素，同时也是人口增加促成的。当时既无新的生产技术，又不能产生新的生产关系，还缺乏能够调剂劳动力的工矿业政策和移民政策，人口压力和繁重的封建剥削交织在一起，全部倾注到小农经济头上，驱使他们从小农业和家庭手工业中找出路，结果是加强了这两者的结合。愈是手工业发达的地区，农业的经营规模愈小。可耕种的土地愈少，愈需要手工业来补充。在这样小块土地上，无论维持生活或致富，都非牢牢抓住手工业不可。

第三，经济效益。农民家庭手工业可以利用全部农闲时间，利用全家男女老幼的劳动力，实行最有效的分工和协作，以此获取劳动力的巨大的节约和时间的节省。在生产力水平（主要是生产工具）相同的条件下，若是雇工生产，绝不会有这样长的劳动时间。

农民家庭手工业，主要是自给性生产，它的发展，一方面起着巩固自然经济、限制社会分工、维护封建制度的作用，这是它主要的一面。另一方面，农民生产的手工业品自用有余的也会投入市场，还有少量是专为市场生产的。即使是专为市场生产的部分，其生产过程也没有与农业分离，还是被束缚于土地，并且，大部分仍是副业性质，还不是完全意义的小商品生产。农民家庭手工业，无论对于独立手工业，或是对于资本主义萌芽来说，仍然是一种限制力量。

明清时代，一方面是城乡独立手工业发展不足，另一方面是与小农业牢固结合着的家庭手工业占据优势。资本主义萌芽的发展是以前者为基地，与后者相径庭。小农业与家庭手工业牢固结合的生产结构，是我国资本主义萌芽发展迟缓的一个重要原因。这种小农业与家庭手工业的结合体，又随着农业生产的集约化和经营规模的细小化，随着人口增长和农民多子分居，像细胞分裂一样再生产和复制着，在中国广袤的土地上，形成了一片汪洋大海。农民通过家庭手工业，以社会分工为牺牲品，可以获得颇为有效的经济收益，用以缴租还债、迎婚嫁女和度过灾荒。这就使得我国的小农经济对于封建剥削具有较大的负荷能力，对于人口增殖具有较强的适应能力；同时，对于新的生产方式也具有较大的排斥力，甚至对于机器大工业的产品也有顽强的抵抗力。

（二）流通中市场的狭隘性和自然经济的优势地位

鸦片战争以前，进入长距离贸易的农产品品种很少，剩余农产品主要掌握在地主手中，地方小市场基本上还是农民之间品种调剂和余缺调剂的场所，是在狭小范围内的、彼此孤立的一种市场。

城市市场是以贵族、官僚、士绅和他们的匠役、士兵、奴仆等的消费需要为基础发展起来的，这种消费性商业的特点是：它是以地租的转代形式（赋税、转移到城市的地租、商业和高利贷资本的利润等）来购买小生产者的产品，而不是以自己的产品或劳务与小生产者相交换。这种商业的繁荣，并不代表社会分工和交换的发展。城市市场的交易，是以消费性购买为主，而不是以小生产者的交换为主，造成了城市市场的狭隘性。

明清以来，城乡交换上看不出多大增长。有两重原因：一是小农业与家庭手工业结合，除盐铁等传统商品外，农民无需也无力购买多少城市手工业品。二是城市居民主要是用租赋等封建剥削收入来购买消费品（包括农副产品）的，这就造成农村每年都有大量的农副产品单向流入城市，而并没有城市产品与之交换；其实，这只是商品流通的一种假象。真正的工农业产品的交换范围十分狭隘。

全国性市场确有扩大。商路开辟，特别是内河和沿海航运，已具有近代所达到的规模。明代大商帮和清代商人会馆的兴起，就是商人资本壮大的明证。然而，长距离贸易的扩展，主要不是由于工业品大批量生产，而是由于某些地区缺粮，这是畸形的，且粮食基本上不是作为商品生产的。进入长距离流通的商品品种甚少增加。由于人口日增，每个地区都要先搞粮食，很难专业化；地区之间不能互为市场，也就限制了贸易的品种。农民家庭手工业本来品种简单，除丝和布外，基本上是自用。城市手工业主要按本市消费者需要生产，销行本市。全国性市场上新增的品种，除数量甚小的洋广杂货外，主要是一些城乡之间的农产品加工品而已。

海外市场原是促进资本主义萌芽发展最有力的大市场，而明清两代都行禁海政策。我国“天朝物产丰盈，无所不有，原不藉外夷货物以通有无”①，比起西欧，自给性更完整。这是明清两代闭关自守的原因之一。

明清以来我国国内市场仍以地方小市场和城市市场为主，而从每种

① 清乾隆帝致英国乔治三世的信函。

市场的交换性质，特别是从工农业产品交换的角度看，它们都具有狭隘性，即使是长距离贩运贸易也不例外。我国小农业和家庭手工业牢固结合的生产结构，决定了我国国内市场的狭隘性。当流通还是小生产者之间的交换时，它是不容易被破坏，不会分解的。

（三）分配上地主、商人、高利贷者的三位一体

西欧封建社会后期，商业、高利贷资本的发展和土地占有权的削弱，导致了资本主义的产生和封建制度的瓦解。而此时中国却是另一番情景。拥有货币财富的商人羡慕“不忧水火、不忧盗贼”的土地财产，因而购买土地，使自己的商业利润和利息转化为地租；同时，商业和高利贷较之土地占有虽多风险，但有较高的剥削率，地主也因希冀货币财富而经商放债，使地租转化为利润和利息。地产、商业资本和高利贷资本互相转化。特别是在清代，它成为社会财富分配的基本结构和社会积累的主要方向。

造成中国和西欧迥异的财富结构的最重要原因，是在中国地主制经济下，土地可以买卖。不仅商人和高利贷者可以购买土地成为地主，农民和其他劳动者也有通过“力农致富”转化为地主的可能。尽管是“富无三代”，大地主的不肖子孙可以把祖产荡尽；而一些封建官吏总是把他们贪污中饱的财货，用来置买田园，以为“优游林下”“贻荫子孙”之资，使得地主经济不断借助于政治势力自我重建，长期相对稳定。清代庶民地主兴起，土地买卖已基本上自由化了，非但没有削弱地主经济，反而使地主阶级获得新的血液，使地主经济能适应商品货币经济的发展，增强了稳定性和延续性。

我国自进入地主制经济后，人身关系逐渐削弱，等级制度逐渐弛废，尤其是在土地买卖日益自由后，两者的对立日趋缓和。在明清两代，官商一体的、票号式的大资本使货币权力和土地权力的对立趋于消失，这和商业、高利贷资本投入土地、地主经商放债是分不开的。

地主阶级在城市和乡村都有着强大的统治力量，马克思说“亚细亚的历史是城市和乡村无差别的统一”，乃至大城市“只能干脆被看作

王公的营垒，看作真正的经济结构上的赘疣”。[①] 工商业者的社会地位是微贱的，在城市也要仰求封建特权和官僚的庇护。这种“城市和乡村无差别的统一”妨碍了真正的城乡交流、工农业产品的交换。

“三位一体”把最稳妥的生息形式和最高额的生息形式糅为一体，产生比较稳定的财富增殖，尽管从长远来看它会销蚀社会积累和生产力的进步。它给封建阶级带来巨大的经济利益；微弱的资本主义萌芽既不能与巨人般的“三位一体”在经济收益上一比高低，也不能把地主、商人、高利贷者手中的货币资本大量吸引过来以充实自己。这种“三位一体”的财富分配和积累结构，加强了地主经济，遏制了资本主义萌芽。

（四）封建上层建筑的反作用

明清两代实行重本抑末和闭关禁海政策。

1. 重本抑末政策

明太祖朱元璋可能由于出身关系，曾有使农、士、商、工“各安其生”的思想，并对汉武帝之抑商表示不同意。其后，张居正提出“厚农而资商”“厚商而利农”的双轨政策见解；至黄宗羲等人而有“工商皆是本”的思潮。但是，明王朝十分重视官工商业，对“山泽之利”把持尤严；商税繁苛，并行商户当行、签派等制度，在实践上仍是抑商的。末期，税监四出，迫害商民。

清初，鉴于明代的一些“病商”弊政，康熙提出了“恤商”和“利商便民”口号，并“首除烦苛”。康雍之世，颜元（习斋）、李塨等四存学派提出重工的思想，开一代之先导。然而，雍正帝对抑末政策的中心理解是，“凡士工商贾，皆赖食于农……市肆之中，多一工作之

① 马克思.《政治经济学批判》引尼布尔语[M]//马克思恩格斯全集(第46卷上册). 北京:人民出版社,2003:478.

人，即田亩之中少一耕稼之人……使民知本业之为贵”①。直到鸦片战争前，清廷对于工商业大体就是这样，既不提倡，也不大禁。

明代、清代的抑商政策松弛是同此前的封建王朝相比较而言的，并不是说它对民间工商业已放弃了任何限制，更不是说已经有了自由贸易思想。历代既贱视商人，商税率并不算高，而苛在勒索、供奉、当行、当差等制度。至清代，各种行政费用、缉私犒赏以至军费等大都要出自商人，捐输、报效、动辄万两。

2. 闭关禁海政策

明代闭关主要是为了防范倭寇。明后期的南洋贸易，实际上已经放松。清政权乃满族入主中华，对人口众多的汉人心怀猜忌，常思加以防范，尤怕汉人与外国人勾结造反。防止汉人与外国人接触勾结，就是闭关政策的基本出发点，是专制主义和蒙昧主义的产物。

第一，它限制了海外市场的开拓。清政权即使在开放海禁时期，也对海外贸易施加各种限制。如规定出海贸易的海船，载重不得超过500石，舵水人等不得超过28名。携带口粮也有限制，按路程远近，每人每日只准带食米一升，余米一升。尤其是对出口商品横加限制。火药、铜铁、粮食、马匹等严禁出口，还规定头茧丝不许出口，对二三茧丝和绸缎的出口也限制数量。② 乾隆间，江苏到日本的易铜商船，每年每船只准带绸缎33卷，每卷120斤，愿带丝斤者，许配带二三茧糙丝，每丝120斤抵绸缎一卷，仍不得超过1200斤。往南洋贸易商船，每年每船准带土丝1000斤，二茧糙丝1000斤。③ 在清朝建国以前，中国商人和华侨早已在南洋群岛各地大量经营商业和航海业，中国在东南亚本来占有压倒优势的贸易地位，到清代就一落千丈了。

第二，限制了资本的原始积累。当时，中国出口商品极具竞争能

① 《大清会典事例》。

② 光绪《大清会典事例》卷七七六。

③ 乾隆《户部则例》卷四十一。

力，其利甚厚。由于限制商品出口，商船装载不足，许多商人只得以“非贱无足轻重之物”来充数，其利不赀。这种开海贸易，也就有利于外商，而不利于华商。

第三，限制了科学技术的发展。明清之际，西方科学技术正在迅速发展。明后期，西方的天文、数学、物理、军事技术等知识曾不断传入中国。当时日本学习西方科学技术还借助于汉文译本。而入清以后，反形隔绝。官吏儒生讲求的是以儒学为中心的封建统治术，把近代科学技术视为“奇技淫巧”，更谈不到把它引进社会生产中去。清代的闭关禁海政策限制了科学技术在社会生产中的进步，典型如远洋航运业。16世纪之前，中国的造船技术在世界上居于领先地位，比当时欧洲最好的葡萄牙船还要进步。到17世纪，清政府实行禁海政策，对制造海船多加限制，如仅许用双桅，梁头不得超过一丈八尺，载重量不得超过500石，等等。乾隆间，又严禁造船卖与外国人，规定“打造海船卖与外国图利者，造船人与卖船之人，为首者立斩，为从者发边充军”。[①] 这样，欧洲的海船在质量和数量上就很快地赶上来了。万历二十五年（1597年），中国远航帆船有137只，到嘉庆二十五年（1820年）前后，行驶东南亚和日本的远航船为295只，总吨位为85.2万吨。230多年，船数只增加了一倍多一点，由于船只载重量有限制，总吨位的增长，恐怕还不会超过一倍多一点。而英国的航海船只，1770年已达70万吨，1792年更发展到154万吨，20年间增长一倍多。[②]

第二节　近代资本主义的发展与不发展

由于封建农业国的中国相对资本主义工业国的西欧，根本地臻于落

---

① 光绪《大清会典事例》卷七七五。

② 田汝康．十七世纪至十九世纪中叶中国帆船在东南亚洲航运和商业上的地位[J]．历史研究，1956(8)．

后；自1840年始，列强对中国施行多次侵略战争，逼迫中国订立不平等条约，在中国构织宗主国的政治经济统治网络。一方面促使中国封建社会解体，促使中国产生了资本主义因素，把一个封建社会变成一个半封建的社会；但另一方面，它们又残酷地统治了中国，把一个独立的中国变成了一个半殖民地和殖民地的中国。① 帝国主义反对中国发展资本主义。② 在经济落后的半殖民地的中国，地主阶级和买办资产阶级是西方资产阶级的附庸。中国城乡资本主义的生产关系受帝国主义和封建主义的双重压迫。

一、半殖民地对中国资本主义发展的影响

帝国主义的入侵，是中国民族资本主义发展的历史约束；西方资本主义进入中国的过程主要是阻碍中国资本主义的发展，最后使中国资本主义现代化的过程无由实现。帝国主义对中国的武力入侵是从1840年开始的，经过多次战争，到1895年以后，基本上形成了帝国主义包围中国、划分势力范围的格局。中国在1912年以后，又由全国统一的封建王朝变为地方割据的军阀统治，予帝国主义列强操纵中国政局、争夺经济权益以更加有利的条件。

（一）条约特权

帝国主义在中国的经济活动，是以享受条约特权为基本特征的。通常一项贷款的贷款人只有收取利息的权利，而在近代中国，一项铁路贷款却给贷款者带来一系列的特权。既有管理权、用人权、购料权，又有存款权、稽核账目权、分润余利权，还有线路展筑权、沿线警卫、矿山开采权乃至续借款的优先权。③ 贷款方面的特权如此，其他各种活动的

① 毛泽东选集(第2卷)[M]. 北京:人民出版社,1991:306.

② 毛泽东著作选读(上册)[M]. 北京:人民出版社,1986:397.

③ 王铁崖. 中外旧约章汇编(第一册)[M]. 北京:三联书店,1957:639.

特权可以类推。

帝国主义根据不平等条约在中国取得的重要特权，至少在30项以上。2/3以上在《马关条约》签订以前业已攫取到手。特权项目的增加，主要集中在甲午战争以前；而每一项特权范围的扩大和程度的加深则贯穿于整个历史时期，特别表现在甲午战争以后。

1. 内地开矿权

1895年，中法订立的商务专条附章中“议定中国将来在云南、广东、广西开矿时，可先向法国厂商及矿师人员商办”，由“雇用洋人帮工”“租买机器”到和外国“厂商及矿师人员商办”①，权利的转移又推进了一步。然而，到此为止，条约仍未给予外国自办之权。1898年德国借口山东教案，侵占胶州湾，要求修筑山东境内铁路，第一次提出在铁路沿线30里内德商有自行开挖煤矿的权利②。其后各国相继效仿③，形成了一个掠夺矿权的高潮。

1902年，《中英续议通商行船条约》规定：中国参照英国和其他国家的矿务章程，对现行的章程重新修改妥定，以利于招徕外国资本。④从此外国资本大量涌进，到了20世纪20年代中期，中国的煤铁两项主要矿产中，处在外国资本控制之下的分别达到50%和95%以上。

2. 铁路修建权

1895年，《中法续议商务专条附章》第五条规定：“至越南之铁路或已成者或日后拟添者，彼此议定，可由两国酌商妥订办法，接至中国界内。”⑤ 这是外国取得的“第一条铁路的让与权”。它的进一步发展则是铁路修建优先权的攫取。1898年《中德胶澳租界条约》规定德国在

---

① 王铁崖．中外旧约章汇编(第一册)[M]．北京:三联书店,1957:623.

② 王铁崖．中外旧约章汇编(第一册)[M]．北京:三联书店,1957:739.

③ 王铁崖．中外旧约章汇编(第一册)[M]．北京:三联书店,1957:749,768.

④ 王铁崖．中外旧约章汇编(第二册)[M]．北京:三联书店,1959:108.

⑤ 王铁崖．中外旧约章汇编(第一册)[M]．北京:三联书店,1957:623.

山东有修建胶济铁路之权。从19世纪90年代开始，外国资本实际上在大量涌向中国铁路事业。或由外国向中国贷款，提供路料，而以铁路财产和收入为抵押，或由外国直接投资。列强力图把铁路控制在自己手里。

3. 内河航行权

1858年中英《天津条约》首次对外开放长江下游的航道。[①] 1895年中日《马关条约》又正式开放宜昌至重庆一段的川江航道和长江下游沿吴淞江、运河以至苏州、杭州的航运。[②] 1895年以后，内河航行由长江扩大到其他内河。1897年《中英续议缅甸条约》附款开放西江梧州至广州和香港的航运。[③] 1896年和1898年，沙俄东省铁路公司又连续取得松花江和辽河并该河支流的航行权[④]，公然在铁路公司内部成立了河川汽船部。1898年，由海关税务司发布的《内港行船章程》把所有内河的通商口岸和所谓停泊口岸全部对外开放。[⑤] 1902年，在中英续议《内港行轮修改章程》中，又进一步规定外商在所有内河两岸各口长期租用栈房、码头的权利。而且无理要求限制中国的轮运业。[⑥] 湘江、汉水以至长江上游岷江的嘉定，都沦为外国轮船或兵舰航行的领域。

4. 口岸设厂权

外国在华设厂的条约根据是1895年的中日《马关条约》。然而在《马关条约》之前，设厂的事实即早已存在。而列强在取得条约根据之后，又进一步要求额外的特殊优惠待遇。在《马关条约》中，原已规定外国工厂所用机器的进口和工厂产品的内销都享受与进口洋货相同的待遇。也就是进口机器只纳5%的进口税，内销产品只纳7.5%的出厂

① 王铁崖. 中外旧约章汇编(第一册)[M]. 北京:三联书店,1957:97.
② 王铁崖. 中外旧约章汇编(第一册)[M]. 北京:三联书店,1957:616.
③ 王铁崖. 中外旧约章汇编(第一册)[M]. 北京:三联书店,1957:690.
④ 王铁崖. 中外旧约章汇编(第一册)[M]. 北京:三联书店,1957:673,784.
⑤ 王铁崖. 中外旧约章汇编(第一册)[M]. 北京:三联书店,1957:349.
⑥ 王铁崖. 中外旧约章汇编(第二册)[M]. 北京:三联书店,1959:112-113.

和内地通过税。[①] 这种优惠，已经严重影响中国的税收和民族经济的发展。但是列强对此并不满足，又多方寻找各种减税的机会和借口。1902年英美烟公司在中国设厂制烟以后，就非法要求它的产品出厂税和内地通过税比照中国手工土烟输纳，把应纳的税率由7.5%降低到2%以下。这个非法要求，在1905年取得清政府的被迫同意。[②] 类似的优惠在1927年以后依然存在。

5. 内地收购权

外国商人收购中国土产、取得子口半税的优惠待遇，始自1858年的中英《天津条约》。但在1876年的中英《烟台条约》以前，出口土货的子口税单，只限于直接收购土产的外国商人。为外商搜罗土产的中国买办商人，则不能享受这个待遇。《烟台条约》第一次给予为外国商人服务的中国商人同等的权利。[③] 这就扩大了出口子口税单的适用范围，大大便利了外国商人对中国土产的收购。当列强正式取得在华设厂特权以后，他们对作为工业原料的中国土产的收购采取了更加侵犯中国主权的手段。英美烟公司的烟叶收购就是一个例子。它不但享受子口税的特权，而且在没有任何条约根据下，深入中国广大农村，通过外国种子的发放和耕作方法的传授，直接控制烟农的生产。在这里，宗主国对殖民地所实行的一套农业生产的控制办法，被原样照搬到半殖民地半封建的中国土地之上。

6. 税收控制权

中国税收被控制于外国侵略者之手，起源于中国税收用于外债之抵押。在甲午战争以前，中国的外债数目还比较小，作为借款抵押的税收，基本上是海关税收一项。甲午战争以后，随着外债和赔款的激增，

---

① 王铁崖. 中外旧约章汇编(第一册)[M]. 北京:三联书店,1957:616.

② 朱偰. 中国租税问题[M]. 上海:商务印书馆,1936:484－488;戚罗贝. 外人在华特权和利益[M]. 王绍坊,译. 北京:三联书店,1957:366.

③ 王铁崖. 中外旧约章汇编(第一册)[M]. 北京:三联书店,1957:349.

税收的抵押也由海关关税扩大到常关关税和内地厘金，更由关税厘金等通过税扩大到盐课等消费税。到了20世纪初，除开田赋以外，其他重要税收，几乎全部处在外国控制之下。1901年《辛丑条约》规定：“所有常关各进款，在各通商口岸之常关，均归新关管理。”[①] 这里的新关，就是外国总税务司控制下的海关。

在1911年以前，海关总税务司以及各关税务司还没有直接插手税收的征课、保管和上交，而只是负责进行税收的审核。所有税款，都由商人直接向中国政府征收税款的海关银号交纳，由海关银号负责保管并由中国海关监督上交政府。1911年以后，情况发生了变化。对中国拥有债权的列强，趁辛亥革命动荡之机，将中国海关银号的职权转入外国银行之手，以保证由关税作抵押之外债和赔款的偿付。在1912年由北京外交团径自拟定而由中国外务部允准的《管理税收联合委员会办法》中，规定英国汇丰、德国德华和俄国道胜三家银行为“存管海关税项之处”。[②] 从此，海关税收的掌管大权，全部落入外国之手。不但担保外债部分之关税如此，偿还外债以后所剩之余，亦复如此。1913年随着2500万英镑善后大借款的成立，在袁世凯政府与五国银行团签订的借款合同中，进一步规定中国盐税的征收由外国人控制的盐务稽核所掌握。举凡引票之发给和盐税的征收，都必须首先陈报盐务稽核总所。所有盐务进款非洋会办签字，不能提用。[③]

7. 贷款优先权

外国取得对中国贷款的优先权，并非根据正式的条约。直到1895年才开始出现具有条约形式的借款合同。然而，就是在非正式条约的借款合同中，也可以看出，他们在竭力扩大贷款方面的各种特权，其中最

---

① 王铁崖．中外旧约章汇编(第一册)[M]．北京：三联书店，1957：1006.

② 王铁崖．中外旧约章汇编(第二册)[M]．北京：三联书店，1959：795. 德华和道胜先后于1917年和1926年退出，此后由汇丰独管。

③ 王铁崖．中外旧约章汇编(第二册)[M]．北京：三联书店，1959：869.

重要的一点，就是贷款优先权的攫取。贷款优先本身是一种特权，更重要的，它是取得和维护其他特权的手段。这一特权，事实上在1895年以前就已萌生。1874年英国汇丰银行对福建当局的一笔台防借款就曾试图提出：日后借款，尽汇丰优先。这一企图当时未得实现。其后在1895年俄法对中国的四亿法郎借款中，也曾提出过半年之内“中国暂不另行借用金钱各债”。① 1911年美、英、德、法四国的币制实业借款合同中，规定清政府如因款项不敷，欲续办借款，应“先与〔本借款中之贷款〕银行续借所需之款”。② 这是贷款优先权在大笔借款合同中的正式出现。③ 此后在1912年英国的克利斯浦借款合同④和1913年五国银行团的善后大借款合同⑤中，都有同样的规定。贷款优先权渐成惯例。

和贷款优先权相对应的是偿还借款的优先权。中国借款几乎都以关税或其他税收为抵押，所谓偿还优先，就是攫取抵押的优先。1913年的善后大借款合同中，表达得最为完整。⑥ 中国不得提前偿还外国借款⑦，更不得滞后。所有这些，目的都在于保持借款权和借款权所带来的特权的独占。

以上七条，属于经济特权之重要者。至于政治、军事上的特权，如驻军权、租借地权、租界和治外法权等，在范围上和性质上如出一辙。总起来看，进入20世纪以来，即由清王朝的临近倾覆至北洋军阀走马

---

① 王铁崖．中外旧约章汇编(第一册)[M]．北京:三联书店,1957:629.

② 王铁崖．中外旧约章汇编(第二册)[M]．北京:三联书店,1959:709.

③ 原定借款额为1000万英镑(参阅:王铁崖．中外旧约章汇编(第一册)[M]．北京:三联书店,1957:704.),实际只先行垫款40万英镑(徐义生．中国近代外债史统计资料[M]．北京:中华书局,1926:50－51.)。

④ 王铁崖．中外旧约章汇编(第二册)[M]．北京:三联书店,1959:831.

⑤ 王铁崖．中外旧约章汇编(第二册)[M]．北京:三联书店,1959:874.

⑥ 参阅:王铁崖．中外旧约章汇编(第二册)[M]．北京:三联书店,1959:868. 在此以前,例如在1895年,汇丰银行借款,1896年英德借款和1898年英德续借的合同中,也有类似规定。参阅:王铁崖．中外旧约章汇编(第一册)[M]．北京:三联书店,1957:599,642,735.

⑦ 王铁崖．中外旧约章汇编(第二册)[M]．北京:三联书店,1959:6(注1).

灯似的统治，中国的国际地位不但没有丝毫改善，反而日益凌夷。

（二）工业未掌握在中国人手里

西方资本主义在入侵中国的同时，也带来了属于资本主义的文明。工厂、矿山、铁路、航道疏浚、电报、电话以及一切现代化的公用事业，都离不开外国引进，却都未掌握在中国人的手里。

铁路运价特权。1900—1923 年出现在京奉铁路上的煤炭运价的变化是最好的说明。京奉铁路是一条渗入了英国资本的铁路。在 1900 年以前，中国自办的开平煤矿通过这条铁路运输煤炭，不但没有任何优惠待遇，而且经常受到无理提高货等、加重运费的刁难。[①] 英国资本掌握的京奉路局于 1923 年兼并中国自办的滦州煤矿（开滦），让开滦独享运费削减的优待。[②] 第一次世界大战期间，当日本控制山东胶济铁路之时，日资鲁大煤矿既有“特定运商专价”，又有“出口特约煤炭减价”，还有“最低运率”的特惠。[③] 所有这些，目的也是一个，即最大限度地方便日本对中国煤炭资源的掠夺。在法国资本控制的滇越铁路，对中国个旧锡矿的外运，则完全是另一幅情景。个旧锡矿外运不但没有享受到什么“最低运率”，反而被课以高得出奇的运费。1906—1909 年，滇锡运费由每吨 16 元提高到 45 元。而法国产品之运输云南，则可以随意调整收费标准，通行无阻。别的国家“非得法国的允许”，“无人无物得以进入云南”。[④] 铁路运输这种先进的运输方式，在半殖民地的中国，却可以发挥这样离奇的作用。

工矿企业的税负。在上海外商船厂的扩张过程中，船厂所得到的免税优待，也达到了令人难以理解的离奇程度。在外国船厂进入上海之初

---

① 参阅《时务日报》1898 年 6 月 3 日。

② 洪瑞涛，潘起陆．我国煤炭运输研究报告（油印本）第 4 册．1934：184.（引自宓汝成《帝国主义与中国铁路》第 450 页）

③ 宓汝成《帝国主义与中国铁路》第 451 页。

④ 宓汝成《帝国主义与中国铁路》第 457 页。

的 1868 年，在中英新定条约的谈判中，清朝政府首先同意英商船厂修理船只的物料，一概免纳进口关税。① 等到 1881 年德国提出同样要求时，则进一步把免税物品扩大到 76 项，从钢、铁、铜、锡、铅、锌到火泥、玻璃、橡皮、油漆，事实上，把所有制造新船的物料统统包括在内。犹恐不周全，最后还要加上“一切未能预言实用修船各物”。②

足见旧中国的统治者之不敢触犯外国资本利益。

（三）中外不等价交换

西方对华贸易是建立在不等价交换扩大的基础上的。中国近代对外贸易之所以处于不利地位，一个重要的因素是中国在对外贸易方面不能掌握两个主动权：一是关税的主动权；二是价格的主动权。

关税之不能自主，是西方对中国的不平等条约加在中国对外贸易上面的一条锁链。

价格主动权的丧失，不像关税不能自主是由条约规定的那样明确具体。但是中国在对外贸易的格局中处于价格接受者而非价格制定者的被动地位，无论是在对外贸易的商品市场还是周转对外贸易的金融市场上，优势都在外国一方。

中国生丝销售于世界，有上千年的历史。在西方殖民主义者东来以前，中国生丝的对外贸易，不发生贸易主权的问题。即使在西方殖民主义入侵的初期，麇集广州的西方商人也必须遵守中国政府制定的管理条例。但是进入 19 世纪以后，情况开始发生变化。鸦片战争以后，内地生丝通过丝栈、口岸厂丝通过丝号卖给外国洋行，交易的具体执行人是丝号的通事和洋行的买办。洋行通过买办放款于中国丝商或丝厂，作为包揽生丝出口的手段。洋行作为交易的一方，实际上处于债主的地位。在这种形势下，生丝出口贸易中的中外双方已经失去了平等的地位。江

① 王铁崖．中外旧约章汇编（第一册）［M］．北京：三联书店，1957：310.
② 王铁崖．中外旧约章汇编（第一册）［M］．北京：三联书店，1957：394.

浙和广东是中国两大产丝区，但是“生丝的市场价格不是在上海，也不是在广东，而是在纽约和里昂决定的”。也就是说，完全受制于人。

茶叶对外贸易的凌夷，尤有甚于生丝。中国茶叶出口市场之受制于洋商，销售价格之仰仗于洋行，在19世纪八九十年代，是一个受朝野上下普遍注意的现象。洋商“抑勒茶价”，操纵茶叶市场。[①] 在小农分散生产的条件下，茶农生产的茶叶，在最后到达洋行手中之前，往往要经过多次转手。每多一次转手，即多一层剥削。然而大部分利润却不是由中国的中间商人囊括以去，因为他自己并没有什么资本实力。在许多情况下，出口茶叶的洋行，就是中国茶商、茶农的贷款者。

（四）民族资本和民族财政遭受的压迫

机器生产和手工生产劳动生产率的高下不同，这是在任何情况下都存在的。而下面所说的情况，则只存在于殖民地、半殖民地这样的特殊情况之下。作为中国民族工业中坚的棉纺织工业的历史，是一个有说服力的例证。

外国资本对华商纱厂的兼并和控制，在第一次世界大战以后，是一个相对突出的现象。从第一次世界大战临结束的1917年起，至战后世界经济危机爆发的1931年止，外国资本渗入华商纱厂，至少有22起之多。其中，众多的华商纱厂被外国资本侵蚀的过程的开始，竟然发生在它获取高额利润的大发展之后乃至大发展的过程中，出现在被后世称谓“民族资本的黄金时代”。

第一次世界大战爆发，外国棉纺织品对华输出大幅度下降，西方各国在华纱厂也无力增加投资，这从两方面减轻了民族资本棉纺织业的外来压力，从而在中国棉业资本家的面前出现了一个获取高额利润的大好时光。战时华商纱厂账面盈利率超出100%的至少有10家。个别纱厂

① 姚贤镐．中国近代对外贸易史资料[M]．北京:中华书局,1962:973-978.

的盈利达到130%乃至接近140%。[①] 然而，不少昨天甚至眼前还在获取高额利润的华商纱厂，转眼之间，便不得不接受外国资本的“接济”。上海申新纱厂，是华资纱厂中规模最大的一系。它的盈利，在第一次世界大战期间几乎是直线上升。一个以30万元资本起家的申新一厂在1920年的盈利竟高达111万元。[②] 然而就在这个空前的繁荣期中，申新公司所属各厂中，已经开始有以自己的厂基、机器向外国资本多次抵押借款，其中有的工厂后来甚至险遭拍卖。[③] 可见华商纱厂发展基础之脆弱。而这一脆弱和外商的压迫又是不可分的。

一方面存在高额利润的获取，另一方面又潜伏着被兼并的危机，这不仅出现在棉纺织一业之中，也普遍发生在其他工业部门。卷烟业中民族资本的巨头——南洋兄弟烟草公司就曾经被英美资本在中国卷烟业中的垄断组织英美烟公司企图兼并。从1916年起，南洋的盈利，每年都在100万元以上。也就在这个时候，英美烟公司一再提出合并的要求。一直到英美烟公司第三次提出合并要求的1922年以前，南洋公司每年账面盈利都维持在很高的水平上。[④] 南洋公司为什么会接受这样的谈判？它的创办者和主持人简照南道出了个中奥秘：“‘空山’势力之大，若与为敌，则我日日要左顾右盼，无异与恶虎争斗，稍一疏忽，即为吞噬。”[⑤]“如不携手，此后竞争必益烈。”“携手不成，伊必再跌价。伊拼亏一千余万，不过去一年之利息，我若亏一千余万将资本全倾，陷于破

① 中国社会科学院经济研究所集刊(第10集)[M]. 北京:中国社会科学出版社,1988:201-203.

② 严中平. 中国棉纺织史稿[M]. 北京:商务印书馆,2011:203.

③ 严中平. 中国棉纺织史稿[M]. 北京:商务印书馆,2011:195;许维雍,黄汉民. 荣家企业发展史[M]. 北京:人民出版社,1985:86.

④ 上海社会科学院经济研究所. 南洋兄弟烟草公司史料[M]. 上海:上海人民出版社,1958:序言,38.

⑤ 上海社会科学院经济研究所. 南洋兄弟烟草公司史料[M]. 上海:上海人民出版社,1958:序言,113.

产。”[①]“以‘空山’资本之雄，即使再加十个如我者，亦不能与其争势力。”[②]“空山”指的就是英美烟公司。

大资本吞并小资本的规律，在这里得到最鲜明的体现；在半殖民地的中国，这个大资本吞并小资本的规律，又有其自身的特点：半殖民地上的国家政权对外商减免税款，税荷全部由华商背负。

外国在华的企业投资如此，财政投资更是如此。以 1913 年北洋军阀政府的善后大借款为例，进行贷款的外国银行团，通过借款取得了控制中央财政的一系列权利。他们不仅取得了借款抵押品盐税的全部监督、稽核、征解和存放之权，而且取得了财政、币制、银行、审计、国债等一系列职能部门的顾问权。这是置中国财政的咽喉于外国掌握之中。[③] 起决定作用的，不单是利率的高低，而主要是利率以外的借款条件。在丧失独立自主权的条件下，不能指望这种借款成为中国近代经济的推动力，它的主要使命是推动列强的对华利益。

二、半封建社会对中国资本主义发展的影响

（一）突破封建生产关系的动力不足

农业总产量和农民自身（包括寄生于农民的地主）消费量之间差额的增长，亦即所谓“农业剩余”的增长，必须达到一定的水平，才有可能发生产业革命，也才能突破和瓦解农业方面以至整个社会的封建生产关系。中国近代农业生产力始终没有突破封建生产关系可以容纳的范围，更没有形成上层建筑和经济基础的互动力量。

进入近代的中国农业，直接和间接地反映着生产力的变化的方面大

① 上海社会科学院经济研究所．南洋兄弟烟草公司史料[M]．上海：上海人民出版社，1958：425.

② 上海社会科学院经济研究所．南洋兄弟烟草公司史料[M]．上海：上海人民出版社，1958：111.

③ 徐义生．中国近代外债史统计资料[M]．北京：中华书局，1926：109.

致有如下四个：

第一是农业生产工具和技术的改进，包括肥料和种子栽培的改良在内。生产工具和技术的改进，主要表现在外国农业机械的引进上面。尽管中国在1869年就传出了向外国购买耕种、簸、舂、刈禾等改良农具的讯息①，但是中国农业机械的进口，就全国范围的长期趋势而言，始终是一个停顿不前的局面。到1949年止，全国只有拖拉机401台，平均5个县才摊到1台拖拉机。② 广大的农村中仍然是“恃牛如命”。“哭牛如哭子”的悲声，从宋代一直延续到20世纪30年代。侈言中国农民已经“把新技术和资本嫁接”到“农业”上来，只是超前的臆断。

另一项重要的投入是与进口农业机械具有同等重要地位的进口化学肥料。化肥进口的重要程度超过了农业机械。进口化肥之见于记载，大约是从20世纪初开始的。30年代中曾对中原地区55户农家进行选样调查，发现“在五十五户当中，用钱买肥料者，仅得八家”，而且并没有说明是购买化肥。③ 中原地区如此，偏远贫困地区，更可想见。

第二是新式农场的兴起。19世纪后期以降，在中国土地上出现的新式农垦公司，并非中国农村经济发展的结果，它是条件不成熟的外部移植，本身不具备生根和成长的条件。那些公司名为农业企业，实际上将绝大部分经营的土地出租给佃农耕种，只有少量自行经营垦殖。公司与承佃者之间基本上仍是收租与纳佃的关系。

第三是经济作物的扩大。20世纪30年代，在以经济作物为主体的农村中，小农生产反而更占主要的地位。调查者根据山东等省的烟草调查指出：“种烟田亩在全体田亩中间所占的比重，贫农一般是高于富

① 章有义．中国近代农业史资料(第二辑)[M]．北京：三联书店，1957：514－515.

② 中国近代史论文集(下册)[M]．北京：中华书局，1979：843.

③ 陈伯庄．平汉沿线农村经济调查(附件一)．1936：4－5．转见：章有义．中国近代农业史资料(第三辑)[M]．北京：三联书店，1957：879－880.

农。”“五亩以内的小经营占绝大多数。”[①] 移粮田以种植经济作物，并不能反映小农经济向大规模生产的发展；相反，这是在贫困线上挣扎的农民延续小农生命的一种手段，从中看不出农业生产力的发展。

第四是农产商品化的扩大。随着外国资本主义势力的深入，农产商品化的趋势有明显的增长。经济作物规模的扩大，就是表现之一。因为经济作物的商品率一般大于粮食作物的商品率。但是，在半殖民地半封建的近代中国，农产商品率的增长，并不反映农业中资本主义商品生产的增长。相反，出现在近代中国的农产商品化，是和小农地位的维系联系在一起的。这里看不到农业生产力的提高，却看到了小农经济下农民的贫困。在近代中国的粮食商品化中，出售粮食的农民一手出售精粮，一手又购进粗粮，普遍存在“粜精籴粗”的现象。[②] 所有这些粜出籴入，都被纳入农产商品化的范畴，实际上它和商品生产是对不上号的，更不要说资本主义商品生产了。

可从以下四个方面衡量近代中国农业生产力的水平：

第一，农业总产量。农业抵御天灾能力低下，农业生产呈波浪式的变动，即使长期趋势趋于上升，增长率也比较低下。

第二，粮食的人均产量，即每一农业劳动力的产量，表现出一定程度的下降。这种趋势贯穿于整个近代历史时期，而且愈到后来，愈趋显著。

第三，单位面积的产量。较一致的看法是，同乾、嘉年间相比，近代粮食的产量呈下降的趋势，20 世纪以后进一步下降。也有人认为，进入 20 世纪的中国，主要农作物的平均单产量和当时先进的资本主义国家比较并不算低，但是，在同等农田面积所投入的人工上，或同等工时投入所得的产量上，劣势十分显著。这种增长被称为“没有发展的

---

① 薛暮桥．农产商品化和农村市场[M]//薛暮桥，冯和法．《中国农村》论文选．北京：人民出版社，1983：515.

② 刘克祥．1895—1927 年通商口岸附近和铁路沿线地区的农产商品化[M]//中国社会科学院经济研究所学术委员会．中国社会科学院经济研究所集刊（第 11 集）．北京：中国社会科学出版社，1988.

增长”。

第四，劳动和土地的边际生产率。由于过度的劳动投入，平均劳动生产率和边际劳动生产率不但没有增加，反而略有下降。由于精耕细作和集约化程度进一步提高，单位面积的产量和土地的边际生产率则有所提高，但提高的幅度不大，已趋于极限。[①] 土地平均生产率下降的地方（如东北），边际劳动生产率可能是上升的，而土地平均生产率上升的地方（如江南），边际劳动生产率反而是下降的。

总之，近代中国农业生产力，虽然不能说没有一点变化，但关键的问题是：它始终没有突破中国古老的封建制度可以容纳的范围，整体上突破封建生产关系的动力不足。

（二）封建的官僚主义对资本主义的桎梏

这是影响中国近代资本主义发展的另一个重要的历史条件。以“振兴工商”为中心的“新政”，曾经是濒临倾覆的清王朝挽救危亡的主要手段，颁布的经济法规有60项之多。篡夺辛亥革命果实的袁世凯统治，陆续颁布了40多项经济法规。

关键的问题，在于条例的制定和实践存在着严重的距离。路矿是振兴实业的中心。在1903年的《商部重订铁路章程》中，尽管规定：“无论华洋官商”都可“禀请开办铁路”，但同时还规定了“集股总以华股获占多数为主，不得已而附搭洋股，则以不逾华股之数为限”，“凡中国各省铁路即使由洋商递呈禀准开办、而中国商民自应得有公共利益，方为公允”。在列强激烈争夺中国路权的形势下，条例中能出现这些规定，应属难能。而在全民收回路权的形势下，条例中又适时地规定了华商集股修建铁路，“地方官均应一体保护”，并“不得干预公司办事之权”；“如系独立资本至五十万两以上，查明路工实有成效者”，则“给予优奖，以

① 参阅《中国经济史研究》1995年第2期第41页。

资鼓励”。[①] 一直到袁世凯统治时期，还有过“民业铁路法”的出台。[②]

在章程的鼓舞下，1904—1907 年间各省先后成立了 18 个铁路公司。“不招外股”“不借外债”成为一时风尚[③]。然而，那些向商部提出修建铁路的申请，什九被批驳回来，而其所以批驳不准，什九是受到外国资本家的反对。[④] 在列强环伺之下，1908 年间，统治阶级内部开始流行一个新的口号——“造路不如赎路”，把借钱修路改成了借钱赎路，先让外国出钱修路，然后政府再借钱赎路。而赎路借款的偿还，则长期成为铁路经营的沉重负担。篡夺辛亥革命果实的袁世凯政权，从 1912 年 8 月到 1915 年 1 月，把各省在此前 10 年间为保卫路权而艰难创设的铁路公司几乎全部解散，铁路从此落入外国资本手中。[⑤]

在所谓振兴实业的核心——民营工矿企业的鼓励、扶持和保护方面，完全暴露了问题的实质。1904 年《矿务暂行章程》规定“集股开矿，总宜以华股占多为主。倘华股不敷，必须附搭洋股，则以不逾华股之数为限”。[⑥] 1907 年《大清国矿务正章》则进一步对外商开采权做了更多的限制，“如无华人合股，断不准他国矿商独开一矿”，外商“概不准收买矿地”。[⑦] 然而，历史的实践是朝着与条例相反的方向发展的。英国的福公司和德国的华德矿务公司分别获得了山西盂县、平定、潞安、泽州与平阳各属“煤铁以及他处煤油各矿和山东胶济铁路全线三十里以内矿产的开采权”。[⑧] 中俄《吉林、黑龙江煤矿条约》和中法《云南七属矿务改订合同章程》分别把中东铁路沿线 30 里以内和云南

---

① 《大清光绪新法令》第 17 册。

② 《时报》1915 年 11 月 18—20 日。

③ 戴执礼．四川保路运动史料[M]．北京:科学出版社,1959.（参阅《历史研究》1995 第 4 期）

④ 宓汝成．中国近代铁路发展史上民间创业活动[J]．中国经济史研究．1994(1).

⑤ 参阅《中华实业丛报》1914 年 3 月,转见:宓汝成．帝国主义与中国铁路[M]．北京:经济管理出版社,1980:186.

⑥ 《中国近代工业史资料》(第二辑),第 26 页。

⑦ 朱英．论清末的经济法规[J]．历史研究,1993(5).

⑧ 《中国近代工业史资料》(第二辑),第 28－29 页。

省楚雄等7处矿产开采权拱手让给俄、法两国。[①] 这与纸上的振兴民族矿业背道而驰。在外商开采的范围内，对华人不但“阻开新窑”，而且“已开各峒，均一律封闭”。[②] 他们或者借口中国土窑不使用机器，视所有新开使用机器之煤矿为土窑，令其必须停止；或者曲解条文，把“已开之矿，应准其办理”解释为不准再“开新矿”。[③]

足见旧中国的统治者之不能惠及民间产业。

三、近代中国资本主义有所发展，又不能充分发展

20世纪初，民办铁路一时风起云涌，但这幅图景的展开却是令人沮丧的。就全国范围而言，铁路里程期末较期初有较大的增长，但平均每百平方公里的国土上，只摊到0.13公里，按人头计算，平均每人只摊到3厘米多一点。即使这样一点铁路，绝大部分还是外国修建的。其中也有由中国政府借外债赎回的，中国既无实权，却背着沉重的利息包袱，主要是适应外国势力入侵的要求。

中国公路的修建，则主要是适应国内军阀割据的需要，它是军阀混战中供应军需的产物。仅奉天（今辽宁沈阳）一处修建的公路就超过全国里程的1/3，可见公路修建对奉系军阀盘踞东北的重要性。

中国资本主义之不能充分发展，还表现在手工业向工场手工业、手工业向机器工业转化的困难上。发生在19世纪80年代初广东南海手工业丝织业者与由手工向机器的缫丝业者之间的冲突，不但迫使这个过程暂时中断，而且迫使中国最早一家使用改良缫丝工具的继昌隆丝偈，为避开冲突的漩涡，由南海县远走澳门。[④] 江浙产丝区较早出现的一家缫

---

① 《中国近代工业史资料》（第二辑），第31－33页。

② 李庆芳《山西矿务档案》，第17页；《矿业报告》第一册，第10页；薛毅《英国福公司在中国》，第72－73页。

③ 《大公报》1904年2月5日；参阅：宓汝成．帝国主义与中国铁路[M]．北京：经济管理出版社，1980：405.

④ 《海关十年报告》，1882—1891年，第557页。

丝厂——1897 年在杭州设立的世经缫丝厂，开办不到两年，即行停歇，原因是蚕茧失去供应，而其所以供应不上，并非由于茧源不足，乃是手工缫丝业者控制着蚕茧，而世经缫丝厂最后被日本资本家买去。[①] 这种矛盾一直延续到 20 世纪初。同样是手工织布，在河北高阳，织布机出现了由旧式投梭机向拉梭机以至铁轮机的转换；在河北定县，织户始终守着旧式织布机不变。即使在高阳，20 年代新式织布工厂达 40 家，30 年代却只剩下 4 家。[②] 大机器工业在手工业面前败北，工场手工业在家庭手工业面前败北。

中国金融企业最初的产生，不是源自中国产业资本自身发展的要求，也不是从属于中国的产业资本，亦不是以中国产业资本的运动为基础，而是依附于本国政府，以满足政府的财政需要而运行。北洋政府时期，政府公债的暴利，构成银行营业收入的主渠道。20 年代以后，当金融界从北洋政府的破落户财政转向民间的新兴产业，提高了银行投资中的工商业放款的分量，中国的银行资本实力的单薄，立刻显现出来。

20 世纪 20 年代中国“在世界贸易中所占的分量，从来没有达到 2%”[③]，出口贸易中属于原料性质的农产品占主导地位，民族工业产品所占的份额极其微小。出口商品之支柱产业只有缫丝一项。在华商缫丝中心——上海地区，20 年代以前，工厂全部掌握在外国洋行手中。洋商在收购生丝上使用提级、压价以及贷款收购种种手法直接剥削华商，即使在国外丝价续涨的条件下，洋行仍可低价收购生丝。[④] 生丝出口，检验得求外国洋行，报税要通过外国税务司控制的海关，运输要找外国远洋航运公司，海上保险要由外资保险公司承担，生丝成交后，贷款还要靠外国银行结汇。[⑤]

---

① 汪敬虞．中国近代工业史资料（下册）[M]．北京：科学出版社，1957：897.

② 赵冈，等．中国棉业史[M]．台北：经联出版公司，1983：235－236.

③ 里默．中国对外贸易[M]．卿汝楫，译．北京：三联书店．1958：173.

④ 《中国经济史研究》1986 年第 1 期。

⑤ 外国洋行掠夺华丝出口的片断史料[J]．中国经济史研究，1986（1）.

国内市场的一部分为外国资本所分割。例如，中国的煤炭和棉纱市场被进口洋煤、洋纱和在华外籍煤矿、纱厂所产煤和纱占去很大一部分。[①] 此外，国内市场发育极不完全，出现了离奇的人为梗阻。市场没有统一的货币，有银两、银元、铜币和贬值纸币多种。市场没有统一的度量衡。被称为“结扎商业脉络”的厘金，是“禁止商货之流通，迫其近售，而罚其远行者也”。[②] 广东汕头糖厂内销江苏、安徽、山东、河南各省之糖，不惜绕行香港，经海路以入上海，再转销内地。为的是取得洋货“仅完半税一次”之待遇，以“免厘卡重重抽厘”。[③] 这是厘金对产品推销阻滞之例。厘金阻滞原料汲取之例，如“棉花之厘税……外国纱厂所用中国之棉花，其税银每担为三钱五分，而中国纱厂自用本国之棉花，每担反为五钱二分五厘。”[④] 国内市场第二道结扎是过重的运费，主要原因是交通工具的落后和原始，运输制度也往往成为国内市场的强大阻力，这是帝国主义在中国铁路中获取强权和垄断地位的直接后果。1 吨小麦从蚌埠运到上海，1 箱纸烟从济南运到青岛，其费用往往比从美国运到中国还要高昂。

在近代中国，不打破帝国主义的侵略和封建主义的束缚，要求独立实现中国资本主义的发展，实现农业国的工业化，只能是一个幻想。

---

① 中国近代工业史资料（第二辑）[M]. 北京：科学出版社，1957：1157.

② 张謇《张季子九录》，政闻录，第二册，第 7 卷，1931 年版，第 2 页。

③ 《东西商报》1900 年商 41，第 13 页，参阅《中国近代手工业史资料》第二卷，第 312 页。

④ 中国近代农业史资料（第二辑）[M]. 北京：三联书店，1957：285.

第二章 彻底的社会革命与工业化起步

阿里夫·德里克（2011）曾提出，“把中国模式看作东亚威权主义发展模式的一种是错误的，其根本区别是中国革命历史中一直在国内强调建立平等的、人民有发言权的社会和新文化”。[①] 德里克提出了一条重要的线索，即中国革命（新民主主义革命、社会主义革命）与农业国工业化的关系，却没有做具体的阐述。本章拟详析之。

1952 年（这一年工业生产恢复到战前最高水平）我国农业对净物质产品的贡献达 58%，工业仅占 23%，是个典型的农业国。1976 年比例调转过来，工业对净物质产品的贡献超过 50%，农业仅占 34%。[②] 我国趋向工业国的早期（1952—1976 年），工业对净物质产品贡献的份额增长 27%，耗时 24 年。英国趋向工业国的早期（1801—1841 年），工业份额增长 11%，耗时 40 年。日本趋向工业国的早期（1878—1923 年/1882—1927 年），工业份额增长 22%，耗时 45 年。[③] 新中国早期经验里工业份额的急剧增长是人类早期工业化史绝无仅有的现象。1952—1972

① 阿里夫·德里克．“中国模式”理念：一个批判性的分析[J]．国外理论动态，2011(7)．

② Maurice Meisner. Mao's China and After: A History of the People's Republic[M]. New York: The Free Press, 1999: 415.

③ Y. Y. Kueh. The Maoist Legacy and China's New Industialization Strategy. The China Quarterly, No. 119, 1989 – 1909: 421.

年我国的经济每十年增长 64.5%，[1] 1878—1929 年日本的经济每十年增长 43%，1880—1914 年德国的经济每十年增长 33%，上述时期是日本、德国最密集的工业化时期。[2] 我国唯一的科学类诺贝尔奖的获奖成果，用于治疗疟疾的青蒿素的提取是 1972 年。1978 年大型客机 Y10 和 915 发动机试制成功。20 世纪 50 年代末至 70 年代掌握晶体管、设备制造、集成电路制造的全过程技术，[3] 1979 年批量生产自主芯片。[4] 这一早期经验不是在贫困中寻求社会主义，而是世界史伟大的工业化纪元，世界上最落后的农业国之一转变为 20 世纪 70 年代中期的世界第六大工业国。[5]

我国在一个落后的农业国的基础上建设工业国，是从告别停滞的传统生活方式、克服封建的社会关系和精神传统开始的。传统上，高利贷和商业所形成的货币资本转化为工业资本与资产阶级民主主义革命紧密

---

① Gilbert Rozamn. The Modernization of China[M]. New York: The Free Press, 1981.

② Simoon Kuznets. Economic Growth of Nations: Total Output and Production Structure[M]. Cambridge, Mass: Harvard University Press, 1971:38 - 39.

③ 1957 年北京电子管厂制成锗单晶，中国科学院应用物理研究所和二机部十局第一所制成锗晶体管，同年制成锗点接触二极管和三极管（即晶体管）。美国贝尔实验室发明半导体点接触式晶体管是在 1947 年，相距 10 年。1963 年，河北省半导体研究所制成平面型晶体管，美国仙童半导体制出平面工艺技术是在 1958 年，相距 5 年。1962 年，人民解放军军事工程学院四系制出"隔离—阻塞振荡器"，解决晶体管稳定性问题，美国制出晶体管是在 1954 年，差距 8 年。1964 年哈军工研制出第一台晶体管计算机 441B - I，美国研制出第一台全晶体管计算机 RCA501 是在 1968 年，相距 6 年。1964 年 119 计算机运算能力达每秒 5 万次，略强于 1958 年美国 IBM 709 计算机，它的运算能力每秒 4.2 万次。1965 年河北半导体研究所制成 DTL 型数字逻辑电路、1966 年底上海元件五厂制成 TTL 型电路，两者都是双极型数字集成电路，1958—1959 年美国德州仪器和仙童研制发明半导体集成电路，1960 年仙童半导体研制第一块商用集成电路，相距 5 ~ 7 年。1968 年华北计算技术研究所研制出第一台第三代计算机，1961 年德州仪器为美国空军研制出第一台基于集成电路的计算机，相距 7 年。1968 年，上海无线电十四厂制成 P 型金属氧化物半导体电路，1960 年美国无线电制成金属氧化物半导体晶体管，相距 8 年。1972 年四川永川半导体研究所制成大规模集成电路，1971 年英特尔制成大规模集成电路，相距 1 年。1975 年北京大学物理系半导体教研室王阳元领导的课题组完成硅栅 P 沟道、铝栅 P 沟道和硅栅 N 沟道三种技术方案。中国科学院北京 109 厂采用硅栅 N 沟道技术生产出中国第一块 1K - DRAM。1970 年英特尔制成 C1103 - DRAM，差距 5 年。20 世纪 70 年代，我国掌握无显影光科技技术，中科院上海冶金所制成制造集成电路所需的离子注入器，出口日本。

④ 第一家量产的工厂是中国科学院 109 厂。

⑤ Maurice Meisner. Mao's China and After: A History of the People's Republic[M]. New York: The Free Press, 1999:415.

关联，在我国却由无产阶级领导的人民大众的反帝反封建的新民主主义革命开辟，如何解释？中国共产党在什么条件下、以什么方法开始一个农业国工业化的过程？

第一节　工业化的任务为什么落在旨在社会主义的共产党肩上

旧的资产阶级民主主义革命没能为资本主义工业的自我可持续的成长提供前提基础和推动力，没能奠定高利贷和商业所形成的货币资本转化为工业资本的基础，这与列强统治半殖民地中国的方式有直接关系。为了利益均沾，殖民者各自扶持（形式上独立、实质上附属的）割据的军事政治势力分裂中国，间接实施统治。

一、资产阶级、豪绅地主的非生产性积累与帝国主义、军事集团的统治

20世纪早期中国的资产阶级只是一个人数甚少且经济虚弱的阶级，一个很大程度上依赖于它借以产生的外国帝国主义力量的阶级。它主要是一个商业和金融资产阶级，而不是工业资产阶级，其主要作用是在中国市场与资本主义的世界市场之间充当中间人，是外国资本主义的附属品。保罗·巴兰在对亚非拉的落后做政治经济学分析时专门指出，旧中国存在一个规模惊人的由商人、放债者和各类中间商构成的社会经济层。① 这个阶级的富裕成员的资本积累通常未转化为工业生产，这些资本绝大多数零散分布在流通领域寻找有利可图的机会，到处钻营，从事不动产交易、利用某些商品的暂时短缺，投机、套利、在买卖双方之间赚取居间佣金，为西方列强的企业承担辅助性经营、进口、出口所获得

① 保罗·巴兰. 增长的政治经济学[M]. 北京:商务印书馆,2000:260－263.

的利润总量是相当大的。为维持这个对社会产出并无贡献的寄生阶级而分掉的这部分剩余，实为资本积累的一大损耗。

帝制崩塌后遗留下来的旧统治者——豪绅地主阶级，发现用传统的寄生方式继续盘剥农民更加有利可图。由于缺乏远见、机会和资本，这个阶级很少有人转向从事工业或近代商品化的农业。对地主来说，把收入用于改良土地或购买先进农业工具毫无吸引力。在旧中国，各种制成品市场都未能成为本民族的“内部市场”。这些市场被殖民者和不平等条约突然轰开，成了西方资本主义“内部市场”的附属物。来自外国的舶来品窒息了旧中国幼弱的小工业，谈不上发展工业的机会。在这个近代经济为帝国主义所控制的半殖民地国家里，几乎不可能指望羽翼未丰的中国资产阶级和衰败且寄生的豪绅地主阶级，除了充当外国资本主义的附属品外，还能干点别的什么事情；这两个阶级即使在国家政治事务上也乏善可陈。

在豪绅地主和资产阶级都软弱无能的社会里，以军事实力为基础的政治权力独立于社会阶级之外并从总体上支配社会。1911 年辛亥革命建立的所谓资产阶级类型的共和国在实质上迅速垮台（尽管在名义上还存在）；1912—1916 年军阀袁世凯建立军事独裁统治，此后中国社会陷入四分五裂的军阀混战。军阀只是帝国主义扶持的、用以维护现存的（特别是农村的）社会经济的各种关系的力量，而不是用以改变中国社会的力量。

辛亥革命（及国民党领导的后续的资产阶级革命）没有触动帝国主义的政治经济侵略网络，没有实质性地完成“民族独立”和“国家统一”的革命目标。因为“民族独立”意味着与帝国主义列强握手言和并让外国继续左右本民族的经济命脉。“国家统一”意味着与北方较为强大的各军阀武装结成不同的、脆弱的联盟。

国家统一以建立一个统一的国内市场，粉碎地主统治以扶持资产阶级的兴起，这在任何一个国家都是资产阶级革命的任务，也是资本主义和工业革命的缘起。南京国民政府没有为资本主义和工业革命的自我持续成长提供历史前提和推动力，尽管资本主义是其政权的基础。中国社会需要革命的深入发展，这种革命“是彻底打击帝国主义的”。[①]

二、革命的深入

既然中国近代社会的性质是半殖民地半封建的性质，它就决定了中国革命的第一步，是改变这个半殖民地半封建的社会形态，使之变成一个独立的民主主义的社会。

中国资产阶级民主主义革命，自从1914年爆发第一次帝国主义世界大战和1917年俄国十月革命在地球上1/6的土地上建立了社会主义国家以来，起了一个变化。在这之前，中国资产阶级民主主义革命，是属于旧的世界资产阶级民主主义革命的范畴之内的，属于旧的世界资产阶级民主主义革命的一部分。在这之后，中国资产阶级民主主义革命，却改变为属于新的资产阶级民主主义革命的范畴，而在革命的阵线上说来，则属于世界无产阶级社会主义革命的一部分了。这个革命的第二步是使革命向前发展，建立一个社会主义的社会。而且其第一步已不是旧的民主主义，而是中国式的、特殊的、新式的民主主义，而是新民主主义。[②]

1919年5月4日，爆发彻底地、毫不妥协地反对帝国主义、封建主义的革命运动。五四运动距辛亥革命仅8年，“中国从五四运动起，由旧民主主义革命转到了新民主主义革命。”[③] 毛泽东分析了五四运动的知识界的队伍状况。五四运动“是共产主义的知识分子、革命的小资产阶级知识分子和资产阶级知识分子（他们是当时运动中的右翼）三

① 毛泽东选集(第二卷)[M]. 北京:人民出版社,1991:668.
② 毛泽东选集(第二卷)[M]. 北京:人民出版社,1991:326.
③ 毛泽东选集(第三卷)[M]. 北京:人民出版社,1996:289.

部分人的统一战线的革命运动”。[①] 五四运动后，知识界发生分化，以胡适为代表的一部分知识分子，崇尚西方思想和社会制度，主张“全盘西化”，他们看不清“帝国主义列强侵入中国的目的，绝不是要把封建的中国变成资本主义的中国……是要把中国变成它们的半殖民地和殖民地”，[②] 依旧要走旧民主主义的道路；另一部分革命的知识分子，李大钊、陈独秀、毛泽东等则转变为马克思主义者，并开始提出知识分子应当同劳动者相结合的思想。

新民主主义革命的群众基础是城市中的工人阶级和农村中的农民阶级，这两个阶级在半殖民地半封建社会下受到了帝国主义、封建主义和官僚资本主义等的多重压迫。生活在外国势力支配下的城市并在外资工厂或外国人管理的工厂中劳作的工人看到，剥削是与帝国主义紧密联系的。中国工人阶级开始反抗资本主义造成的恶劣的工作条件和生活条件。工人运动威胁到了列强的财产和特权，也威胁到了一般的财产权。农村中，地主豪绅和外国占领军合作共事。在农民看来，地主不但是经济上的压迫者，还是民族败类。农民组织起来（或被组织起来）推翻地主和农村上层人物的统治，农民协会很快成为地主在农村统治地位的主要威胁。群众运动中产生出革命的威胁，它直接威胁到构成国民党社会基础的那些阶级和团体：城市资产阶级和蒋介石军队的军官队伍（军官队伍大部分成员是拥有土地的豪绅阶级的子弟）。1927 年蒋介石发动了几乎将中国的社会革命置于死地的反革命政变。

通过对当时中国经济政治状况的分析，中国共产党提出了革命要分两步走的思想：提出“联合全国革新党派，组织民主的联合战线，以扫清封建军阀推翻帝国主义的压迫，建设真正民主政治的独立国家为职志”；同时提出“组织无产阶级，用阶级斗争的手段，建立劳农专政的

---

① 毛泽东选集(第二卷)[M]. 北京:人民出版社,1991:700.

② 毛泽东选集(第二卷)[M]. 北京:人民出版社,1991:628.

政治，铲除私有财产制度，渐次达到一个共产主义社会。”① 中国共产党第二次全国代表大会区分了党的最低纲领和最高纲领，最低纲领是反帝反封建、建立民主共和国，这本来是资产阶级民主革命的任务。1927年以后，中国共产党把革命活动的主场从城市转移到了农村，土地革命纲领破坏乃至摧毁了地主阶级的权力。自公元前221年秦帝国建立以来，中国基层社会第一次撕开了社会革命的裂口。

关于新民主主义革命的性质，毛泽东总结道，“这个革命，按其社会性质说来，是资产阶级民主主义的革命，不是无产阶级社会主义的革命。……”② 但它不是一般意义上的民主主义革命，“在世界资本主义……在其余的角上又已经充分显露其腐朽性的时代，在这些尚存的资本主义部分非更加依赖殖民地半殖民地便不能过活的时代……在这种时代，任何殖民地半殖民地国家，如果发生了反对帝国主义，即反对国际资产阶级、反对国际资本主义的革命，它就不再属于旧的世界资产阶级民主主义革命的范畴，而属于新的范畴了；它就不再是旧的资产阶级和资本主义的世界革命的一部分了。”

关于新民主主义革命的前途，毛泽东总结道，“分为民主主义和社会主义两个步骤，而其第一步现在已不是一般的民主主义，而是中国式的、特殊的、新式的民主主义，而是新民主主义。……中国现时社会的性质，既然是殖民地、半殖民地、半封建的性质，它就决定了中国革命必须分为两个步骤。第一步，改变这个殖民地、半殖民地、半封建的社会形态，使之变成一个独立的民主主义的社会。第二步，使革命向前发展，建立一个社会主义的社会”。③ “这种殖民地半殖民地革命的第一阶段，第一步……它的客观要求，是为资本主义发展扫清道路；然而这种革命，已经不是旧的、被资产阶级领导的、以建立资本主义的社会和资

① 中共中央文件选集(第1册)[M]. 北京:中共中央党校出版社,1989:63,55,115.

② 毛泽东选集(第二卷)[M]. 北京:人民出版社,1991:343.

③ 毛泽东选集(第二卷)[M]. 北京:人民出版社,1991:666,668.

产阶级专政的国家为目的的革命。因此，这种革命又恰是为社会主义的发展扫清更广大的道路。”① 当时中国亟需的首先不是一场社会主义革命，而是资本主义革命，即新民主主义革命。新民主主义革命的主要任务包括：统一一个支离破碎的国家，把它从外国政治和经济侵略下解放出来，消除所有封建割据的残余；废除地主主义对农民的束缚，废除封建的社会关系和精神传统对工业生产的约束。创造出扩大民族市场和私人财产繁荣、释放资本主义生产力的有利条件。中国共产党人成为中国最杰出的资产阶级革命家孙中山先生革命事业最忠实的继承者。

第二节　为工业革命准备基本前提：国家统一和民族独立

中国共产党领导的人民大众的反帝斗争使中国实现了实质的统一和独立，这在任何国家都是工业化的前提基础。

一、近代史上第一次完成实质的国家统一

传统的政治权力（帝制）虽早已解体，但旧中国存在的现代政权，即便在最好的年月里也是不完善的和表面的。统治中国绝大多数地区人民的，是强盗般的军阀武装、外国侵略者和占领者，国民党靠对这些势力的妥协维系表面的统一。

中华人民共和国成立伊始，毛泽东提出了两个压倒一切的目标：建设强大的国家和强大的经济。

（1）“我们现在的任务是要强化人民的国家机器，这主要是指人民的军队、人民的警察和人民的法庭，借以巩固国防和保护人民利益。以此作为条件，使中国有可能在工人阶级和共产党的领导之下稳步地

① 毛泽东选集（第二卷）[M]. 北京：人民出版社，1991：344.

由农业国进到工业国……”①

（2）“严重的经济建设任务摆在我们面前”。② 开始一个长期的艰苦的现代经济发展的进程。

军事上，人民解放战争还没有完全结束。国民党还有100多万军队在西南、华南和沿海岛屿负隅顽抗。国民党溃逃时遗留下的大批残余力量同恶霸势力以及惯匪相勾结，严重危及社会新秩序的建立和稳定。20年严峻的武装斗争使中国共产党的组织、行为习惯和党员的素养都带有军人的铁的纪律的特点。绝大多数情况下，党的忠诚而有纪律的干部同时也是正规行政机构的主要负责人，从上而下直到基层都是这种模式。革命精英（党及其领导人）在思想上坚定地把握社会主义目标：为人民服务、敢于牺牲、艰苦奋斗、英勇斗争、勤俭节约、毫不利己、专门利人——这些思想观念是使革命向前发展、建立一个社会主义社会的根本保证。

1949年，新中国沿用了这支革命的干部队伍、这种思想观念传统和这种政权组织模式。党的组织遍及中国社会的各个角落，是对中国社会结构进行再改造的基础。在新中国开国大典的礼炮声中，人民解放军继续向华南、西南进军，扫荡残敌。至1949年底，相继解放闽南地区和广东大部、广西、贵州、四川，和平解放云南、西康地区。在西北，新疆宣告和平解放后，入疆部队完成千里挺进边陲的壮举。1950年5月，海南岛解放。1951年5月，中央人民政府同西藏地方政府签署《关于和平解放西藏办法的协议》（十七条协议）。10月，人民解放军进驻拉萨，西藏获得和平解放。在新解放区，人民解放军展开大规模剿匪作战。截至1951年上半年，各地清剿股匪逾百万，大陆上的匪患基本平息。到1951年，全国共设立29个省、1个民族自治区（内蒙古）、8个省级行政公署、13个直辖市人民政府、140个省辖市人民政府及

① 毛泽东选集（第四卷）[M]. 北京：人民出版社，1991：1476.
② 毛泽东选集（第四卷）[M]. 北京：人民出版社，1991：1480.

2283个县人民政府。1952年，新中国已经巩固了自己对所有省份和边远地区的行政管辖，所辖触及乡村一级。孙中山曾称为“一盘散沙”的中国，迅速地凝聚成具有强烈的民族使命感的国家，为建设强大的经济准备好了第一个基本前提。

二、近代史上第一次完成实质的民族独立

巴兰曾指出，亚、非两洲落后的一个原因是西欧人进入北美和进入亚非是根本不同的。“西欧人进入北美多少像进入社会真空地带，并永久性定居下来”，而进入亚非的西欧人“面临着丰富和古老的文化，仍处于前资本主义或资本主义初期的有组织的社会。……排除了西欧人大规模定居的可能性”。[①] 这样，在亚非，西欧人就“榨取尽可能多的实益，并把掠夺品运回本国”，转化为宗主国的资本，使西欧人“得以自由支配的剩余成倍增长”。[②] 这种输送对于殖民地的发展却是致命的。“把这些受害国家以前积累的和现时产生的剩余的一大部分掠走，不可能不对这些国家的资本积累造成严重阻碍”。[③] 中国古老的文明和独立的文化、有组织的社会，排除了列强大规模定居的可能性。为了利益均沾，殖民者各自扶持（形式上独立、实质上附属的）割据的军事政治势力分裂中国，间接地实施统治。用武力逼迫这些势力与它们签订不平等条约，规定通商口岸（内部市场沦为殖民者的商品倾销地）、协定关税、片面最惠国待遇、军舰停泊口岸等特权。

1949年上半年，毛泽东先后提出“另起炉灶”“打扫干净屋子再请客”的基本外交方针，即不承认国民党政府同各国建立的旧的外交关系，全面肃清政治、经济、文化诸领域的帝国主义在华特权和势力：对一系列不平等条约和一切外债坚决不予承认，收回帝国主义在旧中国拥

① 保罗·巴兰．增长的政治经济学[M]．北京：商务印书馆，2000：228－229.
② 保罗·巴兰．增长的政治经济学[M]．北京：商务印书馆，2000：229－230.
③ 保罗·巴兰．增长的政治经济学[M]．北京：商务印书馆，2000：231.

有的海关管理权、驻军权和内河航行权。1950年1月至9月，北京、天津、上海的军管会先后宣告收回或征用外国兵营。1950年7月，政务院财政经济委员会发布关于统一航运管理的指示。

1950年6月25日，朝鲜内战爆发。美国政府立即做出武装干涉朝鲜内战的决定，并派遣第七舰队侵入台湾海峡，公然干涉中国内政，阻挠中国的统一。10月初，美军无视中国政府的一再警告，悍然越过三八线，把战火烧到中朝边境，这诱发了国内战争与外国入侵（1950年11月美国军队已直接威胁到中国的东北边界）的致命结合的威胁。在敌我力量极其悬殊的情况下，中央政治局做出了派遣中国人民志愿军入朝作战、抗美援朝、保家卫国的历史性决策。经过艰苦卓绝的战斗，1953年7月中朝军队迫使美国侵略者签署《朝鲜停战协定》，打破了美军不可战胜的神话。自1842年以来，旧中国的各色政治家、政党和军阀都曾发誓要甩掉帝国主义的枷锁。中华人民共和国中央人民政府是第一个显示出自己有这种能力的政权。

在新中国成立的头3年，中国共产党人完成了辛亥革命代表的近代民族民主革命没有实现的目标（20世纪中期与国民党结成不幸的统一战线时宣布的）：①国家的统一；②民族的独立。这就为建设强大的经济准备好了全部两个前提条件。

毛泽东还决心打破中国对苏联的技术依赖。中国在经济技术上对苏联的依赖隐含着政治上的依赖。经济上和政治上的依赖性会导致心理上的依赖性，这又会反过来压制群众的创造性和积极性。中国人民的完全解放（包括人民的生产潜力的解放）需要彻底的民族独立和“自力更生”精神，发展独立的自己的技术。

1970—1972年，毛泽东推动中美进入现实政治的时代。《上海公报》宣布中华人民共和国在平等主义的基础上重新开始对世界资本主义的交往关系。

第三节　为积累的生产性投资准备特殊的制度

巴兰在分析亚非拉落后的结构形态时指出，经济剩余在这些国家的总产出中占了很大的份额，即生产性人口的消费已经降到了可能的最低的水平；有问题的是经济剩余的利用模式。大部分的经济剩余并不是被用于扩大和改进它们的生产性工厂和设备。被地主阶级榨取的经济剩余中的相当部分被过度消费所消耗掉了。[①] 以什么样的速度和力量战胜这些束缚性的力量，决定着这些国家未来的经济和社会发展。

一、土地改革和农业的社会主义改造

20世纪最初几十年，中国的豪绅地主基本是一个寄生阶级。它通过收取土地的地租来获得财富，但它对生产几乎或完全没有贡献。巴兰这样描写包括旧中国在内的殖民地国家的豪绅地主阶级："曾经激起亚当·斯密、李嘉图和其他古典经济学家愤怒的这种过度消费仍充斥于落后国家。豪华住宅、奢侈生活、攫取作为财富和地位象征的奇珍异宝、仆从如云、玩乐无度、游山玩水，这些方面占了土地贵族的收入和支出的主要部分。这种态度在某种程度上是非理性的，是由传统、生活习惯和地主阶级特有的社会习俗所造成的。"[②]

1949年，全国已有1/5的乡村进行了土地革命；还有占全国人口一多半的新解放区尚未完成土地改革。1950—1952年，土地改革运动扩大到刚解放的全国农村。1950年6月，中央人民政府公布施行《中华人民共和国土地改革法》，提出保存富农经济、不动中农土地、限制没收地主财产范围等，以保护中农和分化地主阶级，减少土地改革阻

① 保罗·巴兰. 增长的政治经济学[M]. 北京：商务印书馆，2000：253－256.

② 保罗·巴兰. 增长的政治经济学[M]. 北京：商务印书馆，2000：256.

力，促进生产的恢复和发展。到1952年底，除一部分民族地区外，包括老解放区在内，全国约3亿无地少地的农民无偿获得约7亿亩土地，免除了过去每年向地主交纳的3000万吨以上粮食的地租。土地改革（革命）摧毁了地主阶级，中国历史上第一次发生了社会结构的根本变革。就社会的意义而言它是激进的，但它在任何意义上都不是社会主义的。土地改革（革命）产生的，不是社会主义农业经济，而是一个由个体农民组成的庞大的小生产者私有制经济。政府给新的土地所有者发了地契，他们现在基本上可以自由地买卖和出租自己的土地。

对地主阶级的破坏消除了中国工业革命的主要障碍：激发了农民的生产积极性，把农业剩余导入生产性使用，支持国家工业化，而不是允许其被寄生性豪绅地主挥霍。地主阶级和前资本主义的农村社会经济关系一直存在到20世纪中叶，这反映了现代中国历史上资产阶级革命的失败。中国共产党承担了资产阶级革命的历史任务，目标是消灭私有制的共产党却要在农村为小生产者私有制的繁荣创造条件。

这一点上，莫里斯·迈斯纳的看法是，1953年农村的社会经济形势是资本主义所有制的发展和农村资产阶级的成长①。巴兰的看法与迈斯纳不完全相同。巴兰认为，土地改革是否会成为现代化的引子，“完全取决于它产生的条件和推动它的力量”②。土地改革如果发生在一般的落后国家中，那么农民在自己土地上的劳动所得只能勉强提供糊口的最低水平。绝大多数应用现代技术的农业改良措施都只能在大规模耕作条件下实现。无论是拖拉机还是收割机械都不能在小块土地上充分发挥效用。也就是说，土地改革制止了过度消费和各种非生产性支出以后，实际的农业剩余仍深植于落后的社会结构的经济毛孔之中，不能结束落后国家农业停滞不前的局面。土地改革或多或少地增加了农民的可支配

① Maurice Meisner. Mao's China and After: A History of the People's Republic[M]. New York: The Free Press, 1999: 101.

② 保罗·巴兰. 增长的政治经济学[M]. 北京：商务印书馆，2000：254，259.

收入，然而，收入增额是极少的。这样取得的农民生活水平的提高是短暂的。人口的增长会进一步分割土地，使人均收入恢复到先前水平或是更低水平，使生活水平的提高迅速化为乌有。更糟糕的是，以小农为基础的农业经济极少有提高生产率的可能性。生产率和产出的大幅度提高有赖于专业化及应用现代化机械设备和动力，而这只有在大规模耕作条件下才能实现。

在发达资本主义国家的历史上，这个问题是通过土地的资产阶级革命解决的，即农业生产在资本主义农场主手中集中，糊口农民分化为农业工人和面向市场的农业资本家。

在中华人民共和国，繁荣富强并不是共产党人的最高理想和最终目标，它只是实现社会主义目标的手段。在 1952 年底，中国共产党人准备向革命的新阶段前进，对个体农民所有制实行社会主义改造。不是以土地的逆向革命，而是以土地的继续革命的特殊方法解决在大规模耕作条件下应用现代农业技术的问题。

农业的社会主义改造在过渡时期总路线提出前就已启动。1951 年 9 月，党中央制定《关于农业生产互助合作的决议（草案）》，强调互助合作运动要根据生产发展的需要和可能，采取稳步前进的方针，贯彻自愿和互利的原则，采取典型示范、逐步推广的方法，引导农民走互助合作的道路。过渡时期总路线公布之后，1953 年 12 月，又通过了《中共中央关于发展农业生产合作社的决议》。在这两个决议的指导下，农村互助合作运动稳步开展。农业合作化运动初期的活动主要是发展农业生产互助组。1953 年 9 月以后，进入以发展农业合作社为主的阶段。由于 1953 年开始大规模经济建设后，出现农产品供不应求的矛盾，引发粮食价格剧烈波动。1953 年 10 月，中共中央做出关于对粮食实行统购统销的决定，接着实行油料的统购和食油的统销。1954 年又实行棉花的统购和棉布的统购统销。主要农作物的统购统销，加快了农业社会主义改造的步伐。1955 年 7 月以后，农业合作化形成高潮。统计材料表明，合作社80%以上都增产增收，一般都是互助组优于单干，合作社又优于互助组。互助合作运动成为一种群众性的行动。

二、资本主义工商业的社会主义改造

到1949年，官僚资产阶级的大多数成员（这些人在政治上与国民党相联系，在经济上与外国利益相联系）都已逃离中国大陆。属于“官僚资产阶级”的工业、商业组织和银行，被无偿地直接收归国家所有。

1950年，美国管制中华人民共和国在美国的公私财产并禁止一切在美国注册的船只开往中国港口。1951年，英国对中华人民共和国实行禁运，并宣布把运往新中国包括香港的一切货物置于特许管制之下。港英政府布征用新中国停泊在香港的油轮。1952年，英国枢密院和港英政府悍然把按国家继承原则应由新中国取得的几十架飞机判给美国民用航空运输公司。基于强力反制的政治需要，新中国直接征用、全面管制了一批美资、英资企业，根据需要和不同情况，予以征购、代管或让其“自行结束”等原则，把其余企业改造成为国营经济的一部分。除此之外，新中国还采用“延期征用”的策略。使用信贷、税收、劳工政策、限购限销、禁止将钱汇出境外、禁止撤资等工具，对帝国主义在华企业实施“挤压”，终结其经营。

通过国有化，新中国从一开始就掌握了现代经济成分中的关键领域。大银行、大工业、大商业归国家所有。“凡本国人及外国人之企业，或有独占的性质，或规模过大为私人之力所不能办者，如银行、铁道、航路之属，由国家经营管理之，使私有资本制度不能操纵国民之生计，此则节制资本之要旨也。”这是孙中山在国共合作的国民党第一次全国代表大会的声明，毛泽东把继承这一原则视为“新民主主义共和国的经济构成的正确的方针”。[①]

在中华人民共和国最初的岁月里，城市资本主义企业繁荣起来。新中国允许土生土长的中国资本主义（与外国帝国主义没有联系的资本主义力量与阶级）继续发展。“中国必须利用一切于国计民生有利而不是有害的城乡资本主义因素……我们现在的方针是节制资本主义，而不是消灭资本主义”。[②] 多数仍留在大陆的商业和工业企业的所有者，即民族资产阶级，被允许继续发展私营的工商企业（鼓励他们扩大经营，建立新企业）并按照形式上是资本主义的方式来经营这些企业。到1953年，私人工业企业数量已从12.3万个增加到15万个，在私人企业中就业的工人数量从164.4万人增加到223.1万人，产量占中国工业产量的37%。[③]

新民主主义承诺了“使革命向前发展，建立一个社会主义的社会”[④]，鼓励资本主义繁荣在任何意义上都不等于放任资本主义。中国共产党人按照孙中山的“非少数人所得而私”的精神，对民族资产阶级的经营实施了节制措施：私人企业的产品价格、工资和工作条件都由国家来决定；在私人工厂中，工会和工人俱乐部都是在党的领导下，执行国家的政策和规定，并对企业的管理起监督的作用。更重要的是，私人工厂在生产产品的过程中，依靠国家分配原料并通过国家的途径销售产品。私人商业企业无论批发或是零售都靠国家的商业组织来进行。

这就是国家资本主义形式，而不是自由经济。毛泽东对国家资本主义有明确的定义：“中国现在的资本主义经济其绝大部分是在人民政府管理之下的，用各种形式和国营社会主义经济联系着的，并受工人监督的资本主义经济。这种资本主义经济已经不是普通的资本主义经济，而

---

① 毛泽东选集（第二卷）[M]. 北京：人民出版社，1991：678.

② 毛泽东选集（第四卷）[M]. 北京：人民出版社，1991：1479.

③ Maurice Meisner. Mao's China and After: A History of the People's Republic [M]. New York: The Free Press, 1999: 84.

④ 毛泽东选集（第二卷）[M]. 北京：人民出版社，1991：666.

是一种特殊的资本主义经济，即新式的国家资本主义经济。它主要地不是为了资本家的利润而存在，而是为了供应人民和国家的需要而存在。不错，工人们还要为资本家生产一部分利润，但这只占全部利润中的一小部分，大约只占四分之一，其余四分之三是为工人（福利费）为国家（所得税）及为扩大生产设备（其中包含一小部分是为资本家生产利润的）而生产的。因此，这种新式国家资本主义经济是带着很大的社会主义性质的，是对工人和国家有利的。”①

在1953年以前，着重发展加工订货为主的初级和中级国家资本主义形式。从1954年起，开始转入重点发展公私合营这种高级形式的国家资本主义。大多数企业和工厂实行公私合营以后，原来的私有者一般继续留在企业内从事管理工作，领取国家根据他们所占的资本股份给予的5%的定息。如果不看名义的话，企业已为国家所有并为国家管理。民族资产阶级尽管仍享有较高的生活水平，但他们已是一个将要灭亡的阶级，因为他们的后代不能继承他们的定息和债券。由于公私合营后企业生产迅速发展，私股分得的红利大都比私营时期的利润还多，促使更多的资本家要求公私合营。这种不由国家付出大批赎金而是在相当一段时期让资本家继续从企业分得一部分红利和股息的“赎买”办法，实现了马克思、列宁曾经设想的对资产阶级的和平赎买。

五反运动（反对行贿、反对偷税、反对盗窃国家财产、反对偷工减料和反对盗窃经济情报）重点指向资产阶级。② 从1952年到1953年

① 毛泽东选集(第五卷)[M]. 北京:人民出版社,1977:88.

② 抗美援朝期间,上海大康药房总经理王康年骗取志愿军购药(消治龙药粉、消发灭定药粉、氯霉素等消炎特效药)巨款,用医疗器械和辅助药物搪塞,影响伤病员恢复健康。以贿赂手段曾向分属37个国家机关等单位的工作人员85人行贿,其行贿款额达到2亿余元之巨。武汉市福华电机药棉厂经理李寅廷承做志愿军的急救包和三角巾,私吞国家调运的1万斤好棉花,从垃圾堆回收烂棉花以次充好,造成志愿军伤病员伤口感染致残致亡。上海大名路牛肉庄张新根和陕西北路徐福记牛肉庄徐苗新承做牛肉罐头,用臭腐牛肉制作,致志愿军中毒。武汉大兴米厂副经理彭锡承在为志愿军加工大米时,用霉米盗换好米。沈阳文运铁工厂杨文运,加工承做志愿军用汽车防滑链,70%是废品。南京全球汽车材料行经理朱立成承做志愿军用汽车材料,以旧货充新货,造成前线运输工作困难。凡此种种,不一而足,说明了斗争的必要性。

初，有 45 万家企业受到国家当局的正式调查。主要采用的惩罚方式是经济制裁。通过收缴拖欠的税款、课以重金和其他经济上的强制手段，进一步剥夺了资产阶级所剩的财产。

马克思主义理论为社会主义过渡提供了动力，然而，正是同一理论体系又教导说，社会主义在经济落后的条件下不具备历史可能性。马克思主义最根本的原则是，社会主义的可能性存在于只有资本主义才能实现的物质成果和社会成果中，即现代工业和现代无产阶级。中国共产党人痛苦地认识到，工业落后的贫穷的中国缺乏这些物质条件。他们也不相信能够在贫穷的条件下建设社会主义，反复强调社会主义需要（即便不是以此为必然前提）工业化这样一个命题。毛泽东则比任何人更加强调这一点，坚持主张“以国有企业为主体的强大的工业的发展”①是农业集体化的前提，而后者又是“全部的巩固的社会主义”② 的前提。资本主义工商业的社会主义改造使剩余的积累为劳动群众所共有，由人民民主专政的国家政权支配剩余的生产性投资，杜绝了少数资产阶级“操纵国民生计”的可能性。

三、重工业（生产资料部门）的优先和均衡发展

旧中国为服务帝国主义建立的主要是外国工业统治中国的辅助设施，如铁路、公路干线、运河、矿场，是人为地注入旧中国社会经济结构的外来体，其积极作用是零（或是负数）。它们并没有演变成推动生产活动的动脉；它们仅仅加速了农村经济的解体，并为更加深入和彻底地对内地乡村进行商业剥削提供新的手段。它们凝固和增强了商业资本主义的地盘，实际上延缓、阻碍了从商业资本主义向工业资本主义的转变。1954 年，毛泽东有过这样一段描述：“现在我们能造什么？能造桌子椅子，能造茶碗茶壶，能种粮食，还能磨成面粉，还能造纸，但是，

①② 毛泽东选集(第四卷)[M]. 北京:人民出版社,1991:1477.

一辆汽车、一架飞机、一架坦克、一辆拖拉机都不能造。”①

新中国第一个五年计划强调更高程度的重工业发展，基本任务是：集中主要力量进行以苏联帮助我国设计的156个建设项目为中心、由694个大中型建设项目组成的工业建设。苏联帮助中国建设的156个建设项目，到1957年底，有135个已施工建设，有68个已全部建成和部分建成投入生产。中国过去没有的一些工业，包括飞机、汽车、发电设备、重型机器、新式机床、精密仪表、电解铝、无缝钢管、合金钢、塑料、无线电、燃料、基础化学工业等，从无到有地建设起来。“一五”计划时期，国家对工业的投资只有11.2%用于轻工业（消费品工业），而88.8%被用在发展重工业上。②

由于地理和历史的原因，当时中国70%的工业分布于东北和沿海地区，从军事经济学的角度看，这种工业布局显得非常脆弱，东北的重工业完全处于苏联的轰炸机和中短程导弹的射程之内；而在沿海地区，以上海为中心的华东工业区则完全暴露在美国航空母舰的攻击范围中。一旦战争开始，中国的工业将很快陷入瘫痪。而在四川和西南部署全套独立完整、门类齐全、互相协调、实用实战的交通能源、基础工业及国防工业体系，假如我国遭到强敌的夹击，发生像日本侵略那样极端恶劣的形势，出现东北、华东工业区相继失守、大片国土沦丧的极端情况，依然能够退守于高山大川，保存一个“微缩中国”，保持工业化进程不至于被彻底打断。第一个五年计划建成的限额以上的694个主要工业建设单位，就有472个分布在内地。③ 1964年，中央决定建设第二套完整的国防工业和重工业体系，在中西部地区（建设的重点在西南、西北）的13个省、自治区进行了一场大规模国防、科技、工业和交通基本设施建设，是中国经济史上一次极大规模的由东向西的生产力迁移的战略

① 中国共产党简史[M]. 北京：人民出版社，中央党史出版社，2021：174.

②③ Maurice Meisner. Mao's China and After：A History of the People's Republic[M]. New York：The Free Press，1999：112.

大调整。

考虑到国防的基础、朝鲜战争引发的外国入侵和国内战争相结合的致命威胁以及 1949 年以前帝国主义对中国现代工业的支配造成的结构不平衡（由于加工工业依赖于进口原料更加剧了整个工业的落后），优先保证重工业和国防工业的基本建设（确保那些对国家起决定作用的、能迅速增强国家工业基础与国防力量的主要工程的完成）、改变旧中国遗留下来的经济布局不平衡（工业大多集中在沿海地区）的状态、在全国各地区科学地分布工业的生产力当然是合理的。任何一个国家的工业革命史都可以证明，是重工业而不是加工工业的建立，对整个经济的现代化有扩散效应。重工业是现代工业的基础，是消费工业和农业技术现代化的前提。消费品生产的增长自然反映了国家经济状况的改善，但这种改善不能形成自身的发展势头。

第四节　调动劳动力的特殊战略

科学技术是人类理性精神的最高成就，它的进步能够引发和推动工业革命。科学技术也是由人发现和发明的，科学技术只有被人在生产中加以运用，才能转化为现实的生产力。人是生产力中最活跃、最具革命性的因素。由谁来掌握科学技术？以怎样的文化和工业化战略来动员人民群众在建设工业国的斗争中以饱满的热情对国家的落后、贫穷和懒散发起决定性进攻？

一、率先与苏联斯大林主义分道扬镳

尽管 1953 年提出了过渡时期总路线，1953—1957 年第一个五年计划时期政府的日常事务还是工业化，而不是社会关系的转变。工业化的最重要特征是，全盘采用斯大林主义。在马克思主义政党领导下使一个

落后国家工业化，苏联提供了唯一的历史模式，中国人在当时对斯大林主义笃信不疑。

第一个五年计划的实质是迅速推进城市工业化，几乎就是苏联1928—1932年第一个五年计划的翻版，它为中国提供了重要的和稳定的现代工业基础。但取得这种成功是要付出社会经济代价的：它产生了新形式的社会不平等，为了工业化的城市的利益而剥削农村。

毛泽东高度警惕第一个五年计划造成的为了城市利益而剥削农村这种情况，这是苏联式计划的一个社会结果。根据毛泽东的建议，第一个五年计划后期有了一些调整：投入了更多的力量发展轻工业以满足消费者的需要，缓和工人和农民在经济上的不满情绪。减少了北京各中央部门的权力，以此来部分地分散经济组织。这些措施与苏联当时正在实行的完全不一样。

1956年初毛泽东做出了抉择，即他的《论十大关系》，这篇讲话对整个城市工业化战略和斯大林主义提出挑战，要求放弃发展的“苏联模式”。

这篇讲话描绘了完全不同的发展战略①：①虽然还像过去一样优先发展重工业，但将增加对轻工业和农业的投资；②除利用和发展先进的沿海工业外，还要发展落后的内陆和偏远地区的工业；③除大规模的城市工业化外，重点将转向农村的中小工业；④除中央部门的指导（或分散在各地有关部门的控制）外，相对自主的地方企业单位将成为主要的社会经济单位；⑤更多采用劳动密集型的项目以代替资金密集型的项目。总的来说，毛泽东用来对付城市工业化弊端的核心是使农村工业化。

---

① 毛泽东选集(第五卷)[M]. 北京:人民出版社,1977:267－288.

二、农村工业化

在第一个五年计划即将结束之际，中国社会面临的主要问题有：①直接和紧迫的问题是日益严重的城市失业和农村半失业问题。第一个五年计划没有解决这个问题，第二个五年计划看来也无能为力。②如何加速“社会主义原始积累”。由于不太可能使用外国投资，这个问题就变成如何最有效地使用中国的主要资源即劳动力的问题。

1. 人口问题及失业与半失业问题

经济落后国家的特征之一是城市化的速度比工业化快得多。帝国主义留给落后国家的诸多后遗症和恶果不仅是现代城市与落后农村之间的不平衡，还有城市经济和城市本身的扭曲。城市建立了虚弱且结构不健全的工业基地，大量的人口堆集在一起，其中绝大部分住在现代经济边缘的贫穷和肮脏的地方。在落后国家的大都市中到处可见这种可怕的社会后果，1949 年以前的中国大城市也是如此。

1949 年以后，许多新兴城市的居民来自农村，他们在城市企业中无法找到工作，造成了城市的失业与半失业人数的不断扩大。在制定第二个五年计划时，比较正统的经济规划者预计今后的失业率会越来越高。在巨大的并且迅速增加的人口规模下，继续强调大规模的资金密集型的现代工业意味着至少在短期内会增加失业率，加剧半失业问题。

1958 年，毛泽东的经济思想发生重大变革，本质是将发展的重点从资金密集的项目转移到劳力密集的项目——即从重工业转到投资较少且最大限度使用劳动力的农业、轻工业和中小规模的工业企业。实行这一方针的目的是一劳永逸地解决城市和农村中的失业问题。

2. 社会主义原始积累问题

在苏联，“社会主义原始积累”是通过剥削农民实现的，农业和消费品工业的发展完全服从于尽可能迅速地建设一个重工业基础这个压倒一切的目标。

和苏联的情况相似，20 世纪 50 年代中国工业化的资金也主要是从农村筹集。不过，中国是在经济发展水平更低、大量农民依然处在生存的最贫困线边缘的情况下开始“社会主义原始积累”的。继续采用苏联模式就需要采取日益具有强制性的剥夺农民的政策。毛泽东决心避免为了城市的利益而剥削农村。

1958 年中国采用的经济方针不是要放弃重工业的发展。钢铁、化学和机器制造这样一些资金密集型战略工业将比任何时候都发展得更快，但这种发展不是以牺牲农业和轻工业为代价。相反，所有的经济部门都将共同发展。对于先进的工业部门还要继续大量投资，但是与此同时将增加对轻工业和农业的投资，三个经济部门将以生机勃勃的方式同步发展。简单地说，毛泽东的观点就是，促进轻工业为农民的消费生产廉价的商品，这会极大地提高农民增加农业产量的积极性，农业产量的增加又会反过来进一步促进轻工业的发展，这是国家为重工业发展积累资金的渠道。毛泽东在《论十大关系》中将这种三个经济部门有机互动的思想表述为：“你对发展重工业究竟是真想还是假想……你如果是真想……那你就要注意农业轻工业，使农业轻工业原料更多些，积累更多些，投到重工业方面的资金将来也会更多些。”①

问题是怎样才能做到这一点。毛泽东回答，同步发展的关键在于调动中国的劳动力。

毛泽东的一个主要设想是，工业中新的劳力密集型的部门和农业不但不需要资金，而且还会创造出资金。因为中国的主要劳动力特别是那些尚未被利用的劳动力是在农村，所以迅速发展经济的新战略的重点是在农村而不是城市。即使是在最好的环境下，农业生产中消耗的劳力也只是一部分。如今，农村的劳动力将被充分用来促进农村的工业发展。

① 毛泽东选集(第五卷)[M]. 北京:人民出版社,1977:269.

农闲季节的大批剩余劳动力将转向发展需要资金很少的中小型工业企业。农村中诸如粮食加工业、简单的消费品生产、工具制造以及小化肥厂这样的劳力密集型企业也将与农业生产一同发展。这些地方性工业项目不仅会有效利用农民的劳动力，而且还将使工业企业更接近原料产地（因而减轻了脆弱的交通运输体系的压力），开发利用不适合城市工业的质量较差的原料，并鼓励了立足当地需要和条件的技术革新，普遍地加快了社会主义原始积累。

这样，毛泽东提出“两条腿走路”的新工业方针，即以本地技术与本地资源为基础，同时发展国内大规模的现代经济部门和以土技术为基础的中小型工业。因为中小型工业采取劳力密集型方式经营，所以不会影响到重工业的投资比例。城市为新兴的农村工业的发展提供了大量的基础技术。数百万城市干部、技术人员、科学家和工厂管理人员来到农村帮助农民建立新的地方工业组织，把（往往是过时的）小工厂转移到农村；浩浩荡荡的农民大军被发动起来修建大规模的水利设施（1957—1958 年“兴造水利工程运动”）。

1958 年以后建立起来的声势不太浩大的农村工业是富有活力的并常常是创新的。它们促进了农业生产的发展，为农民提供了别处不生产的小商品，充分利用了原来有可能浪费掉的农村剩余劳动力。即使这些工业最初还有着浪费、低效和失败的现象，但是从长远的发展来看，农用工具的制造和修理厂、生产化肥和农药的小化肥厂、小规模的电站以及地方农产品加工厂均有效地开展了长期的技术革新。

无论是农村社会还是国家经济都从地方煤矿企业、小炼油厂以及地方生产消费资料的企业中获得了利益。到 20 世纪 70 年代中期时，中国的化肥有一半是农村地方工业生产的。国家迅速增加的农机生产数量有相当一部分也是由农村企业制造的。此外，农村许多小工厂还生产水泥、生铁、钢材、建筑材料、电力、化工产品、医药产品以及各种各样的小商品。到 20 世纪 70 年代中期，一个县拥有上百家生产数百种不同产品的小工厂已不足为奇。办得比较成功的工厂为农业的发展和扩大农村工业的再生产提供了资金。农村中约有2000万农民成了农村工厂全日制或半日制的工人，[①] 从而缓解了农村长期存在的半失业问题。

三、群众自己掌握科学技术

社会文化的解放和进步，在工业革命前是革命的思想准备，在工业革命中是革命总战线中一条必要的和重要的战线。文艺复兴（资产阶级文化解放运动）为西欧工业革命做好了思想动员和准备。新中国大规模工业建设的思想动员是由新民主主义文化解放运动完成的。什么是中国的旧文化？毛泽东指出："在中国，有帝国主义的文化，这是反映帝国主义在政治上经济上统治或半统治中国的东西。这一部分文化，除了帝国主义在中国直接办理的文化机关之外，还有一些无耻的中国人也在提倡。一切包含奴化思想的文化，都属于这一类。在中国，又有半封建文化……提倡旧礼教旧思想……它们结成文化上的反动同盟，反对中国的新文化。这类反动文化是替帝国主义服务的，是应该被打倒的东西。不把这种东西打倒，什么新文化都是建立不起来的。……它们之间的斗争是生死斗争。"[②] "资产阶级顽固派……在文化上就是资产阶级的文化专制主义。一部分所谓欧美派的文化人（我说的是一部分）……他们不愿意工农在政治上抬头，也不愿工农在文化上抬头。"[③]

什么是中国的新文化？毛泽东提出，在五四运动以前，在观念形态上作为资本主义经济力量和资产阶级、小资产阶级的政治力量之反映并为它们服务的资本主义的文化，即民主主义文化是新文化。西学、新学基本上都是资产阶级代表们所需要的自然科学和资产阶级的社会政治学

---

① Maurice Meisner. Mao's China and After: A History of the People's Republic[M]. New York: The Free Press, 1999: 359.

② 毛泽东．新民主主义论[M]．北京：人民出版社，1952：41.

③ 毛泽东．新民主主义论[M]．北京：人民出版社，1952：253.

说。“这种资产阶级文化只能上阵打几个回合，就被外国帝国主义的奴化思想和中国封建主义的复古思想的反动同盟所打退了……在帝国主义时代，已经腐化，已经无力了”。[①] 在五四运动以后，新民主主义的文化，“以无产阶级社会主义文化思想为领导的人民大众的反帝反封建的文化”[②] 是中国的新文化。这种文化“只能是由无产阶级的文化思想即共产主义思想去领导”，[③] “具有社会主义的因素，并且不是普通的因素，而是起决定作用的因素”。[④] 在《关于正确处理人民内部矛盾的问题》一文中，毛泽东谈到他对以社会主义文化改造人的思想的理解。“世界观的彻底改变需要一个很长的时间……我们的教育方针……有社会主义觉悟的有文化的劳动者。要提倡勤俭建国。……我们的国家现在还是一个很穷的国家，并且不可能在短时间内根本改变这种状态，全靠青年和全体人民在几十年时间内，团结奋斗，用自己的双手创造出一个富强的国家。社会主义制度的建立给我们开辟了一条到达理想境界的道路，而理想境界的实现还要靠我们的辛勤劳动。有些青年人以为到了社会主义社会就应当什么都好了，就可以不费力气享受现成的幸福生活了，这是一种不实际的想法。”[⑤]

毛泽东把文化战线上的斗争看作我国的面目起变化的条件。他认为科学技术在政治上并不是中立的事物。如果放任自流，现代科学技术的发展就会诱导产生技术特权阶层、培养官僚主义和社会不平等。正如中国将要在技术上自力更生、不依赖其他国家一样，中国人民也将要在技术上自力更生、不依赖于技术知识阶层。毛泽东设想在没有专业的科学家和技术人员的情况下发展和运用现代科学技术：工人群众和农民群众将直接掌握现代技术。而且他们将在日常的生产工作中掌握现代技术，

① 毛泽东．新民主主义论［M］．北京：人民出版社，1952：44.

② 毛泽东．新民主主义论［M］．北京：人民出版社，1952：55.

③ 毛泽东．新民主主义论［M］．北京：人民出版社，1952：46.

④ 毛泽东．新民主主义论［M］．北京：人民出版社，1952：53.

⑤ 毛泽东选集（第二卷）［M］．北京：人民出版社，1991：385－386.

在实践中学会必要的技能和专门知识，边干边学，并以适合当地条件的方式把学习到的知识直接运用于生产实践。

号召“群众一定要使自己成为文化和科学的主人”，以便打破知识分子对知识的“垄断”，并适应“群众性技术革命”的需要，缩小技术精英与一般群众的差距。把人塑造为“全面发展的一代新人”，既能从事体力劳动，又能胜任科学文化工作。人民按照人类生活的最高理想改造自身、改造社会，深受使命感和目标意识的激励（“为人民服务”），以前所未有的劳动热情参加和支援国家工业化建设。

四、思想教育对劳动的激励

新教伦理的苦行主义的价值观基本上就是早期资产阶级的价值观，与资本主义的初级阶段的经济发展相适应。马克斯·韦伯把16—17世纪兴起的资产阶级道德的最一般的特征描述为勤劳、简朴、自我约束、职业道德和无私，即“新教伦理”。这一价值观在西方世界的物质生产向现代资本主义方式转变的过程中起到了必要的，甚至是必不可少的作用。

落后的农业国需要“技术革命”，问题在于，在不允许技术知识阶层享有特权的前提下，如何才能实现并迅速地掌握现代科学和现代技术？毛泽东主张，用思想教育而不再是物质报酬来激励工人、农民和知识分子。中国人民（尤其是中国青年）不断地受到教育，被告知为人民服务、敢于牺牲、艰苦奋斗、英勇斗争、勤俭节约、毫不利己、专门利人。也就是说，以社会关系和人的思想的革命转变发掘出群众潜在的生产力量，继而为“技术革命”提供动力。

由于经济的落后，人民的思想仍然受到束缚，人民的创造力还没有充分发挥出来。克服这一恶性循环的途径是提高群众的觉悟，发挥他们的潜在能力。毛泽东强调，“思想工作和政治工作是完成经济工作和技术工作的保证，它们是为经济基础服务的”，只有普及正确的社会价值观以及在这个过程中使之内在化（使中国人民能够自己改造自己、改造自然），才能创造社会主义的物质前提及实现社会主义。通过建立新形式的社会组织和适当的指导思想，在一场全面征服自然的战斗中发挥和发动“议论多、热气高、干劲大”[①] 的群众力量。这种价值观的塑造非常接近马克思设想的存在于未来社会的“真正人的生活”。

第五节　本章小结

辛亥革命及国民党领导的后续的资产阶级革命没有为资本原始积累和从纯粹的商业资本向工业资本的转变提供动力。辛亥革命以后的中国资产阶级只是帝国主义在中国统治的晦暗的影子。帝国主义有计划地破坏了旧中国社会的所有组织和基础：放任寄生性的豪绅地主和高利贷者毁坏农村经济；摧毁手工业；培养出买办集团来代理其统治，这个集团被授予在列强从中国“单向转移”财富到西方的过程中经营货币金融业和商业的特权；摧毁任何真正工业建设的萌芽，促使一个由投机商、小商人、掮客和各式各样的食利者的队伍在日益腐败的社会夹缝中挣扎。

现代世界史上所有发达的例子（西欧、北美和日本），无一例外倚靠直接掠夺、奴役和杀人越货，把亚非拉的财富源源不断地汇入宗主国，转化为宗主国的资本。发达以落后为条件，落后哺育了发达。不仅如此，发达必须以一切暴力、欺骗和任何手段维系落后，阻止落后国家爆发社会革命，以巩固这种财富的单向转移的关系。所以，1917 年俄国革命被英国史学家称为“世界历史的一个转折点”，1949 年中国革命被巴兰称为“另一具有巨大历史意义的事件”。[②] 新民主主义革命的胜

① 毛泽东．介绍一个合作社[J]．红旗,1958(1).

② 保罗·巴兰．增长的政治经济学[M]．北京:商务印书馆,2000:352.

利切断了东方大国对帝国主义长达一个世纪的输送关系，社会主义革命和建设摸索到了一条以自己的方式掌握自己的命运、为了自身的利益去开发自己的资源、为了本国人民的进步去运用它的能量和智慧以进入较为富裕的社会的道路。

中国共产党人的秘诀是把政权用作改造旧经济和组织新经济的杠杆。

①剥夺外国和本国资本家的财产，剥夺地主的财产，把一切非生产性阶级转变为劳动者，杜绝因过度消费、资本外流等原因造成的对国民收入的消耗，使得剩余增长，主要地用于工业生产。

②土地改革后国家要掌握农民增加的剩余，这是雄心勃勃的生产性投资不可或缺的条件。土地改革后，农民生产的主要形式是中小农民的糊口农业。当时大部分生产（和剩余）来源于农业，动员农民就成为不可或缺的条件。通过农业集体化，把单个农民转入合作社，消除了农民对抗“抽取”剩余的基础。

③资本主义工商业的社会主义改造使人民民主专政的国家政权有权力直接运用剩余投资工业发展计划。剩余的有计划使用，是为了全社会的共同需要、为全体人民所平均负担、为了社会的长期发展，完全不同于资本主义为了利润冲动而使用剩余。

如果1949年吸引外国资本在中国建设工业工厂或鼓励民族资产阶级扩大投资工业工厂，那么剩余可能作为利润被汇出中国，或被以1949年以前那样的非生产性的方式消耗掉。巴兰研究日本工业革命时发现，“明治政府像一根红线一样贯穿始终”，[①] 即使明治政府最大限度地增加资产阶级的财产，以及大量廉价劳动力的存在，商业阶级还是坚持从事传统的商品投机、贸易和放债。在日本早期工业发展史中（像其他国家早期一样）没有看到多少被现代历史重写者描绘成“所有经

① 保罗·巴兰．增长的政治经济学[M]．北京：商务印书馆，2000：246.

济进步的最初创造者和推动者”的“勇敢而创新”的企业家。明治政府不得不直接地大量投资铁路建设、造船、通信系统、基础产业和机器制造等，“以巨大的努力建立如铸铁、军火和造船等战略性产业……迫切需要的是迅速发展能够支持现代战争和对付外国竞争冲击的完整的工业经济。”① 这与新中国早期实施重工业优先发展、国家政权直接掌握经济关键领域的政策如出一辙。

赢取反帝斗争完全胜利的中国共产党不必理会帝国主义对中国“保持经济、社会和政治上的落后状态和继续依附西方”的期待，把工业化和促进其与农业之间的协调作为国家经济取得迅速和健康发展的极端重要的条件。这种对农业发展的紧迫性的认识，完全不同于那种认为农业应优先于工业，或认为农业才是落后国家的“首要任务”的观点。这是在强调工业化重要性的基础上，把农业的现代化和大规模工业化视作经济建设的双翼的观点。工业的增长为农业提供了技术设备，也为农村人口提供了所需的工业消费品。农业则为工业劳动力提供食物，为工业生产提供原材料，为工业化早期提供剩余积累。

④这一工业化战略最独特的地方是调动劳动力的方法。

如果认为，为了争取增长率最大化而使消费最小化，就可以把消费降到最低水平，那是错误的。鉴于消费水平与人民得以和乐地工作的意愿之间存在着明显的关系，以及在消费资料生产增长方面发生差错，可能导致严重的经济和政治压力、对发展计划构成危险，人民（尤其是农民）的消费水平必须提高。服从于长期经济增长的需要，消费品生产没有办法在短时间内迅速增长。所以，毛泽东号召利用尚未被利用的农村劳动力，建立起资金和技术要求不那么高的粮食加工业、工具制造、简单的消费品生产的中小型农村工业。

正像新教“基督教兄弟情谊”的理想打破了传统西方家庭和它们

① 保罗·巴兰．增长的政治经济学[M]．北京：商务印书馆，2000：250.

的价值观一样，毛泽东的“为人民服务”理想逐步破除了传统中国家庭的神圣价值观。这两种情况的社会结果都是在一个更大的社会和政治结构中，每个家庭成员获得了自由，可以从事现代世俗工作和职业。在方式上，西方的现代化更强调以现代职业道德为先决条件；毛泽东思想则通过赞扬“劳动光荣”表明了自己对传统中国道德体系中根深蒂固的体脑差别的抨击。

最后，不得不赘言，巴兰认为，日本作为亚洲（以及非洲、拉丁美洲）唯一逃脱沦为殖民地和附属国地位的国家，有机会独立发展国民经济的原因简单得出奇：“日本人民的贫穷落后和他们自然资源的贫乏……主要殖民列强已经深深地为欧洲、近东、印度和中国的事务所缠住，无法再卷入军事上最没有利益可沾的征服日本的行动。”① 中国一个多世纪被殖民的多舛命运强加给中华民族的自卑感和对列强的盲目崇拜，表现在某种不自信当中。即使在最不可能的条件下、以最不可思议的速度和规模取得了发展的奇迹，数据本身的真实性还是备受质疑；或者是，道路的一个阶段被以另一个阶段故意地否定。不得不说这是西方列强统治给中华民族造成的最根深蒂固的伤痕。

① 保罗·巴兰. 增长的政治经济学[M]. 北京:商务印书馆,2000:247－248.

第三章

经济体制改革、对外开放与高速工业化

比较中国和其他主要经济体在各自增速最快的 38 年间的 GDP 规模，中国大陆（1978—2016 年）增长了 5771%，中国台湾（1951—1989 年）增长了 2479%，韩国（1962—2000 年）增长了 2119%，新加坡（1959—1997 年）增长了 2100%，日本（1950—1988 年）增长了 1209%，美国（1933—1971 年）增长了 527%。数据表明，在人类工业化的历史上，在各自增速最快的年份，我国的增长速度是其他主要经济体的两倍以上。①

要厘清农业国工业化的中国特色社会主义道路，是要解释两个理论问题：①毛泽东逝世后为什么要实施市场经济体制改革？如果简单地把中华人民共和国前 27 年的经济描述为"崩溃边缘"是一种对历史的不负责任。社会主义革命和建设的历史时期是世界史伟大的现代化纪元，为中国特色社会主义的经济成功建立起基本的物质前提。社会主义市场经济体制改革有更为本质和深刻的逻辑。②社会主义阵营在 20 世纪 60 年代以后纷纷实施市场化路线的改革，苏联和东欧的改革和对外开放遭遇了大规模的失败。有的研究把中国与苏东的区别归为改革的速度问

---

① 根据麦迪森《世界经济千年统计》数据计算。

题。如果放在较长的历史时期里，速度无疑无关宏旨。有的研究把中国与苏东的区别归为是否坚持共产党的领导和社会主义宪法制度，这触及改革的性质问题。决定改革成败的，显然不是速度，而是性质。可是，这种解释只满足于枚举现象，政治经济学研究的价值是在社会阶级结构的逻辑层次说话。要把中国共产党的领导与工业化的关系推进到它的社会基础上，来廓清一个关键事实：决定经济体制改革和对外开放成败的，是在什么样的政治关系、意识形态和社会基础上的改革开放。

第一节　社会主义和现代化的次序问题

马克思、恩格斯规定社会主义有必然的历史基础：一个具有进步意义的、不可缺少的工业资本主义阶段和一个潜在的、把资本主义包含的各种社会主义可能性转化为完整的社会主义现实的革命无产阶级。中国革命是建立在前工业社会落后的现代工业和不成熟的无产阶级的条件上，缺乏这种基础。经济落后的中国必须回答社会主义和现代化的次序问题：如何看待资本主义的种种罪行，它是反自然的、极不道德的、需竭力铲除挣脱的现象，还是历史必须付出的进步的代价；如何看待无产阶级，只是受剥削的客体、受苦最深的阶级，还是注定挣脱锁链的主体；如何看待历史强加的限制，如何估计历史提供的可能性。社会主义革命和建设与中国特色社会主义提供了两种回答：一个是相信思想的力量，另一个是相信历史的力量。

中华人民共和国成立 27 年后已经由世界上最落后的农业国之一变成世界第六大工业国。[①] 社会主义革命和建设奠定了新中国成为一个工业国的基础，却也造就了最终使自身过时的力量。“大跃进”和“文化大革命”，两次运动的不可分割的部分，是促使社会的和意识形态的急

① 根据世界银行提供的数据。

剧变革，意欲以这种变革促进经济的发展。毛泽东认为，现代经济的发展始于夺取国家政权，继而是对生产关系的改造；激进的社会改造会充分地焕发出群众潜在的生产能力，继而为生产力的发展开辟道路。这体现了他对历史的客观力量缺少完全的信任。毛泽东的方法论可被归纳为三个点：①

①思想意识的决定性作用

毛泽东对“人民群众的极大的社会主义热情”这种思想意识的力量将能不顾客观物质条件的落后而完成社会主义的转变有着深刻信念。几乎在土地改革完成的同时，中国便开始了向社会主义的过渡，按照毛泽东的说法，过渡革命于1956年“基本完成”，1958年准备向共产主义社会跃进。可是，如果据此就否定毛泽东是一个现代化主义者及中国工业革命的奠基人是不对的。毛泽东并没有设想共产主义能够在经济永远落后的条件下存在。与对思想意识的深刻信念并存的是，毛泽东十分强调现代化和“伟大的技术革命”的必要性。他是这样看待思想意识的革命与工业和技术革命的关系的：“思想工作和政治工作是完成经济工作和技术工作的保证，它们是为经济基础服务的。”②

②革命的依靠力量是农民而非工人阶级

毛泽东的方法论的另一个突出方面是，认为革命创造力的源泉是农民。毛泽东“人民战争”的军事战略是基于深信农民自发的革命精神，新中国成立后的社会经济战略同样重视农民的作用。“人民”这一概念在1958年和1927年都主要是指农民群众。“先进的农民”而不是城市居民被当作改造人的道德和思想的主要力量，人民民主专政的职能和向共产主义过渡的任务不是由城市的无产阶级而是由农村的农民阶级来承担的。

---

① 莫里斯·迈斯纳．马克思主义、毛泽东主义与乌托邦主义[M]．北京：中国人民大学出版社，2006.

② 毛泽东《工作方法六十条》，载于王晁星编《毛泽东思想万岁》，“钢二司武汉大学总部”印刷和发行的“内部资料”1968年版。

③否定资本主义是社会主义的历史前提

毛泽东在1958年把中国革命的有利条件归结为“一穷二白”[①]，这一理念隐含着一个观点，即经济落后的国家可以免受窒息了先进国家革命精神的那种历史“过度成熟”和道德堕落的痛苦。对毛泽东来说，无论是社会主义还是共产主义都不唯一地取决于物质生产的先行发展，相反，它们的根本前提条件是人的思想的“无产阶级化”。

在历史动力的问题上，毛泽东的方法论与马克思是有区别的。马克思认为，“人类自己创造自己的历史……不是在他们自己选定的条件下创造，而是在直接碰到的、既定的、从过去承继下来的条件下创造”，“首先必须创造新社会的物质条件，任何强大的思想或意志力量都不能使他们摆脱这个命运”。[②] 马克思、恩格斯之所以批评“乌托邦社会主义”学说，主要就是因为，这些学说未能肯定当代资本主义的历史进步性，既没有把大规模资本主义工业视作社会主义的主要物质基础，也没有把现代无产阶级视作基本的阶级力量。马克思主义不只是对资本主义的批判，也是捍卫资本主义的历史必要性的理论，尽管它不是作为资本主义的历史捍卫者的理论。社会主义的基本前提条件，普遍承认是有社会化性质的生产过程占支配地位。只有高度发达的工业经济创造的丰裕，才能允许人们从劳动分工的专制下解放自身，才能允许工作日的缩短，才能允许新的、自由的、合作的、创造性地开发其真正潜力的“全面发展”的人的出现所必不可少的自由时间。

毛泽东的新民主主义论设想过在很长一个历史时期中国的部分资本主义的经济。他强调，“新民主主义革命”反对封建主义和垄断资本主义，而不是“整体上扫除资本主义”。[③] 看起来这似乎是在暗示，部分资本主义的“混合经济”对刚刚在如此低的物质文化水平上开启现代

① 毛泽东选集(第五卷)[M]. 北京:人民出版社,1977:287.

② 毛泽东选集(第五卷)[M]. 北京:人民出版社,1977:603,171－172.

③ 毛泽东选集(第二卷)[M]. 北京:人民出版社,1991:666,668.

化的国家来说是最合适的制度。遗憾的是，当“社会主义过渡”于1953年宣布开始，社会主义改造道路就把社会主义的历史对手资本主义作为主要的敌人，努力消灭存在着的资本主义实践与思想。这种对历史的急躁情绪，分别于20世纪50年代和60年代中后期典型地运用在农村和城市，深刻地造成了社会主义改造的历史意图与历史结果之间的鸿沟。

中国特色社会主义把马克思视资本主义为必要的和进步的历史阶段的理论放在突出的位置。帝国主义的侵略在旧中国土地上结出了一种没有能力彻底摧毁封建力量的、软弱的、依附的和扭曲的资本主义。资本主义在中国近现代史上的失败，使社会主义时期依然存在着前资本主义的生产、生活方式和思想意识，这些而不是资本主义成为中国的现代化，从而也就是社会主义的充分发展和高度发达的最大障碍。旧中国未完成的资产阶级民主主义革命的任务落在了中国共产党人的肩上。

中国特色社会主义与社会主义革命和建设一样，奉行的方针是既要使中国现代化，又要建设起社会主义。不过，毛泽东认为，人的价值观念、思想意识和意志是建设社会主义的决定力量；资本主义既非一个不可避免的，又非一个合乎需要的历史阶段。邓小平则回到了马克思主义的正统观点，强调社会主义是大生产发展的自然产物。党的八大上，刘少奇代表中共中央作政治报告宣布，自1956年废除了生产资料私有制以后，社会主义制度在我国已经基本上建立起来了；邓小平提出，近代中国历史的畸形发展不可避免地和自然而然地使中国的社会主义还处于“初级的”和“不发达的”阶段。所有的力量都应用来使生产力尽可能快地发展。人民应献身于四个现代化——不是首先去建设社会主义，而是建设社会主义的物质基础。既然生产力被视为历史发展的最终决定因素，那么有助于解放生产力的所有手段都被允许使用，其中并不排除历史上曾与资本主义联系在一起的某些方法，包括促进市场力量的发展。

促进市场力量的发展，为真正的社会主义提供物质基础，这是学界过去已经充分注意到的方面。还有一个同样重要的方面，在过去或多或少被忽略了：促进市场力量的发展也是把农民、小手工匠人和流氓无产者[①]（有人力车夫、当苦力的临时工、乞丐和小偷等）统统归入工业无产阶级的队伍中、用有纪律的集中的生产劳动改造他们的生产方式和思想意识、为真正的社会主义塑造一支有规模的力量的方法。

旧中国资产阶级革命的失败，既导致了中国工人阶级数量微小，[②]也妨碍了中国现代意义上的无产阶级意识的发展。即使到20世纪70年代中期，城市工人阶级人数也只有1800万，同期全国总人口已达到了8亿多。[③] 大部分工人是在缺乏机械动力的小工厂里工作，多数来自农民（而非城市手工匠），与自己的故乡村庄的传统保持着密切的联系。尤为严重的是，构成城市人口大多数的是另一类社会最底层的“贫苦”居民，他们是受压迫的流氓无产者。他们从未参加过属于企业工人集体内的工业劳动，他们是靠做临时工生活的人。这个贫苦阶层没有固定的和有组织的工作，造就了他们的社会思想有一些特殊性质：他们有仇恨社会的感情，对那些生活有保障的人，特别是对那些拥有权势和财富的人具有妒忌心理和阶级仇恨，然而他们自己也有谋求个人财富和个人权势的自私自利的欲望。在社会下层中，无数的人是属于穷人这个范畴的，它甚至还包括相当多的具有一定文化教养的知识分子，但他们绝不是“无产阶级”。这些流氓无产者，与小手工匠人和农民，构成了无数的属于“穷人”而不属于“无产阶级”（产业工人可以说是贫穷的，但

① lumen－proletariat，指受压迫和剥削、失去土地和职业的一部分人。出自马克思、恩格斯《共产党宣言》“流氓无产阶级”一词。“流氓无产阶级是旧社会最下层中消极的腐化的部分，他们在一些地方也被无产阶级革命卷到运动里来，但是，由于他们的整个生活状况，他们更甘心于被人收买，去干反动的勾当。”马克思恩格斯文集（第二卷）[M]. 北京：人民出版社，2009：42.

② 1949年，居住在拥有人口超过10万人以上的都市中的城市居民有6000万以上。即使到1952年，城市工人阶级才300万人。Maurice Meisner. Mao's China and After：A History of the People's Republic[M]. New York：The Free Press，1999.

③ Maurice Meisner. Mao's China and After：A History of the People's Republic[M]. New York：The Free Press，1999.

他们同企业中的工人集体联系在一起而受到保护）的政治力量。他们在新社会和平建设时期发展出一种公开的或隐蔽的对权力的贪婪。在土地改革和社会主义改造运动中，他们往往表现得比一般工人阶级更加极端和激进，这使他们混成“积极分子”，但他们的个人主义是反对建设社会主义社会的基本力量。

这股属于“穷人”而不属于“无产阶级”的政治力量发展出一种“极左”路线，混淆了毛泽东的人民民主专政的革命路线。“极左”路线的阶级基础就是有着小农生产传统的、有害的小资产阶级，包括失去了仅有的一点财产的流氓无产者、小手工匠人、农民和这些阶级的知识分子。建成社会主义需要阶级联合，建立工人群众之间的，工人和农民、小手工匠人、流氓无产者、知识分子之间的各种形式的联盟。正确处理这一联盟的内部矛盾需要人民民主专政路线的指导。[①]“极左”路线绝不是人民民主专政路线，它是以“反面”伪装的（小）资产阶级路线，是对人民民主专政路线的反动。它的保守性质是隐晦的。这种表现为“极左”的资产阶级路线支持两类标语：一是敦促那种与此刻的可能性和需要无关的措施，以此刻不能实现的目标来分裂工人；二是发动小资产阶级的、看起来“激进”实则误导社会关系的真正变革的口号，来阻碍切实可行的转变。比如，强迫人民公社放弃按劳分配，立即或完全放弃自留地，叫嚣取缔任何个人利益[②]，鼓吹工资制度的平等主义，取消工厂关于劳动安全、出勤、质量控制等在内的一切规章制度，使工厂生产瘫痪，“极左”运动破坏了群众的革命团结。[③]（人民民主专政路线与利己主义做斗争，它是思想意识的斗争必不可少的一个步骤；

---

① Paul M. Sweezy, Charles Bettelheim. On the Transition to Socialism[M]. New York and London: Monthly Review Press, 1971.

② 对“极左”来说，资本主义和修正主义只是“个人利益”的产品。修正主义的真实性质是一种资产阶级的政治路线，深深植根于资产阶级的存在及它潜在的社会关系里。“极左”主义的观点反映了一种资产阶级世界观和唯心主义的概念，与历史唯物主义和马克思主义毫无关系。

③ Charles Bettelheim. Cultural Revolution and Industrial Organization in China: Changes in Management and the Division of Labor[M]. New York and London: Monthly Review Press, 1974: 106 - 107.

不幻想立即地、全部地破坏利己主义，但对这种德行的对抗可以巩固无产阶级的思想意识。在分配问题上，人民民主专政路线并不把它看作一个基本的和直接的问题，因为分配关系是生产关系的背面，强调生产的革命以及发展分配的集体形式和工资关系之外的来源以取代工资制度本身，如食堂、日托中心、卫生所等。）在新中国成立最初的30年里，无产阶级数量实在太少了，历史的急躁情绪并不能在短期内造就一个革命的工人阶级。

第二节　经济文化落后国家民族资产阶级的历史定位问题

中国特色社会主义理论在中国共产党的领导下把工人、农民、其他小生产者和追求四个现代化的、爱国的企业家及这些阶级的知识分子①联合起来，直接继承自无产阶级的群众性政党与各劳动阶级联盟的社会主义改造规律，以及团结进步民族资产阶级的新民主主义的统一战线革命传统。它是共产党人的政治路线中民主主义和社会主义的辩证关系原理与中国具体实践的结合。

一、马恩、毛泽东论无产阶级与城乡小资产阶级的联盟

1. 马克思、恩格斯的观点

马克思和恩格斯一向把社会主义社会看作无产阶级和与之结成联盟的其他劳动者所进行的阶级斗争的产物。工人阶级及其政党只有把城乡小资产阶级各阶层的群众争取过来作为同盟者，才能使资产阶级民主革命转变为无产阶级革命。在很长一段时期内，在大多数国家中，居民的

---

① 新民主主义社会的四个革命阶级是工人阶级、农民阶级、城市小资产阶级和民族资产阶级。社会主义初级阶段的先进阶级包括工人、农民、其他小生产者和追求四个现代化的、爱国的企业家及这些阶级的知识分子。

大多数还是由农民和其他小资产者构成，因而革命的成败主要取决于他们的态度。马克思和恩格斯认为还不可能直接建立无产阶级的无限的统治，在新的革命中[①]最初“无产阶级将不是单独地，而是跟农民和小资产者一起取得政权”。[②] 在这种情况下，工人最初“必须推行的不是自己的，而是它们的措施”。[③] 如果共产党人在这里“不得不出来执政”,[④] 那么他们首先更应当解决“直接符合一般革命的利益、特别是小资产阶级利益”[⑤] 的任务。

马克思和恩格斯认为工农联盟是社会主义革命的一个重要规律。《法兰西阶级斗争》中深入地探讨了农民小地产的发展趋势。如果说农民争得小块土地最初体现了他们从封建剥削下的解放，那么资本主义逐渐把这些土地变成他们贫困的前提。小农抵不过资本主义大生产的竞争，而逐渐沦为徒有其名的所有者。“很明显，农民所受的剥削和工业无产阶级所受的剥削，只是在形式上不同罢了。剥削者是同一个：资本。”[⑥] 这句话为无产阶级革命和社会主义改造中的工农联盟指出了客观基础。

马克思提出了无产阶级与农民联盟的策略问题。农村生活的政治惰性使唤醒农民和克服他们的反对社会主义的保留态度需要一定时间。宣布废除继承权不仅是毫无意义的，而且也是“一种愚蠢的威胁，这种威胁会使全体农民和整个小资产阶级围拢在反动派周围”。[⑦]

2. 毛泽东的观点

早在 1925 年《中国社会各阶级的分析》中，毛泽东就指出，中国

---

① 在 1848—1849 年革命时期和 1871 年巴黎公社时期的法国，以及 19 世纪 80—90 年代的德国。
② 马克思恩格斯全集（第八卷）[M]. 北京：人民出版社，1961：639.
③ 马克思恩格斯全集（第十卷）[M]. 北京：人民出版社，1998：736.
④ 马克思恩格斯文集（第十卷）[M]. 北京：人民出版社，2009：110.
⑤ 马克思恩格斯全集（第二十八卷）[M]. 北京：人民出版社，1973：587.
⑥ 马克思恩格斯文集（第二卷）[M]. 北京：人民出版社，2009：160.
⑦ 马克思恩格斯文集（第十卷）[M]. 北京：人民出版社，2009：332.

的小资产阶级和半无产阶级是无产阶级可团结的“革命的真正的朋友”。[①] 农民里的自耕农被毛泽东归为小资产阶级，绝大部分半自耕农、贫农被归为半无产阶级。其他小资产阶级包括手工业主、小知识阶层。[②] 其他半无产阶级包括小手工业者、店员、小贩等。[③] 绝大部分半自耕农和贫农是农村中一个数量极大的群众。所谓农民问题，主要就是他们的问题。[④]

1940 年毛泽东在《新民主主义论》中专门谈了土地革命的历史地位。土地革命消灭旧的地主阶级，使革命满足农民阶级的利益诉求，成为工农联盟的基础。

1949 年 9 月 21 日通过的具有临时宪法性质的《中国人民政治协商会议共同纲领》规定，实行工人阶级领导的、以工农联盟为基础的人民民主专政，城市小资产阶级与工农结成人民民主统一战线。

二、马恩、毛泽东看待民族资产阶级的观点

1. 马克思、恩格斯的观点

恩格斯在《共产主义原理》中指明马克思对消灭私有制的确切看法，即私有制和资产阶级是不能立即被消灭的。“只要生产的规模还没有达到不仅可以满足所有人的需要，而且还有剩余产品去增加社会资本和进一步发展生产力，就总会有支配社会生产力的统治阶级和贫穷的被压迫阶级。至于这些阶级是什么样子，那要看生产的发展阶段。……在这以前，生产力还没有发展到能以足够的产品来满足所有人的需要，还没有发展到私有制成为这些生产力发展的桎梏和障碍。……由于大工业的发展，第一，产生了空前大规模的资本和生产力，并且具备了能在短

① 毛泽东选集(第一卷)[M]. 北京:人民出版社,1991:3.

② 学生界、中小学教员、小员司、小事务员、小律师、小商人等。

③ 毛泽东选集(第一卷)[M]. 北京:人民出版社,1991:5-6.

④ 毛泽东选集(第一卷)[M]. 北京:人民出版社,1991:7-8.

时期内无限提高这些生产力的手段；第二，生产力集中在少数资产者的手里，而广大人民群众越来越变成无产者，资产者的财富越增加，无产者的境遇就越悲惨和难以忍受；第三，这种强大的、容易增长的生产力，已经发展到私有制和资产者远远不能驾驭的程度，以致经常引起社会制度极其剧烈的震荡。只有这时废除私有制才不仅可能，甚至完全需要。”① “能不能一下子就把私有制废除？不，不能，正像不能一下子就把现有的生产力扩大到为实行财产公有所必要的程度一样。”② 只有满足生产的规模、发展阶段、集中程度的一定的条件，才谈得上消灭私有制的问题。

2. 毛泽东在新民主主义革命时期的观点

毛泽东《中国社会各阶级的分析》对民族资产阶级（又称中间阶级）的看法是，这个阶级代表中国城乡资本主义的生产关系，是一个动摇的阶级。总体上，中国民族资产阶级是殖民地半殖民地国家的资产阶级，是受帝国主义压迫的，所以，他们也还是在一定时期中和一定程度上，保存着反对外国帝国主义和反对本国官僚军阀政府③的革命性。无产阶级的任务，在于不忽视民族资产阶级的这种革命性。④

《新民主主义论》第一次完整地提出了新民主主义革命及其胜利后的建国纲领。中国革命的历史特点是分为民主主义和社会主义两个步骤，第一步的客观要求是为资本主义发展扫清道路，但绝不是也不能建立中国资产阶级专政的资本主义的社会。⑤ 毛泽东也驳斥“左”倾空谈主义，他指出，第一步的时间是相当地长，一朝一夕间实行人民民主专政的社会主义是不能成就的。⑥ 新民主主义经济的根本方针，是“以公

① 马克思恩格斯选集(第一卷)[M]. 北京:人民出版社,2012:303 - 304.
② 马克思恩格斯选集(第一卷)[M]. 北京:人民出版社,2012:3304.
③ 例如在辛亥革命时期和北伐战争时期。
④ 毛泽东选集(第一卷)[M]. 北京:人民出版社,1991:4.
⑤ 毛泽东选集(第二卷)[M]. 北京:人民出版社,1991:666.
⑥ 毛泽东选集(第二卷)[M]. 北京:人民出版社,1991:683 - 684.

私兼顾、劳资两利、城乡互助、内外交流的政策，达到发展生产、繁荣经济之目的。国家应在经营范围、原料供给、销售市场、劳动条件、技术设备、财政政策、金融政策等方面，调剂国营经济、合作社经济、农民和手工业者的个体经济、私人资本主义经济和国家资本主义经济，使各种社会经济成分在国营经济领导之下，分工合作、各得其所，以促进整个社会经济的发展”。① 对私人资本主义经济的态度是，“凡有利国计民生的私营经济事业，人民政府应鼓励其经营的积极性，并扶助其发展。国家资本与私人资本合作的经济为国家资本主义性质的经济。在必要和可能的条件下，应鼓励私人资本向国家资本主义方向发展，例如为国家企业加工，或与国家合营，或用租借形式经营国家的企业，开发国家的富源等”。② 对民族资产阶级的态度是，“保护工人、农民、小资产阶级和民族资产阶级的经济利益及其私有财产，发展新民主主义的人民经济，稳步地变农业国为工业国”。③在基本经济制度上，允许包括私有制和公有制在内的各种所有制共同发展，使公私经济的发展都是为人民群众的利益的。

《中国人民政治协商会议共同纲领》规定，人民民主统一战线的政权包括民族资产阶级及其他爱国民主分子。

3. 毛泽东在社会主义改造时期的观点

毛泽东对社会主义改造的历史地位的认识是，它是社会主义革命阶段，是逐步消灭剥削制度的保证。④ 1954 年制定的《宪法》把民族资产阶级和小资产阶级看作是临时的阶级，虽不属于“镇压的对象”，⑤ 但也不完全属于“人民”的范畴，是人民内部要被引导自愿接受改造的

①②③ 建国以来重要文献选编(第一册)[M]. 北京:中央文献出版社,1992:2-8.

④ 毛泽东选集(第二卷)[M]. 北京:人民出版社,1991:686,688.

⑤ 根据 1954 年《宪法》,“中华人民共和国镇压一切叛国的和反革命的活动,惩办一切卖国贼和反革命分子。国家依照法律在一定时期内剥夺封建地主和官僚资本家的政治权利。”

部分。[①] 1975 年《宪法》更加激进，规定“人民行使权力的机关，是以工农兵代表为主体的各级人民代表大会”。民族资产阶级中“反动的”那部分第一次被纳入了“镇压的对象”。[②] 小私有制作为一种不稳定的经济，它的前途可以是资本主义经济，也可以是合作经济，这部《宪法》否定了前一种可能性。民族资本主义经济自此没有了存在的空间。[③] 1978 年《宪法》延续了前一历史时期的激进，并把这种激进推至顶点，把民族资产阶级和小资产阶级划作“镇压的对象”。[④]

三、共产党人的政治路线中民主主义和社会主义的辩证关系

马克思和恩格斯肯定无产阶级革命的民主主义任务，坚决地号召无

---

① 1954 年《宪法》对这两个社会阶级的规定如下："中华人民共和国的生产资料所有制现在主要有下列各种：国家所有制，即全民所有制；合作社所有制，即劳动群众集体所有制；个体劳动者所有制；资本家所有制。……国家依照法律保护农民的土地所有权和其他生产资料所有权。国家指导和帮助个体农民增加生产，并且鼓励他们根据自愿的原则组织生产合作、供销合作和信用合作。国家对富农经济采取限制和逐步消灭的政策。国家依照法律保护手工业者和其他非农业的个体劳动者的生产资料所有权。国家指导和帮助个体手工业者和其他非农业的个体劳动者改善经营，并且鼓励他们根据自愿的原则组织生产合作和供销合作。……国家依照法律保护资本家的生产资料所有权和其他资本所有权。国家对资本主义工商业采取利用、限制和改造的政策。国家通过国家行政机关的管理、国营经济的领导和工人群众的监督，利用资本主义工商业的有利于国计民生的积极作用，限制它们的不利于国计民生的消极作用，鼓励和指导它们转变为各种不同形式的国有资本主义经济，逐步以全民所有制代替资本家所有制。国家禁止资本家的危害公共利益、扰乱社会经济秩序、破坏国家经济计划的一切非法行为。……国家为了公共利益的需要，可以依照法律规定的条件，对城乡土地和生产资料实行征购、征用或者收归国有。国家禁止任何人利用私有财产破坏公共利益。"

② 根据 1975 年《宪法》，"国家保卫社会主义制度，镇压一切叛国的和反革命的活动，惩办一切卖国贼和反革命分子。国家依照法律在一定时期内剥夺地主、富农、反动资本家和其他坏分子的政治权利……"

③ 根据 1975 年《宪法》，"中华人民共和国的生产资料所有制现阶段主要有两种：社会主义全民所有制和社会主义劳动群众集体所有制。……国家允许非农业的个体劳动者在城镇街道组织、农村人民公社的生产队统一安排下，从事在法律许可范围内的、不剥削他人的个体劳动。同时，要引导他们逐步走上社会主义集体化的道路。……在保证人民公社集体经济的发展和占绝对优势的条件下，人民公社社员可以经营少量的自留地和家庭副业，牧区社员可以有少量的自留畜。"

④ 根据 1978 年《宪法》，"国家保卫社会主义制度，镇压一切叛国的和反革命的活动，惩办一切卖国贼和反革命分子，惩办新生资产阶级分子和其他坏分子。国家依照法律剥夺没有改造好的地主、富农、反动资本家的政治权利"。

产阶级为了资产阶级民主革命的胜利而战斗。1848 年 3 月拟定的《共产党在德国的要求》是工人阶级的第一个具有科学根据的和具体的纲领。这个纲领要求共产党人作为唯一的政治力量合乎逻辑地宣布彻底粉碎封建主义的政治和经济的统治地位和建立一个民主主义的民族国家。

马克思和恩格斯认为完全粉碎封建制度和实现广泛的资产阶级民主主义的自由是工人阶级争取社会主义改造的斗争中的一个重要的阶段目标。工人阶级必须争取从一个革命阶段转入另一个阶段，但是不能简单地跳跃或任意缩短阶段。工人阶级要在政治思想上巩固自己的地位并维护和加强自己的单独统治，逐步地把一切生产资料社会化，用这个办法消灭剥削阶级并最后消灭一切阶级差别。马克思、恩格斯强调，如果不大力发展生产力，这是办不到的。“只有在社会生产力发展到一定程度，发展到甚至对我们现代条件来说也是很高的程度，才有可能把生产提高到这样的水平，以致使得阶级差别的消除成为真正的进步，使得这种消除可以持续下去”①，“因为如果没有这种发展，那就只会有贫穷、极端贫困的普遍化；而在极端贫困的情况下，必须重新开始争取必需品的斗争，全部陈腐污浊的东西又要死灰复燃”。②

恩格斯反对机械论的观点，这种观点认为在革命发展中可以立即建立工人阶级的统治。他对在半封建基础上向社会主义过渡的曲折性做出了这样的说明，“在社会主义共和国（这将是我们的第一阶段）和半封建基础上……之间，还要经过许多中间阶段”。③

1982 年邓小平在党的十二大提出“建设有中国特色的社会主义”，这一理论强调社会主义是大生产发展的自然产物。党的十三大讨论了中国社会主义处在什么阶段，论断是，“就是处在初级阶段，是初级阶段的社会主义。社会主义本身是共产主义的初级阶段，而我们中国又处在

---

① 马克思恩格斯文集(第三卷)[M]. 北京:人民出版社,2009:389.

② 马克思恩格斯文集(第一卷)[M]. 北京:人民出版社,2009:538.

③ 马克思恩格斯全集(第三十六卷)[M]. 北京:人民出版社,1975:515.

社会主义的初级阶段，就是不发达的阶段。……整个社会主义历史阶段的中心任务是发展生产力……找出一条比较快的发展道路。……通过改革加快发展生产力，坚持社会主义道路。”① 社会主义初级阶段是解决经济文化落后问题的阶段。

第三节　经济体制改革和对外开放

从把农民、小手工匠人和流氓无产者统统归入工业无产阶级的队伍，用有纪律的、集中的生产劳动改造他们的生产方式和思想意识的角度去理解中国特色社会主义制度借鉴历史上与资本主义联系的方法，比如强调利润、用利润率来衡量企业经营，加强企业内部的权威和“科学管理”，释放自由的商品化的劳动力，这些都被当作一种实现“社会主义目的”的方法，即通过经济和社会的漫长演化达致社会主义的充分发展和高度发达。

一、农村改革释放自由的劳动力

农村改革的纲领是解散公社、废除合作农业，家庭联产承包责任制迅速重建家户作为基本的农业生产单位。小生产经常地、每日每时地、自以的和大批地生产着农村内部的分化。

为了满足更具企业家精神的农村居民的需要和雄心，政策允许承包土地被转租、转包或转让，允许雇工，并鼓励发展农村市场、强调生产专业化和劳动分工（鼓励农作物的多种经营和专业化）。这些政策得到了那些身体上和精神上更具天赋、更有积极性的，以及在政治上更活跃地追求“让一部分人先富起来”方针的人的热情响应。许多农民从寻常的耕作转向更赚钱的商业追求，种植可以直接卖钱的作物，搞粮食加

---

① 邓小平文选(第三卷)[M]. 北京:人民出版社,1993:252－255.

工，开办小工厂和小修理厂，还有一些农民把全部精力都投入各种各样的贸易、商业和贩运业上。有了责任制提供的宽泛的经济容忍度，毛泽东的农村工业化政策建立的乡村合作工业转化为松散组织的集体所有的、股份制的或企业家个人所有的公司。

随着乡村商品生产的增长，小农户微薄的糊口农业变得更加微不足道，许多农村劳动力转变为工资劳动的雇工，构成农村最庞大的群体。

1978—1984 年农业生产有了显著的增益。一般地估计，包括乡村工业在内的乡村总产出以 9% 的年均比率增长①（乡村工业取得最高的增长率，产出以 21% 的年均比率增长），农村人均收入翻番。② 20 世纪 80 年代早期农村的繁荣不能单一地归因于“承包责任制”。更严谨的研究指出，家户耕作制农业的成功建立在农业的社会主义改造和社会主义建设时期打下的物质基础之上。根据 Carl Riskin（1987）的研究，③ 产出的那部分井喷归因于合作化时期追赶技术和改善基础设施的运动，当时没能充分地利用这些技术和基础设施。假如没有 20 世纪 50 年代和 60 年代被合作社组织起来的农民共同劳动建成的大型灌溉和防洪工程（大坝、灌溉设施、河堤），20 世纪 80 年代早期个体家户的高产出是不可能的。新技术和科学进步的及时可利用也对农业产出的增长做出了贡献，大量更高质量的化肥、新类型种子尤其杂交水稻的进步大多在 1977 年后集中出现。绝大部分是社会主义革命和建设时期努力的成果。当然，在最贫穷的、合作化早就失败的村庄（如安徽小岗村），“承包责任制”是农业增长的原因。

农业生产经历了短暂的上升以后，20 世纪 80 年代后半期至 20 世

① 20 世纪 60—70 年代，乡村总产出的年均增长率约 4%。Carl Riskin. China's Political Economy: The Quest for Development Since 1949[R]. Oxford University Press, 1987: 292-296.

② Carl Riskin. China's Political Economy: The Quest for Development Since 1949[R]. Oxford University Press, 1987: 296.

③ Carl Riskin. China's Political Economy: The Quest for Development Since 1949[R]. Oxford University Press, 1987: 296.

纪90年代，出现了一个波动下跌的不确定过程。生产波动下跌的直接原因是农村经济的市场化。如今农民也被鼓励自由地最大化利润，他们发现种植粮食相对地是不盈利的生计。粮食绝大多数要以国家规定的价格卖给政府，在化肥和杀虫剂价格上涨的条件下，许多农民放弃了粮食种植。根本的原因是，农业劳动生产率的较大增长有赖于现代农业技术，如牵引机械、复杂的设备和化学品。家户耕作无法在那么小块土地上加以应用。土地细碎化阻断了大规模农场、农业技术革命和高效率农业的诞生。蹒跚的粮食生产加上人口增长、可耕地减少，使越来越多的农民离开了土地；或由于市场的盛衰兴废被迫离开土地，在城市寻找临时雇佣。

一个事实是，1952—1975年，城镇和农村人均收入的差距①使许多农民也寻求迁徙到城市以谋求一个更好的生计，类似的迁徙受到严格限制。农村经济体制改革解除了农业劳动力系于土地的禁令，为大量农村人口提供了部分出路。在农业商品化过程中小农离乡背井和半无产阶级化，怎样看待这个历史现象？有许多不同的观点。乌托邦观点对工业主义的不公正表示愤慨，对社会上受剥削最重的人怀有特殊的同情。新自由主义观点不承认劳动力商品化的社会后果。马克思主义观点承认农民是剥削的主要受害者，却也指出，继续存在着的小农会成为潜在的反动势力。历史进步和革命创造力的源泉在工业和城市。大规模的组织和以更复杂的技术为基础的劳动分工的专门化，是建设社会主义依赖的条件。流动农民抛弃传统习惯、风俗和劳动方式，成长为比较先进的工人阶级，并把城市工业文化的成果带给落后的农村的乡亲，为人类解放提供了更多动力。

---

① 农村的人年均消费从62元增加到（以可比价格）124元，城镇从148元增加到324元。Maurice Meisner. Mao's China and After: A History of the People's Republic[M]. New York: The Free Press, 1999: 421.

二、城镇改革创造一个自由劳动力市场

城镇改革的指导原则是支持“市场力量自由发挥作用”，在决定生产什么以及产品怎么销售方面，市场被认为是更高效、更理性的。改革的三大纲领是价格改革、企业利润率和自由劳动力市场的创造。强调企业必须增加利润，为国家积累更多的资金，为社会主义创造更多的财富。工业再组织为“专业化公司”，由它们负责生产和销售。国有工业和其他城镇企业被给予了更大的自治权，愈益根据利润标准来运营，企业经营和技术创造受到厂长经理的最高控制，他们都接受过西方企业管理方法的训练。企业党委的角色被削弱。企业对占支配地位的市场条件做出反应，根据利润标准决定生产安排、工资和价格，决定企业及其雇员的兴衰。不盈利的企业要被关闭或允许其破产。这一工业组织模式要求一个自由劳动力市场。

企业加强一长制，严格劳动规章制度和劳动纪律，强调服从，这是四个现代化的需要。规章制度被公认为是反映了现代化大规模生产的复杂过程的客观规律，恩格斯指出，“想消灭大工业中的权威，就等于想消灭工业本身”①，工人必须接受这一客观规律。发展生产、增加产量、提高质量，主要不是依靠提高工人觉悟，而是靠执行严格的规章制度。通过竞赛劳动的形式，工人不仅被要求完成定额，还要去打破生产纪录。

社会主义革命和建设的历史时期的原则是消灭劳动力商品化。在为一部分城镇工人阶级提供终生职业安全和综合社会福利的同时，劳动力没有选择职业的自由，也被禁止流动，终其职业生涯被束缚在一个岗位上，制造了孤立的、个体的工人竞逐拥有绝对权威的厂长经理的支持

① 卡尔·马克思，弗里德里希·恩格斯，弗·伊·列宁. 无政府主义和工团主义[M]. 莫斯科：进步出版社，1972：102.

(为奖金、更好的岗位、住房等)的依赖关系。城镇经济体制改革创造了一个自由劳动力市场，解除了将工人束缚于个别工厂和岗位的僵化的制度，却也给予了厂长经理在理性经济准则的基础上雇佣和解雇工人的权利。城镇工人由于采取基于个人和集体生产率的工资增长、奖金和利润分享计划而获得了利益，自此个人利益成了生产斗争的推动力。作为物质收益的回报，工厂工人服从更严厉的劳动纪律的规制、愈益严格的工厂规章制度的执行，以及“科学管理”的权威。

支持工业“承包责任制”和“股份制”改革，将国有企业租赁给个体企业家、工人团体或由股东经营；将企业的股票卖给个人、外资和本国的私有机构。非国家工人的数量因此不断增长。在 20 世纪 80 年代中期 70% 的城镇工人被国家部门雇佣，此后，城镇集体和非公有制企业的雇佣数有了实质性的增长。①

三、加入世界体系劳动分工的各种商品链条

社会主义革命和建设时期的一个神圣原则是独立自主，它表达了一种信仰，即中国可以在自力更生的基础上实现现代化和社会主义，不依赖于其他国家的援助、贷款和投资。自力更生原则深植于中国共产党的革命传统之中。在漫长的革命年代，尤其是在党的根据地面临国民党和日本军队封锁威胁的战时，经济上的自力更生是求存所必需的。更进一步地，一个多世纪以来遭受外国杀戮、剥削和羞辱，中国人民立志通过自己的努力建设自己的独立自主的经济。一定程度上毛泽东的自力更生原则也是不得已而为之。美国对中国的贸易禁运持续了有二十几年，把中国排斥在与发达资本主义国家的贸易之外。这种禁运甚至达到荒谬的程度，例如，遵守对敌贸易法案，所有从东亚返回美国的游客必须给美国海关官员提交“原产地证明”以表明从中国香港购买的货物不是中

① 2017 年非公有制经济就业人口占城镇总就业人口的比率达到 80% 以上。

国制造的。这一漫长的禁运，一直持续到尼克松 1972 年访华。尽管事实是以美国为首的西方封锁新生的中华人民共和国，在意识形态上，美国为首的西方对毛泽东“闭关锁国”的指责却不绝于耳。

事实上，与美国的外交破冰是毛泽东主持的。对外开放是邓小平的主张，也是毛泽东和周恩来的主张。1969 年党的九大后，支配政治生活的一个问题是，在由美国和苏联两个“超级大国”控制下的怀有敌意的国际环境中新中国的生存问题。周恩来提倡一种新的全球外交战略，其基础还是传统的国家主权和平共处，以及“不同社会制度的国家”之间建立友好关系的原则。这是一种与美国实行策略上缓和的战略，与美国的利益不谋而合。新中国在被西方大规模地敌视和排斥的二十几年里，根据独立自主、自力更生原则，初步建立起完整的基础工业体系，大量投资基础设施、卫生和教育。这使得 20 世纪 70 年代新中国在坚持“平等互利”原则的基础上重新融入世界体系。

有必要从“世界体系”理论的角度更严肃地理解对外开放。资本主义世界经济是人类历史上第一个世界体系，到 19 世纪晚期，它囊括了整个世界。迄今它是地球上唯一存在的一种历史体系。资本主义世界经济代表着进步，因为它在实现“文明化”。这不仅是该体系倡导者的观点，也是思想上主要反对它的马克思和恩格斯的观点。恩格斯曾说，“单是大工业建立了世界市场这一点，就把全球各国人民，尤其是各文明国家的人民，彼此紧紧地联系起来。”[①] 20 世纪 70 年代，新中国既没有可能在世界体系之外构建一个与其文明程度相当的、独立的、与之并列的小体系（小规模的劳动分工，其中有单独的文化和政治体系）；苏联构建的社会主义阵营也在瓦解当中，且早已对中国采取敌对态度（“勃列日涅夫原则”赋予苏联对“社会主义大家庭”的成员国实施任意军事干涉的权力）。实行与“不同制度的国家和平共处”的策略，即

① 马克思恩格斯全集(第四卷)[M]. 北京:人民出版社,1958:372.

融入世界体系，是新中国求存的需要。

“融入”（从外部进入世界体系的边缘）在根本上意味着，把某些生产过程，变成资本主义世界体系劳动分工的各种商品链条的组成部分，“融入”的程度以生产过程谋求最大限度地积累资本的实现程度来衡量。这意味着某种程度上的资本主义方法的运用是必不可少且不断深化的。“融入”从大量进口外国技术、扩大外贸和大量吸引外国援助、信贷、贷款开始，包括几个主要方面：①签订经济协定或通过与外国公司建立合资企业，利用廉价的劳动力，为外国公司开展来料加工和装配经营。这种贸易的特点是中国与外国贸易额的数量日益扩大。②通过减少在中国的税收和其他营商成本，通过去除许多行政瓶颈，通过明确外国公司雇佣和解雇中国员工的权力，通过移除外汇获取的限制，鼓励外国资本加速投资。③建立“经济特区”，以比中国香港和中国台湾更优惠的条款允许外资利用中国的劳动力和自然资源，以吸引外国资本、引入先进技术，创造新的就业。在外贸行为中追求比较优势规律。④把大量引进技术看成解决一切困难的方法，增加原料（石油、煤）出口以换取技术设备的进口。“融入”使国家的生产力发展的规模越来越取决于世界市场。毛泽东逝世前，就有一段对外贸易和国外技术进口急剧飙升的时期，这种对外经济交往服务于中国的经济利益。

第四节 与帝国主义及其代理人围绕剩余控制权作斗争

一种非常流行的观点是把对内改革（“民工潮”）和对外开放（“外资潮”）看作造就高速增长和经济奇迹的支柱。这种观点这样解释改革开放：改革主要促使农村过剩劳动力由农业向工业转移，开放引导城镇劳动力从缺乏比较优势的进口替代部门向具有比较优势的出口部门转移，中国以劳动要素密集的加工制造业参与国际分工，由此实现长期增长和总量扩张。

这是一种似是而非的解释。把农业劳动力转移到工业，以轻工业和加工工序参与世界体系的商品链条，并非中国特色社会主义独特的经验。1979 年提出经济特区思路的时候，第三世界已经运营的类似特区有 100 多个，尤其在亚洲。我国在经济特区的规划阶段，还派出代表团去斯里兰卡和菲律宾调研这类特区的运营。这类特区的性质和目的是很简单的，东道国设计小的、限定好的区域以吸引外国资本和技术，通过提供给外国投资者以优惠的条件，尤其是廉价劳动力的无限供应、极其优惠的税收和其他财政安排，使西方跨国公司快速地赚取利润。“二战”结束以来，第三世界各经济体在世界体系的等级结构中实质性地实现从边缘向半边缘、表现出中心位移的趋势的，却只有新中国。科学研究的任务是拨开现象的迷雾，找到我国与其他第三世界相区别的条件。

一、“二战”后世界体系的特征和中国共产党的社会基础

“二战”结束后，殖民势力本身和它的惯用伎俩、意识形态外表采取了全新的模样：对外国进行赤裸裸的掠夺已让位于同第三世界进行有组织的贸易（在这种贸易中，掠夺已被一种无可指责的“正当的”契约关系合理化和经常化）；这种平稳地进行贸易的合理性已融入现代的，也更先进的、更加理性化的体系。萨米尔·阿明把“二战”结束后的世界体系称为它的第三个阶段①，主要特征是亚、拉两洲落后国家的工业化。

第三世界的工业化是否意味着帝国主义剥削的不平等结构成为一种历史，新的历史的本质是各个国家平等互助合作？巴兰在分析第三世界

① 第一个阶段是 1500—1800 年的重商主义形态，中心国家是大西洋沿岸的西欧，美洲构成外围地区。这一历史阶段发生在产业革命以前，占垄断地位的是商业资本。第二个阶段是 1800—1945 年的古典模式。这一历史阶段起源于产业革命，它的两极分化系于核心产业体系的定型化。中国就是从这一阶段开始卷入世界体系的，同亚（除了日本）非拉各国一起构成“外围”，处于农村、非工业化的状态，只能靠农产品和矿产品参与世界劳动分工。萨米尔·阿明．全球化时代的资本主义——对当代社会的管理[M]．北京：中国人民大学出版社，2005：3－4.

新独立的前殖民地的前途时，曾分析过1949年杜鲁门的“第四点方案”。[①] 根据次年美国国务院的公开报告，巴兰指出，这个方案的着眼点还是原料的开发，[②] 美国反对落后国家过分重视工业化，反对“疯狂的民族主义”导致工业化过分仓促地发展。那种“殖民势力支持原材料生产国的工业扩张”的观点，是对当代历史的最大曲解。[③] 阿明把世界体系第三阶段的国际专业化分工和不平等交换称作它的“新古典形式”：[④] 即在“外围”第三世界建立起轻工业，依附于“中心”美日欧的重工业。在技术和科学革命中，美日欧掌握建立在高级技术劳动基础上的产业（原子技术、自动化、电子技术、空间技术），孵化出新的不平等的国际专业分工。

帝国主义靠什么维持落后国家的落后，遏制新独立的前殖民地的进步？巴兰的答案是“把殖民势力渗透到落后国家的政治经济结构里”：①帝国主义豢养一批在西方资本的势力范围内富裕起来的商人。不管他们是批发商（专门从小生产者那里收集各种商品，加以分档整理和标准化，再卖给外国公司），还是将当地材料提供给西方企业的供应商，或是满足西方企业及其雇员各种需要的服务业主。买办集团依赖西方企业赚取利润，爬上本国资产阶级的最上层，对西方垄断企业的扩张和繁荣至感兴趣。他们会竭力巩固现存制度。②豢养一批依附西方企业的工业垄断者。他们完全依赖西方资本统治关键领域的经济结构。一旦民族工业资本主义获得累积性动力，他们就无法维系自身的垄断地位。他们关心

---

① 1950年6月5日第四点计划提出一年半后，美国国会通过“对外经济援助法案”。第四点计划列入这一法案的第四节，称为“国际开发法案”。法案规定，美国将“援助”经济不发达地区，从事开发资源和改善他们的劳动、生活状况，办法是交换技术、知识和技能，向这些国家输出资本，鼓励进行生产性投资。

② “那些将参与合作的地区的许多未开发的矿物资源对世界上高度发达的国家，包括美国在内具有十分重要的意义。”参考美国国务院：《第四点方案：对经济不发达地区的合作援助计划》第4页（华盛顿，1949年）。

③ 保罗·巴兰．增长的政治经济学[M]．北京：商务印书馆，2000：332.

④ 第一个阶段的特征是资本主义史前史形式，主要是掠夺财宝和奴隶贸易。第二个阶段的特征是殖民地经济的“古典”形式，主要是贸易经济和矿业开发。萨米尔·阿明．世界规模的积累——欠发达理论批判[M]．北京：社会科学文献出版社，2016：2－4.

的是阻止市场上竞争对手的出现，乐于看到资本流入流通领域，对西方垄断企业并不害怕。他们也是殖民制度的坚决捍卫者。③根深蒂固的地主阶级的利益，与买办和工业垄断者的利益并行不悖，他们都不抱怨西方垄断资本对自己国家经济的统治，这种统治给他们带来丰厚的财富。民族独立运动往往会在新独立的前殖民地取得政权后分崩离析，那些在反帝斗争时期微妙地结合在一起的不同性质的社会成分，或迟或缓地分化为相互对立的阶级力量。比如，地主对农民的剥削，大垄断者对工业化的扼杀，背后都是阶级问题。富有的买办、强有力的垄断者和大地主结成一个封建—商业制度的联盟，新独立的政权落到这个联盟手里。依靠保存和扶持这种阻碍工业资本主义的从属政府，殖民势力对新独立的前殖民地继续实施剥削和统治。

巴兰专门研究过旧中国的统治者，他指出，“中国国民党的那种共和政体绝不会对工业资本主义的兴起抱什么幻想。因为工业资本主义的兴起会把它的特权和权力地位一笔勾销”。[①] 巴兰假想过，反法西斯的胜利附赠给国民党以表面的民族独立，如果没有中国共产党领导劳苦大众赢取解放战争的完全胜利，中国社会的阶级关系和政治秩序会是怎样？他判断，中国民族主义者的阵营会迅速分裂。资产阶级早期就对社会革命感到恐惧，会迅速与工农决裂，它与大地主（资本主义发展的主要障碍）、被民族解放运动驱逐的帝国主义和为西方主子的政治退却忧心忡忡的买办集团站在一起。阶级的联系强于民族的联系，刚刚获得的政治独立就成了赝品。被帝国主义支持的有产阶级混合体，会使出全部力量去镇压追求真正民族独立和社会解放的群众运动，并建立起虽不是法律上的，却是事实上的旧政权。可以合理想象，国民党不敢冒犯地主的利益，也会拒绝对商人和高利贷者进行干涉。在寻求改善劳动者的悲惨境遇时，它害怕引起企业界尤其是西方企业的敌意。它渴望获得帝

① 萨米尔·阿明．世界规模的积累——欠发达理论批判[M]．北京：社会科学文献出版社，2016：285－286.

国主义的青睐。在最好的情况下，允诺民权和民生主义原则，却由于受到私人财产原则的约束，只能设想超脱于对抗阶级的斗争之上，用小改革代替根本性的革命。这个本质上地主、买办和官僚资产阶级专政的政权，在建设工业国的斗争中不可能实行真正的领导。

1949年中国共产党的执政曾被美国视为不祥的意外。[①] 阿明曾说，“毛泽东领导的社会革命奠定了中国经济增长的基础”。[②] 中国共产党领导了一场反帝反封建的民族解放运动，把走工业资本主义道路的进步资产阶级、寻求社会主义前途的知识分子和工人、农民结成统一战线。革命的特殊性在于，它不是一场止步在反帝反封建的资产阶级革命。毛泽东在1940年就宣布：“使革命向前发展，建立一个社会主义的社会。”[③] 社会主义改造的措施扼杀了巴兰说的“独立后的各阶级之间的斗争使之前微妙地结合在一起的社会联盟重新分崩离析”的苗头：①土地改革和农业合作化消灭了旧的和潜在的地主豪绅，寄生性的地主主义作为一种生产关系和一种思想意识被破坏了。受惠于土地改革的农民有义务接受国家的动员，投资工业发展计划最初主要依赖农业剩余。②剥夺了外国在华的和官僚资本的财产，资本主义工商业的社会主义改造消灭了潜在的工业垄断者，杜绝因过度消费、资本外流等原因造成的对剩余的消耗。③资本积累和工业力量从一开始就掌握在人民民主专政的国家政权的手里，剩余被有力量地恰当地支配，为雄心勃勃的工业化计划融资。优先发展重工业，建立起中华民族自己的基础工业。④到1956年，作为一个发挥职能的社会集团的资产阶级在中国已经被消灭了。在市场经济体制改革以后，涌现出许多的允许其发挥市场经济功能的、承认其

① “一个不幸然而不可避免的事实是中国内战不祥的结局远非美国政府所能控制。美国所做的一切或者在其能力的合理范围内所能做的一切都不能改变这一结局……它是中国国内力量的产物，这种力量美国曾试图加以影响，但却未能奏效。”美国国务院：《美国对华关系》第16页（华盛顿，1949年）。

② 萨米尔·阿明．全球化时代的资本主义——对当代社会的管理[M]．北京：中国人民大学出版社，2005：88.

③ 毛泽东选集（第二卷）[M]．北京：人民出版社，1991：666.

对特定事物享有直接的支配和排他的权利（包括所有权）的企业家，“不操纵国民之生计”的非公有制经济受到支持，这是因为社会主义还处在不发达的阶段的缘故。但是，在公有制主体地位的宪法规定下，操纵国民之生计的、规模过大的或有独占性质的垄断组织归国家所有、由国家经营管理，非公有制经济限定在中等规模和小规模生产的产业内，与社会主义公有制经济相联系。

在共产党的领导下，民营企业家是作为个人存在的，不能被组织成中国社会的一个清晰的独立实体。“先富起来”和“共同富裕”的关系不支持一个“市民社会”的出现，私有制不是一种权力关系。这个群体的追求四个现代化的、爱国的部分和工人、农民、其他小生产者、这些阶级的知识分子一道，结成类似新民主主义革命时期的进步资产阶级和工人、农民、小资产阶级、知识分子的统一战线。1982 年《宪法》重新把企业家和小企业主作为社会主义事业的建设者、拥护社会主义的爱国者，把侨居海外的民族资产阶级作为拥护祖国统一和致力于中华民族伟大复兴的爱国者纳入统一战线。① 追求四个现代化指向工业主义，爱国意味着独立自主的民族经济。这个非常特殊的社会基础，使我国既融入了世界经济体系，又要与中心—外围的不平等结构作斗争，获得了真正的发展，而不是畸形的依附和或迟或早的停滞。

流行的观点把高速经济增长简单地归因于对外开放、出口贸易和外国直接投资。没有给改革开放做一个系统、全面的总结，不能做到这一点意味着，没有能够对融入世界体系而产生的积极变化和那些可能产生消极影响的变化加以区别，这可能为帝国主义主导的中心—外围的不平等结构对中华民族和中国人民 70 年生产斗争的果实进行事实上的侵犯打开方便之门。纠正这样的观点就是捍卫生产斗争的果实。

① 1982 年《宪法》经 1988 年、1993 年、1999 年、2004 年、2018 年五次修订。它规定，“社会主义的建设事业必须依靠工人、农民和知识分子，团结一切可以团结的力量。……包括全体社会主义劳动者、社会主义事业的建设者、拥护社会主义的爱国者、拥护祖国统一和致力于中华民族伟大复兴的爱国者的广泛的爱国统一战线”。

二、混合所有制结构的公有制主体地位确保剩余的生产性投资

巴兰坚称，私人资本主义并不总是意味着经济发展、技术进步和社会变革。[①] 只有在源源不断地赚取利润和有机会赚取滔天利润的地方，私人资本主义才会引起国家的经济进步。这种情况在历史上只在西欧和北美发生过。[②] 西欧的商人资本与航海事业结合向世界其他地区渗透，竭力攫取热带产品、东方手工艺品、奴隶和金矿。商人资本参加制造业以获得稳定和廉价的用于海外征战的航船、武装和装备，这给了科学发明和技术进步巨大的助推。海外征战掠夺的受害国以前积累的和现时生产的财富的一大部分，成了西欧人可支配的剩余，变成了资本主义累积性进步的基础。北美是西欧人永久定居的新大陆，天然携带着西欧人的野心、征战的基因和技术。但这只不过是资本主义全景的一角。

另一角，在落后国家，私人资本主义象征着一种经济停滞、技术陈旧、社会落后的制度。落后国家的独立的资本主义工业化是不可能的，落后国家的私人资本不具备与西方垄断资本竞争的可能。巴兰的分析从“落后国家的国内市场是谁的市场”开始。[③] 殖民地和附属国内的各种制成品市场都未能成为这些国家的“内部市场”。这些市场被殖民者和不平等条约轰开，成了西方资本主义“内部市场”的附属物。这大大刺激了西方工业的增长，却熄灭了落后国家工业的火苗，没有这种火苗，这些国家就谈不上工业发展。这些国家处于保护幼年工业的历史关键时刻，却被迫经历一种扼杀幼年工业的社会体制，从而影响了后续的发展。这些国家对制成品需求十分有限，而进口商品大量涌入（且廉价供应），使它的面向国内市场的民族工业再无有利可图的机会。而

① 保罗·巴兰．增长的政治经济学[M]．北京：商务印书馆，2000：253.

② 日本是资产阶级国家资本主义。

③ 保罗·巴兰．增长的政治经济学[M]．北京：商务印书馆，2000：253.

且，没有这类投资，也就不会有进一步投资的可能。因为投资是由投资来推动的。正如投资的自我推进一样，缺乏投资就只能长期缺乏下去。

巴兰从三个方面考察西方垄断资本对落后国家的影响：[①] ①西方企业的资本输出很少。海外投资主要还是来源于海外投资利润的反馈。很大一部分投资被用于购置母国生产的设备，因为东道国不生产那些机器，或他们偏爱母国制造的设备。结果是西方市场的扩大，而不是落后国家市场的扩大。②西方工业的利润（包括高级管理人员的个人积蓄）大多汇到境外。它们对落后国家资本形成的贡献比本国工业还要小。本地工人的劳动几乎不需要什么技术，他们的工资极低，仅够勉强糊口。低工资者的收入一般用于购买农产品、手工业品和基本消费品，对落后国家市场的扩大意义不大。③国家间的劳动分工和专业化生产形成了畸形经济，贩卖不可再生的矿产、耗竭地力的农产品和廉价劳动力的初级经济在亚非拉的大部分地区随处可见。外国人（通常与国内利益集团联合）创办的大规模现代化工厂垄断了落后国家的市场。它没有促进落后国家劳动分工的深化和生产率的增长，倒是阻碍了民族资本从流通领域进入工业生产领域，延长了商业资本主义阶段。

落后国家实施生产的国有化对帝国主义是个致命威胁。国家所有制和私人所有制有一个根本的区别：私有制下，消费和剩余之间的分配，是由利润最大化的追求支配的，也就是由生产资料的不平等占有状况决定的；国有制下，消费和剩余之间的分配，是由工业化战略要求的自觉的决策支配的，自然法则被有意识地制约和驾驭。单个资本家是软弱和依附的。资产阶级个人可以生活腐化铺张，模仿西方上流社会的生活方式，把剩余用在非生产性的活动。在生产性投资方面，面对西方垄断资本的先进技术和大规模生产的碾压性竞争，单个资本家感觉惹不起，要么充当贩卖国家利益的外国附庸，要么从工业生产退到流通（商业和

① 保罗·巴兰．增长的政治经济学[M]．北京：商务印书馆，2000：268.

金融），要么出逃海外。国有制不可能外逃，它的剩余非常可观地被用于生产性投资。不合法的非生产支出，不可能系统地不受到任何惩罚。攻关某一工业门类时，可以使国有制经济进入；有必要的话，可以不计盈亏地持续投入，在西方垄断的领域发起挑战。

这样，国有制经济负责建设重工业的基础产业，负责赶超西方技术，为国家的内部市场搭建主骨架：①国有经济支配的剩余只用于本国的资本形成。一旦技术条件允许，一个接一个行业就会以国产设备替代进口设备，为各类所有制的民族装备工业创造市场机会。②大部分盈利（包括属于公务员的高级管理人员的个人积蓄）留在境内。国有制经济的技术攻关和技术溢出，逐步提高民族工业在国际分工链条的附加值，提高工人劳动的技术含量和报酬，为各类所有制的民族消费工业创造有意义的购买力。③国有制经济的技术攻关，以及捕捉了它带动的产业机遇，完成一定积累的、有雄心的非公有制经济的技术攻关，改变了国家原初的资源禀赋。从只凭农产品和劳动密集型加工制造品参与国际劳动分工，逐步地在资本和技术密集行业获得竞争力。

根据阿明的观点，工业主义在美日欧有成为唯一的生产方式的趋势，第三世界则趋于一种附属性的商业买办资本占据优势的结构。经济基础的残缺不全促使寄生性的买办资产阶级成为统治集团。这种政治关系严格地束缚了工业主义，完全不同于美日欧的统治集团。反过来巩固了中心—外围的结构性统治。我国“融入”世界体系的前途异于第三世界诸国、确立工业主义的生产方式、突破中心—外围的结构性统治，完全归功于新民主主义革命和社会主义改造后的经济基础。

经济体制改革和对外开放以来，占主体地位的公有制率领中华民族的资本（公有和非公有的）进行生产性投资，尤其是投向工业部门，造就了城乡持续的繁荣。否则，只在外国投资的基础上，是无法解释异乎寻常的中华民族工业力量的崛起的。如果以全社会固定资产投资摹拟生产性投资，那么，1981—2005 年，我国的全社会固定资产投资几乎全部由国内预算内资金、国内贷款、自筹资金筹集，利用外资在全社会固定资产投资中的份额几乎可以忽略不计（见图3.1）。2006—2017年，我国的全社会固定资产投资几乎全部由内资企业固定资产投资完成，外商投资占全社会固定资产投资的份额亦几乎可以忽略不计（见图3.2）。

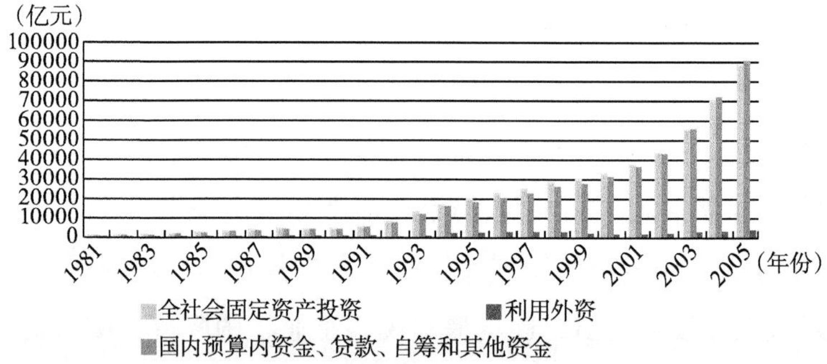

图3.1　1981—2005年全社会固定资产投资，国内预算内资金、贷款、自筹和其他资金及利用外资①

资料来源：国家统计局．新中国60年［M］．北京：中国统计出版社，2009.

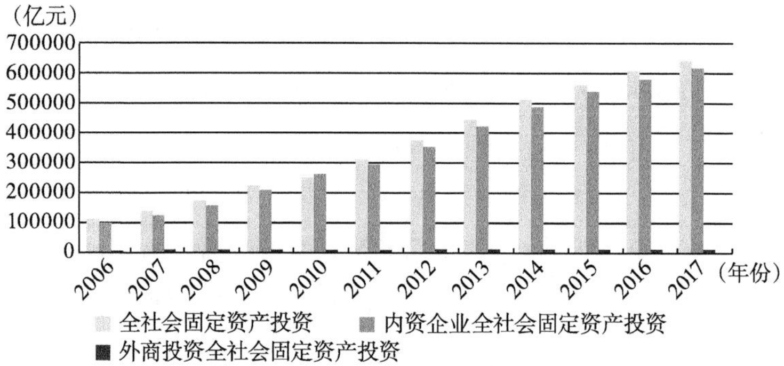

图3.2　2006—2017年内资企业全社会固定资产投资、外商投资全社会固定资产投资和全社会固定资产投资②

资料来源：中华人民共和国国家统计局国家数据，http：//data. stats. gov. cn.

1980—2011年，国有占全社会固定资产投资的份额从88.87%逐年下降，到2011年占比26.49%，首次被有限责任公司的份额（27.69%）超

① 国家统计局提供的此项数据截至2005年。

② 国家统计局提供的此项数据截至2017年。

过，有限责任公司（以及股份合作、联营、股份有限公司）的所有制性质不明。2013年，国有的份额进一步下降到24.61%，首次被私营的份额（26.65%）超过。这一趋势延续下来。如图3.3、图3.4所示。

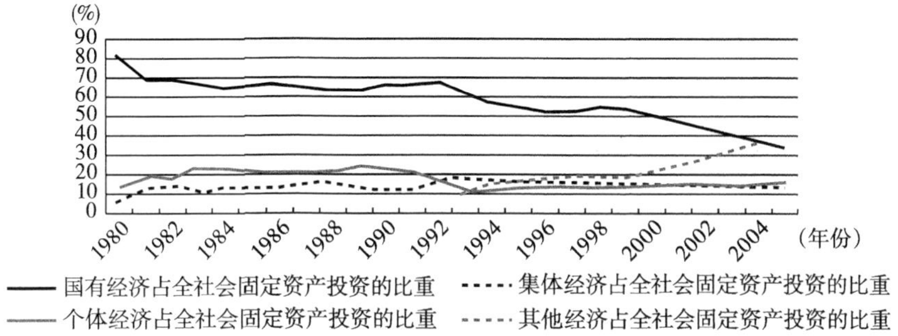

图3.3　1980—2005年各类所有制占全社会固定资产投资的比重

资料来源：2005年前的数据来自国家统计局国民经济综合统计司．新中国五十五年统计资料汇编［M］．北京：中国统计出版社，2005；2005年的数据来自：国家统计局．中国统计年鉴—2006［M］．北京：中国统计出版社，2006.

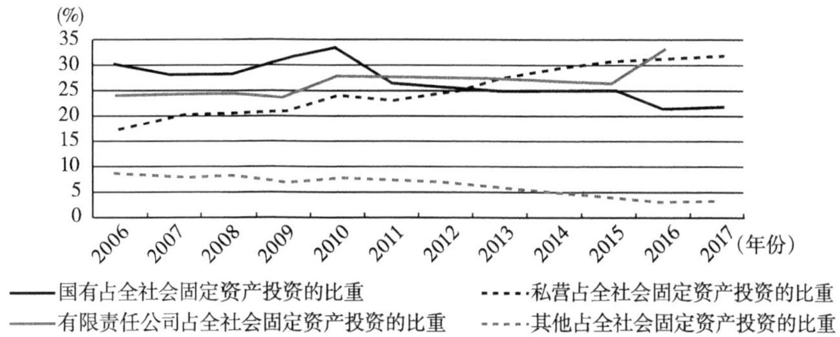

图3.4　2006—2017年各类所有制占全社会固定资产投资的比重①

注：其他指股份合作、联营和股份有限责任公司。

资料来源：中华人民共和国国家统计局国家数据，http：//data. stats. gov. cn。

生产性投资用于发展民族工业的结果是，1989年，中国企业第一次登上世界500强排行榜。1995年，中国有三家企业登上世界500强排

① 国家统计局提供的此项数据截至2017年。

行榜，第一次拥有一家上榜的工业企业。2020 年中国（含香港）公司数量达到 124 家，历史上第一次超过美国（121 家）。[①] 1995—2020 年世界 500 强中国、美国、日本上榜企业数变化趋势见图 3.5。

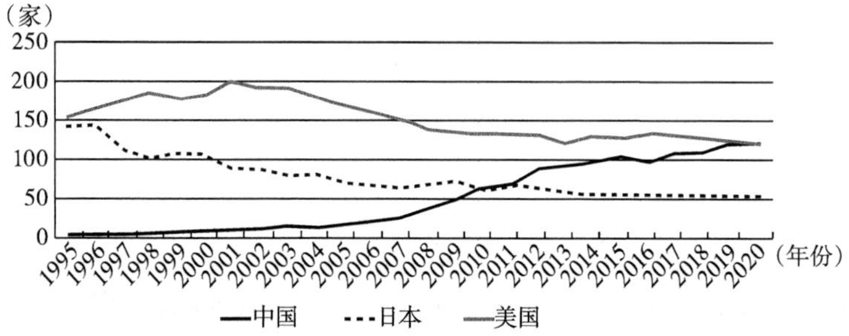

图 3.5　1995—2020 年世界 500 强中国、日本、美国上榜企业数变化趋势

资料来源：财富中文网，http：//www.fortunechina.com/。

从 2020 年世界 500 强的中国企业统计数字看，工业制造业占 65%，金融业占 23%，商业占 12%（见图 3.6）。毫无疑问，这首先归因于公有制经济为内部市场搭建的主骨架、带动非公有制经济从流通（商业和金融）进入（工业）生产。此外，在政策和法律上不断地纠正资金脱实向虚的趋势，要求金融产品符合民生和生产发展的需要；资本账户管制以掌控资本从国家资本账户等的流进和流出，抑制资本从工业生产退到流通（商业和金融）；《中华人民共和国土地管理法》规定农村土地属于村农民集体所有，城市土地属于社会主义国家所有，扼制了垄断城乡土地的大地主阶级的产生。这些政策和法规共同防范民族资本蜕变为依附外国的商人资本。

阿明把第三世界工业化的特征归纳为三点：①生产率在部门间的不均衡性；②经济体制的脱节；③外部的优势地位。[②] 意思是，在美日欧，技术进步的受益面总是扩大到所有经济实体中，人均产值的差距不

① 财富中文网的数据.http://www.fortunechina.com/。

② 萨米尔·阿明.世界规模的积累——欠发达理论批判[M].北京:社会科学文献出版社，2016:16-18.

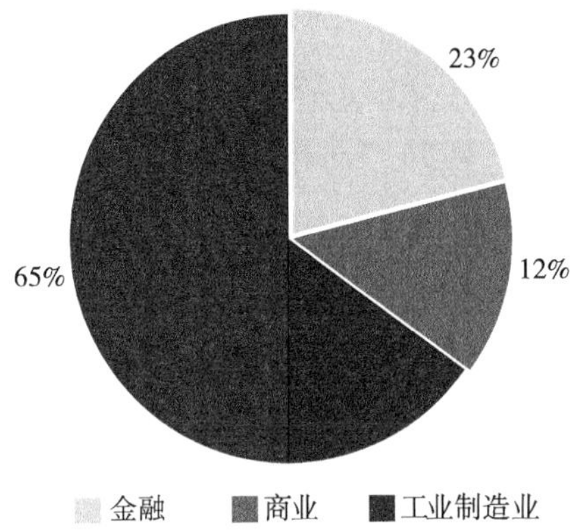

图 3.6 2020 年世界 500 强企业中中国企业的金融、商业和工业制造业分布

资料来源：根据 2020 年世界 500 强中国企业完整名单计算。

大，差别最大的部门之间的比例约 1:2 或 1:3。而在第三世界，部门间人均产值的差距达到 1:4、1:10 或更大。推广技术进步的经济力量要么不起作用，要么作用十分有限。症结是“外围”的经济部门之间互不沟通导致的“脱节”。“外围”的经济是由平行的部门构成的，彼此之间的交换微不足道，它们主要是同外国企业或国际大公司的子公司交换：矿业采掘不是用来支持当地的下游工业，而是输出国外，以支持“中心”的联合工业集团；“外围”有时也存在外国的或本国的最先进的轻工业集团，但由于基础工业薄弱，生产消费品的工业设备和半成品的供应严重依赖“中心”，它们不起组合作用，只是直接面向最终消费，彼此之间也只有少量交换；交通、商业及金融服务是为与“中心”工业的交换做配套的；农村经济的商品化也大部分服务于外国的需求（为出口“种植园产品”而生产）。经济的脱节源于任何一种能起带动作用的部门（基础工业）只有“中心”才拥有。阿明的观点是，第三世界只有走出美日欧控制的世界市场，才有可能实现自身发展。理由是，“中心”在“外围”建立的工业是外向型的和轻型的。[①] 外向型经

① 萨米尔·阿明. 世界规模的积累——欠发达理论批判[M]. 北京：社会科学文献出版社，2016：4－7.

济是“扭曲”的，是“中心”的生产率在一切领域占有优势造成的，这就把“外围”限制在补充性的产品供应者的地位。优先发展“轻型”部门以及与此同时在这些部门使用现代生产技术，是由“外围”发展的补充性特点决定的。世界体系固有的扩大市场和输出资本的趋势只是加深了“外围”的依赖：在美日欧，资本主义生产方式以国内市场为基础，有严格的排他性；在第三世界，根据“中心”与“外围”的比较优势分工的特殊专业化，越增长越脱节。

在第三世界，我国是唯一组织成统一的、类似“中心”的结构的经济，这是一个经济体兴起的关键特征。经济的各个组成部门之间进行着大量“工业间”或“部门间”的交换、互相补充和支持：采掘工业和能源工业向基础工业提供主要原料；基础工业生产设备和半成品，支持轻工业和现代化农业（工业化了的农业）；轻工业和现代化农业提供最终消费品。尽管它的一些部门直接与外国交换，如外向型的采掘部门、外向型的加工部门，但即使这些部门也同时与本国的部门发生交换，经济是不脱节的：矿业采掘也支持当地的下游工业，有中华民族的联合工业集团构成经济的动力中心；轻工业必需的工业设备和半成品，虽仍有一部分只能依靠外国的“冠军工业”供应，但有越来越大的部分可以由本民族的基础工业供应，轻工业和基础工业起组合作用；交通、金融掌握在国家手里，为民族工业做配套；商业既面向国外市场，也面向国内市场；农村经济的商品化主要服务于当地的需求。这是一个“中心型”结构的经济，即使离开对外关系也可以完成它的内部循环；自中国共产党领导工人、农民、小生产者、民族资产阶级取得新民主主义革命的胜利以及革命胜利后建立人民民主专政的国家政权以来，中国的经济再也没有沦为一个由西方控制和塑造的“外围型”结构。

从统计数字看，我国与世界体系交换的产品结构不断高级化：1980年，我国出口产品的50%以上是初级产品，2018年的出口商品中工业制成品占比已达到94.56%，初级产品占比下降到5.4%（见图3.7）。出口的工业制成品中，机电产品占比58.8%，高新技术产品占比28.8%①。

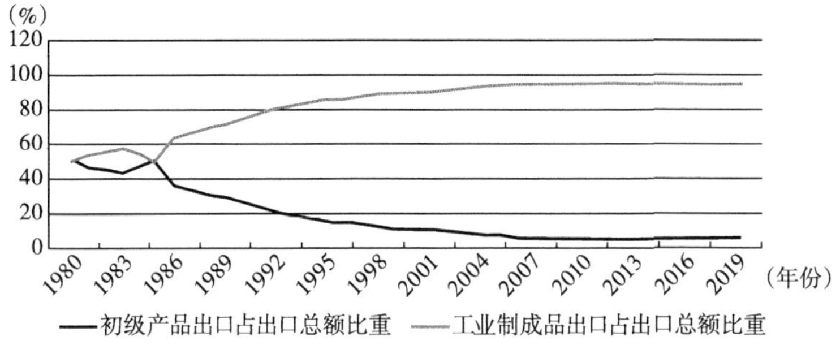

图3.7　1980—2018年初级产品和工业制成品出口占出口总额比重

资料来源：2009年前的数据来自国家统计局．新中国60年［M］．北京：中国统计出版社，2009；2009年后的数据来自中华人民共和国国家统计局国家数据，http：//data.stats.gov.cn。

第五节　本章小结

那种割断改革开放和社会主义现代化建设的历史时期与社会主义革命和建设的历史时期的联系，把两个历史时期对立起来；那种仅仅把改革等同于市场路线的改革；那种热衷谈市场路线的改革和对外开放，而闭口不谈共产党的领导；那种不深入各社会阶级结成统一战线的层次谈党的领导的理论阐述，没能从劳动人民和中华民族的立场出发对改革开放产生的积极变化和那些可能产生消极影响的变化加以区别，没能对党如何领导社会各阶级的统一战线与那些消极变化做伟大斗争加以解释。尽管口头上对改革开放表示肯定，如果不对过去进行明确的尽可能透彻的分析，也是很难正确地找到将来的方向的。

在建设新的社会秩序时明确地拒绝资本主义，这不是马克思主义，

① 根据国家海关总署2019年1月公布的数据。

而是乌托邦主义。[①] 农村经济体制改革经历了合作化农业的退却、个体耕作制度的短暂繁荣，释放自由的劳动力，这完全符合马克思的现代史的概念。城镇经济体制改革强调劳动专业化分工和“科学管理”对劳动的权威，这也符合马克思的现代史的概念。闭关锁国绝不是道德的优势，它绝不能与独立自主画等号。对外开放的目标是利用“正常对外贸易”使中国实现现代化，并且还要摆脱帝国主义大国的不平等结构。

所谓“兴起”，并不是如世界银行、西方强权所控制的援助机构和传统经济学家所说的，以国内生产总值的长期增长或更高水平的人均GDP来衡量。“兴起”有更丰富的内涵：工业生产的持续增长、强化这些产业在全球的竞争力。要使生产体系具备竞争力，经济体就必须具备多个生产部门和分支，它们之间要充分相互依存。现实中的生产体系会有“先进”程度的差别。它进行的是“一般”的生产，抑或高新科技？它在生产附加值产品的阶梯上，究竟爬到哪一个阶段？要实现这个庞复的目标，需要捍卫涉及经济生活所有面向的主权。[②]

断言中国特色社会主义道路只是现代化的中国道路是错误的，中国特色社会主义是社会主义的中国道路，是不发达的社会主义，现代化是建成发达的社会主义的物质基础。邓小平自始至终强调，要在中国实现四个现代化，就必须在思想政治上坚持四项基本原则。[③] 1979年第一次提出这个原则时，邓小平指出这一原则指导下的外交方针是，团结世界人民反对霸权主义，改变世界政治力量对比。他指出新时期的外交原则仍然是“毛泽东晚年制定的关于划分三个世界的战略，中国站在第三

① 马克思怀着深切的同情描述了广大工厂和人口拥挤的城市中日益壮大的无产阶级所受的非人待遇，描述了把农民从他们的土地上赶走、根除被他们奉为传统和习惯的旧的社会生活的过程，把这视为人类可悲的牺牲。但是，根据马克思的观点，这是历史进步的代价。这种代价是必须付出的。正是这个受到非人待遇的无产阶级终究会成为人类解放的动力。

② 萨米尔·阿明．当代资本主义体系的内爆[J]．政治经济学评论，2013(3).

③ 社会主义市场经济的优越性在哪里？就在四个坚持，四个坚持集中体现在党的领导。参考：邓小平晚年对四项基本原则的新论断[N]．学习时报，2014－09－01.

世界一边，加强同第三世界国家的团结，争取第二世界国家共同反霸，并且同美国、日本建立正常外交关系”。[①]

① 邓小平:《坚持四项基本原则》(1979 年 3 月 30 日)。

第四章
新时代、新发展理念与高质量工业化

中国特色社会主义进入新时代，总任务是实现社会主义现代化和中华民族伟大复兴，这是对老一辈革命家终生为之奋斗的目标——“实现国家的社会主义工业化”① 的继承。习近平总书记创造性地提出了创新、协调、绿色、开放、共享的发展理念。强调创新发展注重的是解决发展动力问题；协调发展注重的是解决发展不平衡问题，共享发展注重的是解决社会公平正义问题，这两者是以人民为中心的发展思想的具体化；开放发展注重的是解决发展内外联动的问题。

第一节 创新发展

当今世界百年未有之大变局加速演进，国际环境错综复杂，世界经济陷入低迷，全球产业链供应链面临重塑，不稳定性不确定性明显增强。科技创新成为国际战略博弈的主要战场，围绕科技制高点的竞争空

① 毛泽东著作选读(下册)[M]. 北京:人民出版社,1986:704.

前激烈。[①] 在制约发展的关键核心技术上如何推动自主可控？在原始创新上如何取得新突破？

一、完善关键核心技术攻关的新型举国体制

关键核心技术被定义为需要长期高投入的研究开发且具备关键性与独特性的技术体系，难以模仿，需要长时间的高强度投入方能突破。[②] 关键核心技术的攻克离不开原始创新上的突破。区分一个国家（及地区）经济发展或停滞的重要特征性标准是劳动生产率是否得到提升。劳动生产率的提升可以通过三种方式实现：①经济中用于生产性投资的资本的积累；②技术进步；③经济活动的组织方式的进步。[③] 关键核心技术攻关就是通过技术进步的方式实现劳动生产率的提升。技术进步是经济活动的源头活水，这种活动和其他一切经济活动一样，通过组织方式的进步来保障其实现。

传统举国体制的实质是在科学发现和科学在生产的应用上运用社会主义计划体制的组织方式。在工业和科学技术的一切领域，我们都是追赶者。毛泽东吹响“向科学进军”的号角，提出“自力更生为主，争取外援为辅”的路线。面对严苛的外部环境（西方的封锁禁运一直持续到尼克松 1972 年访华，1959—1960 年苏联单方面撕毁合同、撤走全部专家），我国走出一条独立自主、自力更生、举国体制协同攻关的道路。这一体制是一种“以任务带学科”的模式，[④] 由政治挂帅、行政协

---

① 习近平．在中国科学院第二十次院士大会、中国工程院第十五次院士大会、中国科协第十次全国代表大会上的讲话（2021 年 5 月 28 日）[EB/OL]．中国政府网，2021-05-28. http://www.gov.cn/xinwen/2021-05/28/content_5613746.htm.

② 陈劲，阳镇，朱子钦．“十四五”时期“卡脖子”技术的破解：识别框架、战略转向与突破路径[J]．改革，2020(12):5-15.

③ Oscae Lange. Economic Development, Planning and International Cooperation[R]. Cairo, Central Bank of Egypt, 1961.

④ 黄涛．构建新型科技创新举国体制应把握好三个均衡[N]．学习时报，2018-10-31(006).

调和技术民主集中制三部分构成。[①] 以“两弹一星”为例，该项目直接面向国家发展和国防建设需求，成立“中央专门委员会”（俗称“十五人专门委员会”）领导攻关工作，由周恩来挂帅，7位副总理和7位部长级领导担任委员。由陈云、聂荣臻、薄一波组成“三人小组”协调各方面的问题。重点任用科学领袖、定向培养人才，使技术上的指挥和民主协商相结合。

社会主义市场经济条件下新型举国体制的实质是以科学发现和科学在生产上的应用为基础，通过政府力量和市场力量协同发力，综合运用行政的和市场的诸种手段[②]的一种组织方式。“十二五”以来特别是党的十八大以来，我国科技创新步入以跟踪为主转向跟踪和并跑、领跑并存的新阶段。[③] 2015年习近平总书记在《关于〈中共中央关于制定国民经济和社会发展第十三个五年规划的建议〉的说明》中第一次提出发挥市场经济条件下新型举国体制优势。[④] 2021年5月28日在中国科学院第二十次院士大会、中国工程院第十五次院士大会、中国科协第十次全国代表大会上，习近平总书记阐释了“社会主义市场经济条件下新型举国体制”，即推动有效市场和有为政府更好结合，充分发挥市场在资源配置中的决定性作用。[⑤]

传统举国体制的产品不直接面向市场，新型举国体制的产品直接面向市场；传统举国体制由政府财政投入，新型举国体制除了政府财政投

---

① 薛澜谈新型举国体制：真正卡住我们脖子的是什么？[EB/OL]. 知识分子，2020-10-28. http://zhishifenzi.com/depth/innovationview/10286?category=multiple.

② 中共中央宣传部. 习近平新时代中国特色社会主义思想学习问答[M]. 北京：学习出版社，人民出版社，2021：253.

③ 中华人民共和国国务院. “十三五”国家科技创新规划：国发〔2016〕43号[A/OL]. 2016-07-28. http://education.news.cn/2016-08/08/c_129213939.htm.

④ 习近平. 关于《中共中央关于制定国民经济和社会发展第十三个五年规划的建议》的说明[J]. 求是，2015(22).

⑤ 习近平. 在中国科学院第二十次院士大会、中国工程院第十五次院士大会、中国科协第十次全国代表大会上的讲话（2021年5月28日）[EB/OL]. 中国政府网，2021-05-28. http://www.gov.cn/xinwen/2021-05/28/content_5613746.htm.

入外，还引导社会资金投入。一言概之，新型举国体制是引入了市场机制的举国体制。关键是，有为政府和有效市场如何结合？有的观点认为，政府和市场要在基础研究和应用研究上分工。① 政府更多地在“市场失灵”的领域替代市场实现对资源的有效配置。② 尽量将行政动员机制功能边界锁定在市场机制不能为之的领域与范围。③ 有的观点认为，政府负责优化制度环境与营商环境，尤其是知识产权保护制度，创新的主体是市场上各类企业。④ 有的观点认为，国家只起引导市场的作用。⑤ 还有的观点认为，国家意志的凝聚与产业需求难以一致，主张降低科技计划作为资源配置的重要方式。⑥ 主张以企业为主组建创新联合体。⑦ 上述理解显然受到了正统经济学范式的束缚，这一分析范式对国家角色的理解限定在“修复”市场失灵，至多承认“基础科学研究”的高外溢性使私人部门投资不足，此时国家投资才是正当的。次贷危机之后，即使是华盛顿（特朗普和拜登两届政府）也对这一范式产生了不满，转而赞成一种更加依赖政府积极参与的科技竞争模式。⑧

习近平总书记在2012年12月中央经济工作会议和《中共中央关于全面深化改革若干重大问题的决定》中指出，在支持创新、增加经济

① 陈劲，阳镇，朱子钦．“十四五”时期“卡脖子”技术的破解：识别框架、战略转向与突破路径[J]．改革，2020(12)：5－15.

② 李哲，苏楠．社会主义市场经济条件下科技创新的新型举国体制研究[J]．中国科技论坛，2014(2)：5－10.

③ 叶青，李清均．新型举国体制进路：经验证据、机理分析、路径优化[J]．经济纵横，2021(3)：127－132.

④ 周绍东．创新不问“出身” 英雄不问出处[N]．湖北日报，2021－05－16(007).

⑤ 任平．新型举国体制助力重大科技创新[N]．人民日报，2016－01－26(007).

⑥ 柳卸林．二代创新与自主创新——建设创新型国家，我们需要改变什么[J]．工业技术经济，2012(9)：6－8.

⑦ 刘勇．面向2035年中国制造业发展的新要求和对策[J]．中国经济学人(英文版)网络首发，2021－01－09.

⑧ Shannon K. O. Neil. Protection Without Protectionism, Getting Industrial Policy Right[J]. Foreign Affairs, 2021(1/2).

发展动力和活力、[①] 推动可持续发展[②]方面，坚持发挥我国社会主义制度的优越性、发挥党和政府的积极作用；另外，习近平总书记在《关于〈中共中央关于全面深化改革若干重大问题的决定〉的说明》中指出，“必须正确处理好政府和市场关系，实际上就是要处理好在资源配置中市场起决定性作用还是政府起决定性作用这个问题。中央认为对这个问题从理论上做出新的表述条件已经成熟，应该把市场在资源配置中的‘基础性作用’修改为‘决定性作用’”；[③] 但是，2014 年 3 月习近平总书记在中央财经领导小组第五次会议上进一步指出，市场起决定性作用，是从总体上讲的，不能盲目绝对讲市场起决定性作用，有的领域就是政府起决定性作用。特别提到带有战略性的领域。[④] 非正统经济学认为，国家应对人类共同挑战、领导革命性的技术变迁、创造和塑形新的市场，这种市场具备点燃增长的潜在可能性，使增长是由创新引领、内生和可持续的。以下拟探讨在关键核心技术攻关（和原始创新）活动上，有为政府和有效市场如何结合。

二、坚持党对科技事业的全面领导，观大势、谋全局、抓根本

坚持自主创新、重点跨越、支撑发展、引领未来的指导方针[⑤]，党中央瞄准国家急迫需要和长远需求，拓宽里程碑式的技术机会。宏观世界大至天体运行、星系演化、宇宙起源，微观世界小至基因编辑、粒子结构、量子调控，抢占世界科技发展的最前沿。

---

① 中央经济工作会议在北京举行 习近平温家宝李克强作重要讲话[EB/OL]. 2012 - 12 - 17. http://cpc. people. com. cn/n/2012/1217/c64094 - 19914709. html.

②③ 习近平. 关于《中共中央关于全面深化改革若干重大问题的决定》的说明(2013 年 11 月 9 日),十八大以来重要文献选编(上)[M]. 北京:中央文献出版社,2014:498.

④ 中共中央文献研究室. 习近平关于社会主义经济建设论述摘编,习近平在中央财经领导小组第五次会议上的讲话(2014 年 3 月 14 日)[M]. 北京:中央文献出版社,2017:57 - 58.

⑤ 中华人民共和国国务院. “十三五”国家科技创新规划:国发〔2016〕43 号[A/OL]. 2016 - 07 - 28. http://education. news. cn/2016 - 08/08/c_129213939. htm.

党的十八大以来，我国在全球创新版图中的地位进一步提升，[①] 基础研究和战略高技术从量的积累迈向质的飞跃、从点的突破迈向系统能力的提升，党和政府是这些历史性成就的关键性的、大胆的动议、组织、支持和行动者。党和政府牵头周期长、风险大、难度高、前景好的战略性科学计划和科学工程。[②] 愿意承担市场不愿承担的风险。党对科技事业的全面领导是转化性的，瞄准“宏大想象”。“十四五”规划和2035年远景目标在战略导向上就是瞄准解决人类面临的重大挑战、抢抓全球科技发展先机、在基础前沿领域争先。

在这个方面，市场是盲目的，其往往对社会和环境的忧虑视而不见，一头扎进次优的、路径依赖的方向，并自我强化。劳动力成本在逐步上升，资源环境承载能力达到了瓶颈，旧的生产函数组合方式已经难以持续。在这种情况下，指导新一轮科技、产业、科学研究范式的革命、学科交叉融合的方向，绝大部分是党中央战略决策的结果，不是市场自发产生的。私人投资只在“方向”已经被“捡拾”以后才会闯入。[③] 在许多关键技术开发的背后是党对科技事业的全面领导，这些技术稍后由企业部门整合，成为突破性的创新。

党对科技事业的全面领导以中长期规划（计划）的形式体现。关于计划和市场之间的关系，霍瓦特（Branko Horvat，1982）曾如此总结20世纪三四十年代围绕社会主义计划的争论：“我们需要市场作为计划的一种手段……计划作为高效市场的前提条件。”[④] 根据他的设想，计划和市场是互补的，而不是抵触的；计划先置于市场。他考虑了社会主

---

① 中华人民共和国国务院．“十三五”国家科技创新规划：国发〔2016〕43号［A/OL］．2016－07－28．http://education.news.cn/2016－08/08/c_129213939.htm.

② 习近平．在中国科学院第二十次院士大会、中国工程院第十五次院士大会、中国科协第十次全国代表大会上的讲话（2021年5月28日）［EB/OL］．中国政府网，2021－05－28．http://www.gov.cn/xinwen/2021－05/28/content_5613746.htm.

③ Mariana Mazzucato. The Entrepreneurial State：Debunking Public VS. Private Sector Myths［M］. New York：Public Affairs，2015.

④ Branko Horvat. The Political Economy of Socialism［M］. Oxford：Martin Robertson，1982：332.

义计划的主要功能:"作为预测的工具,作为协调经济决策的工具,作为指导经济发展的工具,以及对它的各个器官的指导。"[①] 波兰尼(Karl Paul Polanyi,1944)持有类似观点。[②] 习近平总书记在第十八届中央政治局第十五次集体学习时的讲话指出,坚持党的领导,发挥党总揽全局、协调各方的领导核心作用,是我国社会主义市场经济体制的一个重要特征。[③] 党的领导对市场起先置作用,"我们是在中国共产党领导和社会主义制度的大前提下发展市场经济"。[④]

党在观大势、谋全局、抓根本的过程中,如何把方向搞清楚,把重点搞清楚?[⑤]

第一,坚持问题导向,奔着最紧急、最紧迫的问题去。要从国家急迫需要和长远需求出发。比如,农业方面,很多种子大量依赖国外,农产品种植和加工技术相对落后,一些地区农业面源污染、耕地重金属污染严重。工业方面,一些关键核心技术受制于人,部分关键元器件、零部件、原材料依赖进口。能源资源方面,石油对外依存度达到70%以上,油气勘探开发、新能源技术发展不足;水资源空间分布失衡,带来不少问题。社会方面,人口老龄化程度不断加深,人民对健康生活的要求不断提升,生物医药、医疗设备等领域科技发展滞后问题日益凸显。[⑥] 全力在石油天然气、基础原材料、高端芯片、工业软件、农作物种子、科学试验用仪器设备、化学制剂等的关键核心技术上攻坚,加快突

① Branko Horvat. The Political Economy of Socialism[M]. Oxford: Martin Robertson,1982:333-334.

② 卡尔·波兰尼. 大转型:我们时代的政治与经济起源[M]. 冯钢,刘阳,译. 杭州:浙江人民出版社,2007:119-120.

③ 中共中央文献研究室. 习近平关于社会主义政治建设论述摘编,习近平在第十八届中央政治局第十五次集体学习时的讲话(2014年5月26日)[M]. 北京:中央文献出版社,2017:29.

④ 中共中央文献研究室. 习近平关于社会主义经济建设论述摘编,习近平在第十八届中央政治局第二十八次集体学习时的讲话(2015年11月23日)[M]. 北京:中央文献出版社,2017:64.

⑤ 习近平. 在网络安全和信息化工作座谈会上的讲话(2016年4月19日)[M]. 北京:人民出版社,2016:11.

⑥ 习近平. 在科学家座谈会上的讲话(2020年9月11日)[EB/OL]. 中国政府网,2020-09-11. http://www.gov.cn/xinwen/2020-09/11/content_5542862.htm.

破一批药品、医疗器械、医用设备、疫苗等领域关键核心技术。①

第二，事关发展全局和国家安全的基础核心领域。2021 年 6 月，美国国会参议院通过《2021 美国创新和竞争法案》②，该法案把《无尽前沿法案》《2021 战略竞争法案》等若干制华法案统统“收编”，是美国历史上罕见地针对某一特定国家的导向性一揽子法案。该法案提出将紧急投资半导体、5G 技术、太空探索等重点领域，以达到“打击中国影响力”的目的。《无尽前沿法案》中明确罗列了美国下一步将重点布局的关键技术领域，包括：人工智能与机器学习；高性能计算、半导体和先进的计算机硬件；量子计算与信息系统；机器人、自动化和先进制造；自然或人为灾害的预防；先进的通信技术；生物技术、基因组学和合成生物学；网络安全、数据存储和数据管理技术；先进能源等，并在这些领域全面遏制中国成为未来之主导的可能性。③ 从当前国际形势出发，必须在事关发展全局和国家安全的基础核心领域进行布局，特别是瞄准人工智能、量子信息、集成电路、先进制造、生命健康、脑科学、生物育种、空天科技、深地深海等前沿领域，前瞻部署一批战略性、储备性技术研发项目，瞄准未来科技和产业发展的制高点。④

三、统筹协调科技创新链条上的劳动分工

斯密（Adam Smith，1776）认为分工是增进劳动生产力的第一因素，他指出，分工出现以后，运用劳动时的熟练程度、技巧和判断力得

---

① 习近平．在中国科学院第二十次院士大会、中国工程院第十五次院士大会、中国科协第十次全国代表大会上的讲话（2021 年 5 月 28 日）[EB/OL]．中国政府网，2021 - 05 - 28. http://www.gov.cn/xinwen/2021 - 05/28/content_5613746.htm.

② Congress. Gov of the United States. U. S. Innovation and competition act[EB/OL]. 2021 - 06 - 08.

③ Congress. Gov of the United States. Endless Frontier Act [S. 1260 - 117th Congress (2021 - 2022)][EB/OL]. 2021 - 05 - 12.

④ 习近平．在中国科学院第二十次院士大会、中国工程院第十五次院士大会、中国科协第十次全国代表大会上的讲话（2021 年 5 月 28 日）[EB/OL]．中国政府网，2021 - 05 - 28. http://www.gov.cn/xinwen/2021 - 05/28/content_5613746.htm.

到增强。[1] 在科学突破和技术革新活动中也是这样。在知识生产和扩散链条上参与劳动分工的相关方有党和人民政府、研究者和科学家、企业（包括初创企业、已初具规模的企业、规模以上工业企业及风险资本）等。

（一）党、人民政府与企业的分工

纵观经济史，许多创新政策的错误均可归因于把行动者放在分工链条的错误位置。例如，期待私有的风险资本引领任何经济技术部门的早期和最具风险性的阶段，就是一种天真的不切实际的想法。风险资本都是在最重要的投资已经由政府投入 15～20 年以后才进入。那些高资本密集、高技术和高市场风险的领域，往往是私有资本竭力避免的领域，这些领域亟待政府的想象力、领导力和资金的投入。大多数技术革命和长期经济增长的背后都是国家。与弗里德曼（Milton Friedman）的理解刚好相反，意大利经济学家多西等（Giovanni Dosi，Franco Malerba，Orietta Marsili and Luigi Orsenigo，1997）提出，私有资本的投资大多并不受限于储蓄水平，而是为缺乏令人鼓舞的前景（即凯恩斯所说的“动物精神”）所抑制。驱动私有资本进入某一产业的，不是既存的利润，而是预期到的技术进步和市场机会。[2] 这种机会由党和政府发挥的远见卓识和勇敢冒险奠定良好的基础。

承认政府的作用，不是否认科学知识的产品化和商业化归功于（包括风险投资、初创企业、已初具规模的企业和规模以上工业企业在内的）企业。党的十八届三中全会明确公有制经济和非公有制经济都是社会主义市场经济的重要组成部分，都是我国经济社会发展的重要基

① 亚当·斯密．国富论[M]．北京：北京联合出版公司，2014：1.

② G. Dosi，F. Malerba，O. MarsiLI and L. Orsenigo. Industrial Structures and Dynamics：Evidence，Interpretation and Puzzles[J]. Industrial and Corporate Change，1997，6(1)：3－24.

础，要求公有制经济更好发挥企业家作用，激发非公有制经济的创造力。[①] 熊彼特的《经济发展理论》（Joseph Alois Schumpeter，1912）明确地把创新与企业家联系在一起。他认为创新不等于发明，创新是实际应用、接受市场检验。也就是马克思所说的“科学在生产中的应用”。[②] 熊彼特认为只有企业家才能完成新组合，一个人只有在实现了新组合时才是企业家。熊彼特不同意马歇尔“企业家是管理者”的观点，企业家一旦不能够把科学知识应用在生产上，只是执行日常的管理，就蜕变成管理者，而非企业家了。熊彼特还区分了资本家和企业家，认为资本家是提供资本的人，早期的资本家和企业家是合二为一的，后期则分离为单纯的资本家（投资者）和单纯的企业家。[③] 政府瞄准一个方向，进行大量的、必要的早期投资（这个过程可能持续 15～20 年，或更多的时间）；一旦科学知识生产出来，那些距离商业化应用在 3～5 年时间框架内的具备成本竞争力的产品就会被交给企业来开发和推广。

在创新链与产业链融合的过程中确立企业创新主体地位至为关键。凡勃伦的《企业论》非常推崇掌握事权的企业家推进工业向新的领域发展的能力，鼓励在新的方向上从事实验和探讨。[④] 与国家“在那些现实中‘没有根基或无法触摸的思考’上的豪赌式投资”[⑤] 不同，企业家的创新是把握市场方向上的创新。要正向激励企业创新，反向倒逼企业创新。科技领军企业要发挥市场需求、集成创新、组织平台的优势，打通从科技强到企业强、产业强、经济强的通道。[⑥]

---

① 习近平．关于《中共中央关于全面深化改革若干重大问题的决定》的说明（2013 年 11 月 9 日），十八大以来重要文献选编（上）［M］．北京：中央文献出版社，2014：498.

② 马克思，恩格斯．马克思恩格斯全集（第三十二卷）［M］．北京：人民出版社，1998：625.

③ ［美］约瑟夫·熊彼特．经济发展理论［M］．何畏，易家祥，等，译．北京：商务印书馆，1990.

④ ［美］凡勃伦．企业论［M］．蔡受百，译．北京：商务印书馆，2012.

⑤ Mariana Mazzucato. The Entrepreneurial State：Debunking Public VS. Private Sector Myths［M］. New York：Public Affairs，2015.

⑥ 习近平．在中国科学院第二十次院士大会、中国工程院第十五次院士大会、中国科协第十次全国代表大会上的讲话（2021 年 5 月 28 日）［EB/OL］．中国政府网，2021－05－28. http://www.gov.cn/xinwen/2021－05/28/content_5613746.htm.

中央企业等国有企业还被要求勇挑重担、敢打头阵，勇当原创技术的“策源地”、现代产业链的“链长”。[①] 这与资本主义卡特尔极不相同。马克思在《1861—1863 年经济学手稿》的前言中阐述了同一生产部门内的竞争采取“某一特殊生产领域的每一个别商品的价值决定于这一特殊社会生产领域的商品总量所需要的社会劳动时间总量，而不决定于个别商品的个别价值”的形式，“正是这种竞争促使资本家为获取超额利润而提高生产能力，改进技术”。[②] 这一手稿《机器。自然力和科学的应用》那一部分则提出，“用机器生产的商品变便宜，只取决于唯一的一种情况，机器本身包含的劳动时间，少于它所代替的劳动力所包含的劳动时间”。[③] 兰格（Oscar Lange，1938）的《社会主义的经济理论》发展了马克思的上述论断，他指出，“竞争使得任何单一生产商皆无法影响价格，从而任何单一生产商的力量不足以大到能够阻止新企业的进入时，生产者和投资者就不得不承受创新活动导致的旧投资的贬值和损失。他们只有通过本人引入创新来抵消这种负面效应，彼此竞争的结果就是科技和经济的进步。然而，当某一产业联合和集中到足以影响（即使不是控制）价格、阻止其他厂商进入的程度，寡头就会倾向于避免已投资资本的贬值，这就是大多数卡特尔行事的方式”。[④] 也就是说，私有资本从事创新活动是有界限的。但在社会主义国家不存在卡特尔阻碍创新的条件。毛泽东说过，在稳步地由农业国转变为工业国的过程中，“大银行、大工业、大商业，归这个共和国的国家所有”，[⑤]“操纵国民之生计的、规模过大的，或有独占的性质的垄断组织，由国

① 习近平在省部级主要领导干部学习贯彻党的十九届五中全会精神专题研讨班开班式上发表重要讲话[EB/OL]. 新华网. 2021-01-11. http://www.xinhuanet.com/politics/leaders/2021-01/11/c_1126970918.htm.

② 马克思，恩格斯. 马克思恩格斯全集（第三十四卷）[M]. 北京：人民出版社，2008：8.

③ 马克思，恩格斯. 马克思恩格斯全集（第三十二卷）[M]. 北京：人民出版社，1998：368.

④ Oscr Lange, Fred M. Taylor. On the Economic Theory of Socialism[M]. New York Toronto London: McGraw-Hill Book Company, 1938.

⑤ 毛泽东选集（第二卷）[M]. 北京：人民出版社，1991：678.

家经营管理，归国家所有，是整个国民经济的领导力量”，[①] 是“有步骤地解决国家工业化的问题”[②] 的决定性的工具。规模以上的中央企业（国有企业）承担着发展战略性新兴产业和先进制造业的使命，而不是由利润原则来决定它们的资本与创新活动的关系的。

（二）各级党委、政府与科学家的分工

政府在科技事业上观大势、谋全局、抓根本，必须拥有前瞻性并能提出一些大胆的创意。这并不意味着政府总能成功、不会失败。创新过程内在的不确定性意味着政府经常失败。政府要从失败的投资中吸取教训，继续改进其组织结构和各种实践。根据赫什曼（Albert Hirschman，1970）的研究，在相关领域谋划发展蓝图的决策过程异常棘手，政府勇于试错、实现智慧引领的关键是招募到专业人才。[③] 中国科学院、中国工程院是国家科学技术界和工程科技界的最高学术机构，院士是我国科学技术方面和工程科技领域的最高荣誉称号。党中央要求，院士称号要回归荣誉性、学术性，在院士评选中杜绝非学术性因素的影响（一切真正原创的知识，都需要冲破现有的知识体系，非学术性因素会干扰这种突破的过程）。各级党委和政府要充分尊重人才，认真听取包括院士在内的广大科研人员意见，发挥战略科学家作用。[④]

实现高水平科技自立自强，归根结底要靠高水平创新人才。[⑤] 为保证科学家的不断涌现，我国于 2002 年提出“人才强国战略”，把创新

---

① 毛泽东选集（第二卷）[M]. 北京：人民出版社，1991：678.

② 毛泽东选集（第四卷）[M]. 北京：人民出版社，1991：1477.

③ [德]艾伯特·O. 赫什曼. 退出、呼吁与忠诚：对企业、组织和国家衰退的回应[M]. 卢昌崇，译. 上海：格致出版社，2015.

④ 习近平. 在中国科学院第二十次院士大会、中国工程院第十五次院士大会、中国科协第十次全国代表大会上的讲话（2021 年 5 月 28 日）[EB/OL]. 中国政府网，2021－05－28. http://www.gov.cn/xinwen/2021－05/28/content_5613746.htm.

⑤ 习近平. 在中国科学院第二十次院士大会、中国工程院第十五次院士大会、中国科协第十次全国代表大会上的讲话（2021 年 5 月 28 日）[EB/OL]. 中国政府网，2021－05－28. http://www.gov.cn/xinwen/2021－05/28/content_5613746.htm.

型人才的培养和科技人才队伍建设当作国家和民族长远发展大计。科技部于 2017 年印发的《“十三五”国家科技人才发展规划》明确指出，“创新驱动实质上是人才驱动，大力培养和吸引科技人才已成为世界各国赢得国际竞争优势的战略性选择”，并将科技人才队伍结构的战略性调整、优秀创新人才培养、高层次人才引进、激励科技人才创新创业良好生态的营造作为人才培养和队伍建设的重点任务。[①] 2021 年 5 月习近平总书记在中国科学院第二十次院士大会、中国工程院第十五次院士大会、中国科协第十次全国代表大会上的讲话要求，注重储备科技人才队伍，重视科学精神、创新能力、批判性思维的培养培育，造就一批具有世界影响力的顶尖科技人才，稳定支持一批创新团队。既要相信我国的教育是能够培养大师的，也要构筑集聚全球优秀人才的科研创新高地。[②]

完善科技评价体系。科技成果评价体系和评价导向是否合适有效，直接关系到科技人员从事科学研究的积极性、主动性和创造性。好的评价体系能够使其在面向战略需求的科技项目研发中大有作为，而不符合科研活动规律的评价体系也容易对其科研热情和信心形成束缚。符合科研活动规律的评价体系，一是对自由探索型和任务导向型科技项目进行分类评价，对非共识科技项目单独进行评价。二是为从事基础性、前沿性、公益性研究的科研人员安心科研提供保障。

（三）企业与研究者、科学家的分工

早期“技术—经济范式”（机制棉纺织业）的特征是自由分散的科学家和独立的发明家单打独斗，那时“科学”和“技术”的区分并不

① 科技部．科技部关于印发“‘十三五’国家科技人才发展规划”的通知（国科发政〔2017〕86号）[A/OL]．2017－04－13．http://kw.beijing.gov.cn/art/2017/4/19/art_2964_6096.html.

② 习近平．在中国科学院第二十次院士大会、中国工程院第十五次院士大会、中国科协第十次全国代表大会上的讲话（2021 年 5 月 28 日）[EB/OL]．中国政府网，2021－05－28．http://www.gov.cn/xinwen/2021－05/28/content_5613746.htm.

重要。早期纺织机器的发明者是有高超技艺的工匠，拥有算数、几何、测量、计算等应用数学知识，能计算机器的速率、强度和功率，会画平面图和剖面图。大部分发明是对已有工艺和产品的增量改进。发明家身兼设计师、工厂主多重身份。

技术—经济范式高级化的突出标志就是工业与科学（不是与技术）的联系更加直接和紧密。19 世纪中叶以后，工业雇佣科学家浮现，巨型公司开始建立自己的公司实验室，在实验室中雇佣完全是学术性质的科学家进行独立的研究工作，以期发现新产品和新流程。20 世纪初叶以后，巨型公司大规模组织研究部门，雇佣大量科学家在公司实验室进行分工协作的科学研究，这是科研难度增大，仪器设备复杂化、昂贵化，科研经费巨额化的结果。拥有强大的科学研究中心和科学家的公司以及投资这些研究的国家成为领先者。

21 世纪 10 年代，我国开始出现拥有由科学家带领的顶尖实验室的公司。在公有制企业和非公有制企业中都不乏实例。目前中央企业国内外研究机构已达 4360 个，国家重点实验室 91 个，在载人航天、深海探测、高速铁路等多个领域取得了一批世界级科技成果，彰显了科技自立自强的国家队作用。[①] 例如，中国中铁隧道集团的中铁盾构及掘进技术虚拟现实国家重点实验室、中材集团的特种纤维复合材料国家重点实验室、济南二机床集团的大型先进智能冲压设备国家重点实验室、中国石化的危险化学品安全控制国家重点实验室等。非公有制大型企业，如华为在全球建有研究所，延揽全球顶尖数学家、物理学家、化学家和其他基础研究的科学家。华为的诺亚方舟实验室，下设热实验室、结构材料与力学实验室、先进力学研究实验室和天馈实验室。百度在我国北京、上海、深圳及新加坡、日本、美国建立六大研发中心，建有深度学习、商业智能、大数据、机器人与自动驾驶、认识计算、硅谷人工智能、量

---

① 郑东华. 国资监管体制不断完善　激发国有企业活力[N/OL]. 经济日报—中国经济网, 2021-04-05. https://baijiahao.baidu.com/s?id=1696158265945583696&wfr=spider&for=pc.

子计算、安全和生物计算九大实验室。腾讯成立了量子实验室、机器人实验室 Robotics X、AI 实验室等。

发挥企业出题者作用，推进重点项目协同和研发活动一体化，加快构建龙头企业牵头、高校院所［国家实验室（国家重点实验室）、国家科研机构、高水平研究型大学］支撑、各创新主体相互协同的创新联合体，发展高效强大的共性技术供给体系[①]是一种变相地促进研究者、科学家与企业直接协作，继而提高科技成果转移、转化效率的方法。

综上，知识的生产是集体努力的结果，科学突破和技术革新链条上涉及广泛的分工。国家实验室、国家科研机构、高水平研究型大学、科技领军企业以及这些机构的研究者和科学家，都是国家战略科技力量的重要组成部分。一方面，党和政府把互为竞争对手的参与方整合到创新链条中，利用各方织成的网络分享思想，促进知识在它们之间的流动。通过将劳动分工基础上的知识传播打造成一种常态，充分发挥各环节的潜能及聪明才智。另一方面，创新要发展，就必须要实际应用。知识生产的最终结果，不应只是技术报告、科研论文、实验室样品，而应是市场产品、技术实力、产业实力。[②] 应着力推进科学知识在生产上的应用和商业化。

四、以“民主地协商、每个参与者负责任”的方法高效地组织动员

高效的组织动员体系要求最大限度地抛弃“官僚习气”。“民主地协商、每个参与者负责任”，即在自上而下的规划框架内寻找自下而上

① 习近平．在中国科学院第二十次院士大会、中国工程院第十五次院士大会、中国科协第十次全国代表大会上的讲话（2021 年 5 月 28 日）［EB/OL］．中国政府网，2021 - 05 - 28. http://www.gov.cn/xinwen/2021 - 05/28/content_5613746.htm.

② 习近平．在网络安全和信息化工作座谈会上的讲话（2016 年 4 月 19 日）［M］．北京：人民出版社，2016.

的分散决策的方法，把科学突破、技术革新的活动主体从细节化的命令性计划中解放出来，引入竞争。

（一）官僚主义与新知识生产不相容

毛泽东在读苏联《政治经济学教科书》的批注和谈话中曾指出："计划领导的过分集中，不充分了解和考虑地方条件和可能性而企图由中央编制一个无所不包的计划，以及对待计划工作的狭隘本位主义，都会造成各种错误，束缚地方的主动性，妨碍地方资源和社会主义经济各部门、各企业所具有的巨大潜力获得最充分的利用，阻碍各地区的综合发展，阻碍生产的专业化和协作。"[①] 这表明，毛泽东对社会主义计划的过度集中可能造成的命令主义、官僚主义对束缚生产力发展的危险十分警觉。这在他批评苏联"用行政命令办法搞建设，搞革命"[②] "一切企业专门由条条来管，会产生很大的片面性"[③] 等论述中清晰可见。他还关注到官僚主义化会对新技术的产生和推广形成阻碍，"在社会主义社会中，正如斯大林所说的，还有'学阀'，他们控制科学研究机关、压制新生力量，因此先进经验也不是毫无阻碍地得到推广的。"[④] 2017年，习近平总书记在主持中央政治局民主生活会时强调："形式主义、官僚主义同我们党的性质宗旨和优良作风格格不入，是我们党的大敌、人民的大敌。"[⑤] 把力戒官僚主义作为重要任务。

在学说史上，马克斯·韦伯（Max Weber，1918）第一个谈到官僚

---

① 中华人民共和国国史学会．毛泽东读社会主义政治经济学批注和谈话（上）[M]．1998：404.

② 中华人民共和国国史学会．毛泽东读社会主义政治经济学批注和谈话（上）[M]．1998：467.

③ 中华人民共和国国史学会．毛泽东读社会主义政治经济学批注和谈话（上）[M]．1998：452.

④ 中华人民共和国国史学会．毛泽东读社会主义政治经济学批注和谈话（上）[M]．1998：372－373.

⑤ 中共中央政治局召开民主生活会　习近平主持并发表重要讲话[EB/OL]．人民网．2017－12－26. http://politics.people.com.cn/n1/2017/1226/c1024－29730356.html.

主义化引起计划体制的停滞的问题①，持有相似观点的还有米塞斯（Ludwig von Mises，1920）②、哈耶克（F. A. Hayek，1944）③、熊彼特（J. A. Schumpeter，1942）④、希法亭（Rudolph Hilferding 1940，1941）⑤⑥、兰格（Oscar Lange，1938）⑦。

新知识的无中生有就是大胆而又富有想象力地突破现行的模式和惯例，是克服惰性和故步自封的过程。熊彼特这样描绘这个过程："科学史对于下面这一事实是一个巨大的证明，那就是，我们感到极其难以接受一个新的科学观点或方法。思想一而再、再而三地回到习惯的轨道，尽管它已经变得不适合，这些习惯已经变成了下意识的，它们自动提供它们的结果，是不怕或不接受批评的……习惯的力量升腾起来，反对处于萌芽状态的设想。需要有新的或另一种意识上的努力，去为设想和拟定出新的组合而搏斗，并没法使自己把它看作一种真正的可能性……"⑧

为了最大限度地克制形式主义、官僚主义的各种活动对科研单位和科研人员的干扰，习近平总书记强调："决不能让科技人员把大量时间花在一些无谓的迎来送往活动上，花在不必要的评审评价活动上，花在形式主义、官僚主义的种种活动上！"⑨ 科技研发需要科研人员持久的

---

① Max Weber. Socialism, English trans. In J. E. T. Eldridge(ed.), Max Weber: The Interpretation of Social Reality, London: Michael Joseph,1970.

② Ludwig Von Mises. Economic Calculation in the Socialist Commonwealth[M]. Translated by F. A. HAYEK,London:George Routledge & Sons,1935.

③ F. A. Hayek. The Road to Serfdom[M]. London: Routledge,1944.

④ J. A. Schumpeter,Capitalism, Socialism and Democracy[M]. 6th edn. London: Allen & Unwin, 1987.

⑤ Rudolf Hilferding. State Capitalism or Totalitarian State Economy[M]. New York:Socialist Courier, New York, 1940.

⑥ Rudolf Hilferding. Das Historische Problem[M]. Edited and Introduced by Benedikt Kautsky, in Zeitschrif Fur Politik (New Series),I,1954.

⑦ Oscar Lange,Fred M. Taylor. On the Economic Theory of Socialism[M]. New York Toronto London:McGraw - Hill Book Company,1938:74 - 77.

⑧ [美]约瑟夫·熊彼特. 经济发展理论[M]. 何畏,易家祥,等,译. 北京:商务印书馆,1990.

⑨ 习近平. 在中国科学院第二十次院士大会、中国工程院第十五次院士大会、中国科协第十次全国代表大会上的讲话(2021 年 5 月 28 日)[EB/OL]. 中国政府网,2021 - 05 - 28. http://www.gov.cn/xinwen/2021 - 05/28/content_5613746.htm.

时间投入和集中的精力投入，若科研人员将精力与时间过多投入应景性和应酬性活动当中，势必会减少他们的科研时间、干扰他们的创新活动。习近平总书记重提1961年中央就曾提出的“保证科技人员每周有5天时间搞科研工作”,[①] 这是保证科学家持之以恒、久久为功地进行科学研究的必要条件。2012年，中共中央、国务院出台的《关于深化科技体制改革加快国家创新体系建设的意见》提出，扩大高等学校与科研机构学术自主权和个人科研选题选择权,[②] 减少对分钱、分物、定项目等的直接干预；赋予科学家更大的技术路线决定权和经费使用权。[③]

（二）如何发现和激发可堪任用的创业团队？“揭榜挂帅”体制机制

在经济史上，美国国防部高级研究计划局（DARPA）投资ARPA计算网络（因特网的种子）的内部组织动态非常有利于培育高效的实验和学习过程。[④] 它创造了一种新的政策范式——“分拆业务”策略，结果是创新思想从实验室到市场的数量激增。这种范式最典型的案例就是硅谷的诞生。[⑤] 这一策略不是专注于创造单个的“国家冠军型”企业，而是致力于打造群星璀璨式的创新型企业。一个标志事件是1957年一群科学家和工程师对物理学家和发明家William Shockley初创的企业的背叛，他们成立了仙童（Fair child）半导体，开“分拆性挑战者

---

① 习近平．在中国科学院第二十次院士大会、中国工程院第十五次院士大会、中国科协第十次全国代表大会上的讲话（2021年5月28日）[EB/OL]．中国政府网，2021-05-28．http://www.gov.cn/xinwen/2021-05/28/content_5613746.htm.

② 中共中央 国务院关于深化科技体制改革加快国家创新体系建设的意见（中发〔2012〕6号）[A/OL]．2012-09-23．http://www.gov.cn/gongbao/content/2012/content_2238927.htm.

③ 习近平．在中国科学院第二十次院士大会、中国工程院第十五次院士大会、中国科协第十次全国代表大会上的讲话（2021年5月28日）[EB/OL]．中国政府网，2021-05-28．http://www.gov.cn/xinwen/2021-05/28/content_5613746.htm.

④ F. L. Block and M. R. Keller. State of Innovation: The U. S. Government's Role in Technology Development[M]. Boulder, CO: Paradigm Publishers, 2011.

⑤ W. Lazonick. Sustainable Prosperity in the New Economy? Business Organization and High-Tech Employment in the United States. Kalamazoo, MI: W. E. Upjohn Institute for Employment Research, 2009.

的经济裂变过程”之先河。在那之前，DARPA 催生技术进步的杠杆也有限：具备创新能力的公司的数量很少，这些公司结成利益共同体，避免不确定的技术路径伴随的风险；大型军工复合体凭借其权势，有数不清的手段扭曲政府出资人施以的创新压力和要求。比起资助大型公司，对初创企业只要提供更小量的资助。在小公司的意识里，野心勃勃的发明是它们整个的未来可行性的基础。一旦在商业生态里放几家野心勃勃的初创企业，就会激起真实的竞争压力，大公司也不得不尽快寻求科学和技术上的突破。利用这种生态，政府能够同时驱动大企业和小企业。

这种散布式网络的样态产生真实竞争的方法，在我国叫作“创新不问出身，英雄不论出处”。[①] 重大科技项目立项，实行“揭榜挂帅”“赛马”[②] 等制度。研究真问题，形成真榜、实榜。让真研究问题、想干事、能干事、干成事的科技领军人才挂帅出征。不论资历、不设门槛，让有真才实学的科技人员英雄有用武之地。[③] “揭榜挂帅”制的政策范式在我国获得越来越多的应用。2018 年工信部印发《新一代人工智能产业创新重点任务揭榜工作方案》，发布了智能网联汽车、智能服务机器人、智能无人机、医疗影像辅助诊断系统等16 项揭榜任务。[④] 在新冠疫苗研发过程中，“揭榜挂帅”机制也充分调动了社会各方研发力

---

① 习近平．在中国科学院第二十次院士大会、中国工程院第十五次院士大会、中国科协第十次全国代表大会上的讲话（2021 年 5 月 28 日）[EB/OL]．中国政府网，2021 - 05 - 28. http://www.gov.cn/xinwen/2021 - 05/28/content_5613746.htm.

② 习近平．在中国科学院第二十次院士大会、中国工程院第十五次院士大会、中国科协第十次全国代表大会上的讲话（2021 年 5 月 28 日）[EB/OL]．中国政府网，2021 - 05 - 28. http://www.gov.cn/xinwen/2021 - 05/28/content_5613746.htm.

③ 习近平．在中国科学院第二十次院士大会、中国工程院第十五次院士大会、中国科协第十次全国代表大会上的讲话（2021 年 5 月 28 日）[EB/OL]．中国政府网，2021 - 05 - 28. http://www.gov.cn/xinwen/2021 - 05/28/content_5613746.htm.

④ 工业和信息化部办公厅．关于印发《新一代人工智能产业创新重点任务揭榜工作方案》的通知（工信厅科〔2018〕80 号）[A/OL]．2018 - 11 - 08. https://www.miit.gov.cn/xwdt/gxdt/sjdt/art/2020/art_dd410ee7af734993996d938583573846.html.

量。[1] 地方政府层面也把“揭榜挂帅”制作为攻破技术瓶颈的“法宝”。2017 年初，贵州省率先发布“招贤令”，将制约经济社会发展的关键技术“张榜”出来，面向全国公开悬赏攻关。[2] 2021 年初，广东、陕西、湖北、湖南、山东纷纷探索平行竞争模式。

（三）如何帮助链接各类所有制风险资本和科学技术成果的所有者？搭建、筛选、淬炼、扶持创新生态

创新生态包括以下三类参与主体：①高等学校、研究机构及其研究者、科学家；②科学社团、中介；③有兴趣把新知识产品化和商业化的企业家、初创企业、已初具规模的企业、规模以上工业企业和风险资本（各类所有制的）。科学社团通过组织开展学术交流活动，可以促使研究者和科学家产生新的思想，并在学术共同体中获得可信的同行评价。中介组织是政府、大学、研究机构、企业间的重要“弥合剂”。这个生态是一个生产知识、传播知识并使知识产品化、商业化的体系。这里强调的不是研发的体量，而是知识的流通。链接各类所有制风险资本和科学技术成果的所有者的过程，就是疏通知识在生态中传播的堵点的过程。

第一，党和政府担当领袖，在生态中充分发挥穿针引线的作用，但不越俎代庖，不对各参与者该如何开展具体工作指手画脚。2015 年，中共中央、国务院制定出台《关于深化科技体制改革加快实施创新驱动发展战略的若干意见》，强调市场在资源配置中的决定作用，形成“人才、资本、技术、知识自由流动，企业、科研院所、高等学校协同创新”的新格局。[3] 市场对各种创新资源的配置起决定性作用，具体表

---

① “揭榜挂帅”激发巨大创新潜能[N/OL]. 人民日报(海外版)—中国政府网,2021－04－13. http://www.gov.cn/xinwen/2021－04/13/content_5599203.htm.

② “揭榜挂帅”激发巨大创新潜能[N/OL]. 人民日报(海外版)—中国政府网,2021－04－13. http://www.gov.cn/xinwen/2021－04/13/content_5599203.htm.

③ 中共中央　国务院关于深化科技体制改革加快实施创新驱动发展战略的若干意见(中发〔2015〕8 号)[A/OL]. 2015－03－23. http://www.gov.cn/xinwen/2015－03/23/content_2837629.htm.

现为“市场对技术研发方向、路线选择、要素价格、各类创新要素配置的导向作用”。[①] 政府则起到链接各创新主体之间的协同作用，“解决基础研究‘最先一公里’和成果转化、市场应用‘最后一公里’有机衔接问题”。[②]

第二，政府搭建共享的科研设施。科研设施与科研平台是促进各学科进行交叉研究、实现科技研发集聚带动和助力重大问题共性技术研发的关键手段。《“十三五”国家科技创新规划》提出，依托北京、上海、安徽等大科学装置集中的地区建设国家综合性科学中心，形成一批具有全国乃至全球影响力的科学技术重要发源地和新兴产业策源地。[③]《深化科技体制改革实施方案》提出，在基础研究和重大全球性问题研究领域，发起国际大科学计划和工程。它们不是大学，也不是企业，而是专门从事共性技术研发的高精尖国家队，专门为企业创新活动提供高质量技术供给，尤其是为中小企业提供技术供给。[④]

第三，不断地筛选、淬炼这个生态。①资助在基础研究和应用研究之间没有分割界限，因为二者是深度交织的。习近平总书记指出，“基础研究一方面要遵循科学发现自身规律，另一方面要通过重大科技问题带动，在重大应用研究中抽象出理论问题，进而探索科学规律，使基础研究和应用研究相互促进”。[⑤] ②明确路线图、时间表、责任制[⑥]，淘汰

① 习近平．在中国科学院第十九次院士大会、中国工程院第十四次院士大会上的讲话（2018年5月28日）[M]．北京：人民出版社，2018：15.

② 习近平．国家中长期经济社会发展战略若干重大问题[习近平在中央财经委员会第七次会议上的讲话（2020年4月10日）][J]．求是，2020(21).

③ 中华人民共和国国务院．“十三五”国家科技创新规划（国发〔2016〕43号）[A/OL]．2016-07-28. http://education.news.cn/2016-08/08/c_129213939.htm.

④ 中共中央办公厅，国务院办公厅．印发《深化科技体制改革实施方案》[A/OL]．2015-09-24. http://www.gov.cn/guowuyuan/2015-09/24/content_2938314.htm.

⑤ 习近平．在科学家座谈会上的讲话（2020年9月11日）[EB/OL]．中国政府网，2020-09-11. http://www.gov.cn/xinwen/2020-09/11/content_5542862.htm.

⑥ 习近平．在中国科学院第二十次院士大会、中国工程院第十五次院士大会、中国科协第十次全国代表大会上的讲话（2021年5月28日）[EB/OL]．中国政府网，2021-05-28. http://www.gov.cn/xinwen/2021-05/28/content_5613746.htm.

不合格的参与者。削减提供给那些无进展的集团的资助，并将之再分配给那些有希望的集团。通过建立科研资助动态调整机制促进科研经费资助的合理优化配置，确保科研经费资助向真正具备科技研发能力的主体流动。《关于深化中央财政科技计划（专项、基金等）管理改革的方案》提出，科技部、财政部要根据绩效评估和监督检查结果以及相关部门的建议，提出科技计划动态调整意见，对达到设定时限的，自动终止。①

第四，对那些距离商业化应用在 3～5 年时间框架内的具备成本竞争力的产品，鼓励企业来商业化某项技术，并通过政府采购合同来支持商业化的过程，在技术和商业之间提供链接。2015 年修订的《中华人民共和国促进科技成果转化法》提出，国务院和地方各级人民政府应当加强包括政府采购、军民融合在内的各项政策协同，为科技成果转化创造良好环境；对能够提高产业技术水平、公共安全水平等的科技成果转化项目，国家要通过政府采购的方式予以支持。② 助力科技创新成果与市场化应用建立初始链接，使科技创新成果真正用于满足国家战略需求和人民需要。

综上所述，使市场在资源配置中起决定性作用和更好发挥政府作用，这是党的十八届三中全会提出的一个重大理论观点。这个理论观点抛弃了计划指导与自由竞争的二元对立，使计划性和竞争性共同起作用。在形成必要的产业备份系统和催生在科学前沿的增长机会上，一方面，党和政府大胆地布局基础科学突破和关键技术开发；另一方面，群星璀璨式的、野心勃勃的企业整合新知识，把它转化为突破性的创新。对于拓宽里程碑式的技术机会而言，有政府和市场两个积极性，比只有一个积极性好得多。

① 中共中央、国务院关于深化中央财政科技计划（专项、基金等）管理改革方案的通知（国发〔2014〕64 号）. http://www.gov.cn/zhengce/content/2015-01/12/content_9383.htm.

② 全国人民代表大会常务委员会法制工作委员会．中华人民共和国法律汇编 2015（下册），中华人民共和国促进科技成果转化法[M]．北京：人民出版社，2016：714，703.

第二节　以人民为中心的发展

新时代党内政治生活从思想上进行群众路线的教育，采取的方法主要有：强调发展“以人民为中心”、密切联系群众，以及党在进行社会革命的同时不断地进行自我革命。使共产党保持为人民服务的能力，以巩固社会主义制度的方式处理社会主义与市场经济的关系。

社会主义国家现代化的质量取决于生产过程的社会条件。生产组织并不能离开生产关系、劳动分工和管理的形式而具有社会主义性质。只有人民内部的团结、共产党与群众之间的团结成为考虑的重点，人民群众才有力量作为直接生产者越来越多地支配物质财富和社会权力。由此，思想上的斗争具有压倒一切的重要性并可能决定社会结构发展的道路。为使社会主义更趋成熟，新时代突出思想教育在党的建设中的重要地位,[①] 使人民群众通过共产党巩固现代化的社会主义性质，使社会关系和干部、群众思想焕发新的面貌继而提高现代化建设的质量。共产党发挥正确的作用，就必须经常把思想教育（使干部和群众了解什么是正确的，什么是错误的，帮助被批评者改正错误，团结被批评者）摆在首位，并使无产阶级的思想意识[②]成为这一斗争中的主要因素。有一个由无产阶级和其他革命群众中的先进分子所组成的党,[③] 主客观的关系就符合其领导的人民群众的根本利益，社会主义制度的性质就有保障。

---

① 习近平．决胜全面建成小康社会　夺取新时代中国特色社会主义伟大胜利——在中国共产党第十九次全国代表大会上的报告[M]．北京：人民出版社，2017.

② 习近平谈治国理政（第一卷）[M]．北京：外文出版社，2014：13.

③ 习近平．干在实处走在前列——推进浙江新发展的思考与实践[M]．北京：中共中央党校出版社，2006：473.

一、党的群众路线的传统

中国共产党历来主张革命要依靠人民群众。提倡大家动手，反对只依靠少数人发号施令。群众路线就是一切为了群众，一切依靠群众，从群众中来，到群众中去，实行领导和群众相结合。就是说，把群众的意见集中起来，化为系统的意见，又到群众中坚持下去，在群众的行动中考验这些意见是否正确。如此循环往复，使领导的认识更正确、更生动、更丰富。①

建设时期，中国共产党主张把社会主义事业推向前进也要依靠人民群众。社会主义不只取决于物质生产的先行发展，也取决于对社会关系和干部、群众思想的改造。一是教育干部，党是阶级的先进部队，党是为人民的利益而存在和奋斗的，但是党永远只是人民的一小部分；二是党决不离开人民，坚决走群众路线，一切问题都要和群众商量，然后共同决定，作为政策贯彻执行。② 从思想上进行群众路线的教育，在党的长期革命和建设中采取的方法主要有：

第一，工、农、商、学、兵、政、党，都要加强政治思想工作。“现在大家搞业务，搞事务，什么经济事务，文教事务，国防事务，党的事务，不搞政治思想工作，那就很危险。”③

第二，反贪污、反浪费、反官僚主义的斗争。官僚主义的社会根源是反动统治阶级对待人民的反动作风（反人民的作风、国民党的作风）的残余在党和政府内的反映。④ 重视县委以上的干部，警惕官僚主义作风的滋长，告诫“不要形成一个脱离人民的贵族阶层”，“提倡艰苦奋斗，反对把个人物质利益看得高于一切……提倡关心群众生活，反对不

①② 毛泽东思想基本著作选读[M]. 北京：人民出版社，2001：26.

③ 毛泽东选集(第五卷)[M]. 北京：人民出版社，1977：357.

④ 习近平. 在纪念刘少奇同志诞辰120周年座谈会上的讲话[M]. 北京：人民出版社，2018：254.

关心群众痛痒的官僚主义”。[1]

第三，领导机关的正确指导和广大群众的高度觉悟相结合。[2] 把监督共产党的权力赋予劳动人民和党员群众。[3] “国家机关必须依靠人民群众，国家机关工作人员必须为人民服务”。[4] “决定大局，决定大方向，要请无产阶级”。[5] 既相信进步知识分子的革命觉悟，也经常地把“无产阶级觉悟”归于完全在党组织之外的群众，相信人民（当时主要是农民）自发的革命能力和天生的社会主义愿望。一方面，社会的改造归功于马克思主义的知识分子的学识和行动，强调组织和纪律；另一方面，知识分子的首要职责是向群众的智慧学习，敦促其“和群众打成一片”，“向群众学习”，“当群众的学生”。[6] 警惕干部滋长一种不愿意和群众同甘苦、计较个人名利的危险倾向。“在增产节约运动中要求精简机关，使相当一批干部回到生产中去，就是克服这种危险倾向的一个方法”。[7]

第四，“团结—批评—团结”的公式。指认“领导同被领导之间的矛盾，国家机关某些工作人员的官僚主义作风同群众之间的矛盾”是人民内部矛盾。[8] 对普通党员“进行广大的教育工作，说服工作，团结工作”。[9] 对人民群众“采取民主的说服教育的方法，决不允许采取命令主义态度和强制手段”，[10] 这意味着让群众参与政治活动，但决不强迫群众。这是“民主的方法”，是“人民内部的自我教育的基本方

---

① 毛泽东文集(第七卷)[M]. 北京:人民出版社,1999:28.
② 毛泽东选集(第五卷)[M]. 北京:人民出版社,1977:162.
③ 毛泽东文集(第七卷)[M]. 北京:人民出版社,1999:235.
④ 毛泽东文集(第七卷)[M]. 北京:人民出版社,1999:207.
⑤ 毛泽东选集(第五卷)[M]. 北京:人民出版社,1977:162.
⑥ 毛泽东著作选读(下册)[M]. 北京:人民出版社,1986:454.
⑦ 毛泽东文集(第七卷)[M]. 北京:人民出版社,1999:240.
⑧ 毛泽东著作选读(甲种本)[M]. 北京:人民出版社,1965:328.
⑨ 毛泽东文集(第七卷)[M]. 北京:人民出版社,1999:88.
⑩ 毛泽东选集(第五卷)[M]. 北京:人民出版社,1977:371.

法”。[1] 对党的干部，原则是保护和批评，“从团结的愿望出发，经过批评和自我批评，在新的基础上达到新的团结。在人民内部，对犯错误的人，都用保护他又批评他的方法”。[2]

在建设社会主义的过程中，培养社会主义新人与建设社会主义技术经济基础同样重要。只有自觉地追求马克思主义的目标，普及正确的社会价值观并使之内化到社会主义建设过程中，才能创造社会主义的物质前提及社会主义的实现。这在任何历史时期都是巩固和建设社会主义的必要措施。

二、新时代贯彻党的群众路线

在建立社会主义政权以后，生产者对生产手段和产品的支配不是通过消灭市场关系来保证，而是通过国家机器予以保证，包括剧烈地改造国家机器的结构、作用以及它对群众的关系，这种权力通过共产党来行使。通过在经济、政治和意识形态的一切领域实施党的领导，使它不脱离群众、从属于群众，才能保证“市场”的充分发展以及市场形式对人民群众的经济、政治和意识形态方面的作用不会妨害社会是社会主义性质的。

中国特色社会主义进入新时代，习近平总书记突出思想教育在党的建设中的地位。2012 年以来，先后开展了“改进工作作风、密切联系群众”的八项规定，党的群众路线教育实践活动，“三严三实”专题教育，“两学一做”学习教育，“不忘初心、牢记使命”主题教育等，使党保持为人民群众服务的能力，使人民群众通过共产党巩固现代化的社会主义性质，使社会关系和干部、群众思想焕发新的面貌。党的十九大报告做出了“社会主义最本质的特征是共产党的领导”[3] 的判断，提出

① 毛泽东文集(第六卷)[M]. 北京:人民出版社,1999:81 - 82.

② 毛泽东著作专题摘编(上)[M]. 北京:中央文献出版社,2003:1040.

③ 习近平. 决胜全面建成小康社会 夺取新时代中国特色社会主义伟大胜利——在中国共产党第十九次全国代表大会上的报告[M]. 北京:人民出版社,2017:72.

党的作风建设"围绕保持党同人民群众的血肉联系"。[①]

（一）社会主义最本质的特征是共产党的领导

社会主义的主要问题是政权问题。为了保卫政权，在某些情况下可以在经济战线上做某些退却，却不能就此认为是在"助长资本主义"。"直接"和"立即"取消市场关系的想法，如同"直接取消"国家的想法一样，是乌托邦的危险的想法，完全无视构成社会主义初级阶段的具体矛盾。如果把市场关系问题看得如此重，重到把它看作意识形态观念和政治实践的"中心"，这就不是主观的错误，而是一种极"左"的意识形态和政治路线。新时代重申"脚踏实地为实现党在现阶段的基本纲领而不懈努力"。[②]

社会主义政权是由具体的阶级和政治关系来保证的。[③] 社会主义建立起工人阶级领导的、以工农联盟为基础的人民民主专政，由共产党领导的国家支配社会、人民内部的团结、党与群众之间的团结组成。社会主义政权的主要机构是共产党而不是国家机器。党对所有其他社会机构发挥这种作用。新时代把社会主义的本质规定性归结到政权问题上，"中国特色社会主义最本质的特征是中国共产党领导"[④]，"党政军民学，东西南北中，党是领导一切的，是最高的政治领导力量"。[⑤]

（二）党同人民群众的关系

党的政治和思想实践的阶级性在党与群众的关系中、在党与国家机器的关系中显示出来，归根结底在党与群众的关系中。党和群众的关系问题应当是，凡属人民群众的正确的意见，党必须依据情况，领导群

---

① 习近平．决胜全面建成小康社会　夺取新时代中国特色社会主义伟大胜利——在中国共产党第十九次全国代表大会上的报告[M]．北京：人民出版社，2017：72.

② 习近平谈治国理政（第一卷）[M]．北京：外文出版社，2014：207.

③ Paul M. Sweezy, Charles Bettelheim. On the Transition to Socialism[M]. New York and London: Monthly Review Press, 1971.

④ 习近平．在庆祝中国共产党成立九十五周年大会上的讲话[M]．北京：人民出版社，2016：22.

⑤ 习近平总书记系列重要讲话读本[M]．北京：学习出版社，人民出版社，2016：101.

众，加以实现；而对于人民群众中发生的不正确的意见，则必须教育群众，加以改正。① 新时代强调，凡是群众反映强烈的问题都要严肃认真对待，凡是损害群众利益的行为要坚决纠正；着力解决人民群众反映最强烈、对党的执政基础威胁最大的突出问题。② 新时代党内政治生活从思想上进行群众路线的教育，采取的方法主要有：

第一，密切联系群众。

共产党建立政权、在落后国家建设社会主义要完成三个方面的事业：完成工业化；防备帝国主义国家不可避免的袭击（军事、贸易、科技、金融、文化等的袭击）；与此同时，防止产生一个政治和经济官僚集团。党和国家机器之间的关系的性质以国家机器从属于共产党、从属于人民为根本特点。党和群众在反对国家机器独立化的斗争中正确地联系在一起。党是已经变成统治阶级的无产阶级和其他革命群众的最重要的组织机构。经群众斗争而建立起来的革命政权的真正阶级性是由政权所服务的阶级利益的性质决定的，即国家政权和人民群众之间的具体关系。社会主义国家机器同资本主义国家机器之间的根本区别就是社会主义国家机器不脱离群众，它从属于群众。

新时代把“密切联系群众还是脱离群众”归结为“政治立场、政治本色问题”③，回到了“相信群众”“当群众的学生”④ 的观点，热烈地强调真正的革命知识从根本上来自人民。“在人民面前，我们永远是小学生，必须自觉拜人民为师”。⑤ “坚持群众路线，就要真正让人民来评判我们的工作。‘知政失者在草野。’……我们党的执政水平和执政成效都不是由自己说了算，必须而且只能由人民来评判。人民是我们党

---

① 毛泽东选集（第四卷）[M]. 北京：人民出版社，1991：204.

② 习近平. 决胜全面建成小康社会 夺取新时代中国特色社会主义伟大胜利——在中国共产党第十九次全国代表大会上的报告[M]. 北京：人民出版社，2017：72.

③ 习近平在十八届中央纪委二次全会上重要讲话精神学习问答[M]. 北京：党建读物出版社，2013：95.

④ 毛泽东著作选读（下册）[M]. 北京：人民出版社，1986：526.

⑤ 习近平谈治国理政（第一卷）[M]. 北京：外文出版社，2014：65.

的工作的最高裁决者和最终评判者。如果自诩高明、脱离了人民，或者凌驾于人民之上，就必将被人民所抛弃”。[①] 衡量共产党行使人民群众的权力的程度，就看它在多大程度上同群众一致行动而又不期望取代群众。“坚持群众路线，就要保持党同人民群众的血肉联系。我们党的最大政治优势是密切联系群众，党执政后的最大危险是脱离群众”。[②]“教育、引导党员干部深入实际、深入基层、深入群众，坚持民主集中制，虚心向群众学习……诚心接受群众监督，坚决整治……侵害群众利益的问题”。[③]“党员、干部身上的问题，群众看得最清楚、最有发言权。要坚持开门搞活动，一开始就扎下去听取群众意见和建议，每个环节都组织群众有序参与，让群众监督和评议”。[④]

第二，“以人民为中心”的发展。

断言“市场的力量”必然导致资本主义是错误的。形式层面的东西不是导致任何现象的推动力量，一切都取决于“以什么方式处理社会制度和市场经济的关系”，而处理方式本身则取决于阶级关系，其中包括意识形态方面的阶级关系。对于社会主义市场经济，问题不是“市场被使用的范围如何”，而是“市场作为独立的调解者被谁使用”。这绝不是经济“法则”的问题，这是有决定意义的、终极的“权力谁属”的问题。[⑤]

新时代非常强调“以人民为中心”的发展，被定义为实现全体人民共同富裕的时代。[⑥]“党的一切工作，必须以最广大人民根本利益为最高标准。检验我们一切工作的成效，最终都要看人民是否真正得到了实惠，人民生活是否真正得到了改善，人民权益是否真正得到了保障。

---

①② 习近平谈治国理政(第一卷)[M]. 北京:外文出版社,2014:66.

③④ 习近平谈治国理政(第一卷)[M]. 北京:外文出版社,2014:374.

⑤ Paul M. Sweezy, Charles Bettelheim. On the Transition to Socialism[M]. New York and London: Monthly Review Press, 1971.

⑥ 习近平. 决胜全面建成小康社会　夺取新时代中国特色社会主义伟大胜利——在中国共产党第十九次全国代表大会上的报告[M]. 北京:人民出版社,2017:11.

面对人民过上更好生活的新期待……使发展成果更多更公平惠及全体人民，朝着共同富裕方向稳步前进”。[①] 这就是明确界定了“市场力量”的“权力谁属”的问题。权力属于人民，市场的力量是为人民服务的。党的十九届五中全会在到 2035 年基本实现社会主义现代化远景目标中提出“全体人民共同富裕取得更为明显的实质性进展”，在改善人民生活品质部分突出强调了“扎实推动共同富裕”。习近平总书记在省部级主要领导干部学习贯彻党的十九届五中全会精神专题研讨班开班式上指出，实现共同富裕不仅是经济问题，而且是关系党的执政基础的重大政治问题。

第三，党在进行社会革命的同时不断地进行自我革命。

在社会主义国家现代化的过程中，由于需要建立一部管理有效的国家机器以着手经济发展的艰辛工作，一个从党内提拔上来的干部队伍产生了。“总体上看，当前各级党组织和党员、干部……发挥了先锋模范作用，赢得了广大人民群众肯定和拥护。这是主流，必须充分肯定。……面对世情、国情、党情的深刻变化，精神懈怠危险、能力不足危险、脱离群众危险、消极腐败危险更加尖锐地摆在全党面前，党内脱离群众的现象大量存在，一些问题还相当严重，集中表现在形式主义、官僚主义、享乐主义和奢靡之风这‘四风’上”。[②] 习近平总书记对历史周期律的看法是，“马克思、恩格斯在工人阶级政党初创时，在深入研究近代国家的基础上，预见到了工人阶级政党在执政后存在着‘由社会公仆变成社会主人’的危险。……俄国革命胜利，共产党执政后列宁就曾尖锐地指出：执政党的最大危险之一就是脱离群众”[③]，“早在半个世纪前的 1945 年，毛泽东同志在与著名民主人士黄炎培谈及共产党人如何跳出盛衰历史周期律时，就提出了靠民主、实行民主监督来防止克服共产党

---

① 习近平谈治国理政（第一卷）［M］. 北京：外文出版社，2014：66.

② 习近平谈治国理政（第一卷）［M］. 北京：外文出版社，2014：434.

③ 习近平．不忘初心：坚守中国共产党人的精神家园［M］. 北京：人民出版社，2016：110.

人可能出现的腐败",[①] "早在延安时期，毛泽东同志就提出跳出'历史周期律'的课题，党的八大规定任何党员和党的组织都必须受到自上而下的和自下而上的监督，现在我们不断完善党内监督体系"。[②]

各类主题教育活动是对延安时期思想改造运动的经验的恢复，把"思想改造"作为一种民主的教育方法。"开展党的群众路线教育实践活动，是我们党在新形势下坚持党要管党、从严治党的重大决策"[③]，"这次教育实践活动借鉴延安整风经验，明确提出'照镜子、正衣冠、洗洗澡、治治病'的总要求。这4句话、12个字，概括起来就是要自我净化、自我完善、自我革新、自我提高"[④]。重提"团结—批评—团结"的公式，通过连续不断的集体批评和自我批评实现思想转变。"各级党组织要教育党员、干部坚持'团结—批评—团结'的公式……既深刻剖析和检查自己，又开展诚恳的相互批评，触及思想和灵魂，既红红脸、出出汗，又明确整改方向。"[⑤] "批评和自我批评是我们党的优良传统，是增强党组织战斗力、维护党的团结统一的有效武器。为什么说要以整风精神来抓？因为党内脱离群众的种种问题特别是'四风'问题都是顽症，要真正解决问题……有动真碰硬、敢于交锋的精神……批评和自我批评这个'利器'在很多地方变成了'钝器'……有的甚至把自我批评变成了自我表扬，相互批评变成了相互吹风。这次教育实践活动，要在批评和自我批评上好好下一番功夫"。[⑥] "不能用'批评'抵制批评，搞无原则的纷争"。[⑦]

第四，文化建设培养新时代的新人。

新中国成立初期，平等主义的和艰苦朴素的价值观有力地约束了干

---

① 习近平．新世纪的选择：福建省发达地区率先基本实现农业现代化的研究[M]．福州：福建教育出版社，2001：315.

② 习近平．在党的十八届六中全会第二次全体会议上的讲话（节选）[J]．求是，2017（1）.

③ 十八大以来重要文献选编（上）[M]．北京：中央文献出版社，2014：307.

④ 习近平谈治国理政（第一卷）[M]．北京：外文出版社，2014：375.

⑤⑥⑦ 习近平谈治国理政（第一卷）[M]．北京：外文出版社，2014：377.

部的贪婪，即使有腐败也是小腐败。在农村，地方干部的腐败通常有对集体资金的小规模贪污、任人唯亲、个人积怨、对妇女性骚扰等。在城市，通常有生产急缺物资的企业经理和掌握渠道的经济干部之间的背后交易，但贿赂和回扣并不常见，即使有也是很小金额的。而不是如西方政治中常见的那种合法的政治资助和酬劳的形式。那时几乎没有私人积累大额金钱的渠道，也没有花钱的渠道。在一个短缺经济、一个推崇生活朴素、平等主义、自我批评的思想意识环境中，官僚主义的腐朽陋俗和落后意识不能不隐身或被压抑。

随着艰苦朴素和平等主义价值观从群众和干部的思想意识中褪去，展示物质财富和贪婪不再尴尬。一种保守的、自私自利的风气在社会流行，分裂和竞争“个人化”，团结被大规模地破坏。大部分干部过着简朴的生活，却有一小撮干部热衷模仿资本家的生活习惯，给群众留下了非常恶劣的印象。

劳动分工、体力劳动和脑力劳动之间的分离，领导工作和具体执行工作之间的分离，科学理论知识和实际技能的分离，重新产生着旧的思想和政治关系。这些旧关系在无产阶级夺取政权以后很久还会继续存在，这一历史时期在全世界建成社会主义以前不会结束。重要的是使党的干部具有无产阶级的态度和社会准则，使工人抛弃苦恼着自己的非无产阶级的态度和社会准则，使人口相当大部分的农民、小手工匠人、流氓无产者和这些阶级的知识分子具有基本上是无产阶级的态度和社会准则。产生这种“无产阶级新人”的最可能的方式是，各劳动阶级被集合到与他们的传统生活方式显著不同的条件下，他们懂得纪律、组织、团结、合作和奋斗的价值，在文化上、政治上甚至在技术上，他们被提高到新的更高的水平。干部和知识分子必须生活在群众当中，和他们同甘共苦，接受他们的监督并参加体力劳动。马克思强调人们通过“革命的实践”在改造社会的过程中改造自己。毛泽东与马克思的观点非常一致。他反复强调“重新塑造人”的重要性。毛泽东注意到，苏联的意识形态只强调机器对社会主义的作用。但是，“如果不提高农民的觉悟，不改造人的思想，只靠机器，怎么能行?”①

现在有一种平衡力量，它能为反对腐朽的官僚主义陋俗的真正群众斗争提供基础。习近平总书记对问题看得很清楚并决心避免重复苏联的教训，他持续地对全党、青年和大众开展马克思主义指导的思想政治教育，强调“思想建党”“理论强党”②，要求县处级以上领导干部学原著、悟原理，以增强党性、提高能力、改进作风、推动工作。要求思想政治理论课教师着眼培养社会主义建设者和接班人，塑造新人。③ 共产党动员它的久经考验的追随者（人民群众），给予官僚主义陋俗以打击，排除社会主义前进道路上的障碍。

综上所述，传统的官僚主义意识和社会陋俗不能由一道法令“废除”或“取消”。对付官僚主义的腐朽陋俗，不懂社会主义的人只想得出一个办法，就是反对共产党领导的国家支配社会。可如果那样做，支配生产手段和产品的权力会落到组织成一个阶级的资本家手里。官僚主义陋俗不会消失，而是被西方政治常见的合法的政治资助和酬劳取代。市场关系在经济、政治和意识形态方面的作用以人民群众在社会权力体系的地位为条件。无产阶级专政由无产阶级先锋队（共产党）领导的国家对社会的支配、数个强大的劳动阶级的团结，以及先锋队与群众之间的团结组成，这就是著名的群众路线。习近平总书记创造性地把市场路线的改革和群众路线的党风廉政教育结合起来，使党保持为劳动群众服务的能力，以巩固社会主义制度的方式处理市场关系的进展：①继承邓小平的“四个现代化”理论；②从坚持四项基本原则到社会主义制度的本质特征是中国共产党的领导；③继承毛泽东的“以人民为中心”思想；④党是领导一切的和党的群众路线的结合；⑤党的建设放到决定

① 中华人民共和国国史学会．毛泽东读社会主义政治经济学批注和谈话(清样本)[M].227.

② 参考人民日报评论员文章:《坚持思想建党理论强党》,2019年6月3日。

③ 参考《习近平总书记在学校思想政治理论课教师座谈会上的重要讲话》,2019年3月20日。

性位置；⑥文化建设培养新时代的新人。

第三节　以国内大循环为主体、国内国际双循环相互促进的新发展格局

“以国内大循环为主体、国内国际双循环相互促进”的实质是在开放经济条件下建设一个统一的、自主的、以自身为动力的民族经济，从侧重于出口转变为侧重于国内的最终消费，以此为基础拓展世界市场。拓展世界市场的关键是保证自己的独立地位，同第三世界的国家建立经济上的合作和互助。生产与消费的对抗性矛盾是有效需求不足的深层根源，提高国内市场吸收能力的关键是践行“以人民为中心”的发展。为了确立这一系列选择，公有制经济和非公有制经济要协作以脱离国际专业化的现有形式，自觉地在经过正确选择的发展重点周围形成一些由相互支援的生产活动所组合起来的工业整体，这个有机的整体的各个部分是相互支持的，这就可以使技术革新和技术进步迅速地在整个经济实体中得到推广；还要进行其他方面的改造，特别是建立一项共同富裕的收入初次分配政策，以满足加速发展的巨大产能的实现的需要。

一、世界范围生产的集中和产能过剩的矛盾成为经济活动的一种常态

国际格局正在发生深刻变化，世界进入动荡变革期。一方面，霸权主义、强权政治依然存在，保护主义、单边主义不断抬头；另一方面，全球治理体系和国际秩序变革加速推进，国际力量对比更趋均衡。保护主义、单边主义上升的根源在于帝国主义统治的世界经济低迷、生产过剩的矛盾不断加剧。中华的复兴则在世界范围的生产体系上与帝国主义

构成越来越直接的竞争关系。

（一）产能过剩的概述

美国共产党经济委员会委员瓦迪·哈拉比指出，2007 年秋由美国次贷危机引爆、延宕至今的全球金融危机是一场资本主义的“生产过剩危机”，资本主义为应对危机而推出的各种措施，只会暂时性地增强资本家的支配力，并正在将美国和欧洲引入一场深刻的债务危机，最终则为更大规模的危机和苦难创造了条件。①

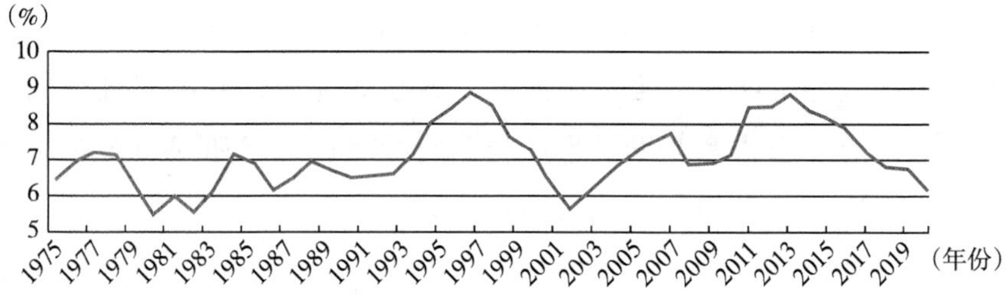

图 4.1　1975—2020 年美国非金融公司部门的利润率变化情况②

资料来源：美国商务部经济分析局、美国联邦储备委员会。

美国非金融公司部门的利润率在 1975—2020 年未能有效恢复，利润率长期停滞（见图 4.1）。这一重要历史事件的后果是，20 世纪 70 年代以来，世界范围的生产体系向东亚转移，随后在 20 世纪 80 年代主要向东亚的中国（更晚近的时候，波及受惠于中国产业链的东南亚和南亚）转移。一方面，这使中国承受着世界体系的生产过剩的外部输入压力。衡量产能过剩比较常用的指标为产能利用率，用于度量经济活动中闲置资源的数量，从而定量反映产能过剩的程度。从国际

① ［美］瓦迪·哈拉比．世界金融危机是资本主义的“生产过剩危机”［J］．马克思主义研究，2009(6)．

② NFCB 部门实体经济利润率的分子由包含存货价值调整（IVA）和资本耗费调整（CCAdj）的税前利润以及净利息支出构成；分母为非金融资产，由建筑物、设备等固定资产，知识产权产品以及存货存量构成。这一利润率不包含股票或债券的买卖或发行等金融活动的影响，反映了 NFCB 部门创造全部新价值的能力。在这基础上，计算了 1975—2020 年（2006—2020 年）美国非金融公司部门的年度利润率。rNFCB =（包含 IVA 和 CCAdj 的税前利润 + 净利息支出）/非金融资产。

经验看，一般认为79%～83%是产能利用率的正常水平，高于85%为产能不足，低于75%则表示产能严重过剩。近些年来我国工业产能利用率的变化如图4.2所示。帝国主义统治的世界体系从外部向中国输入生产过剩。

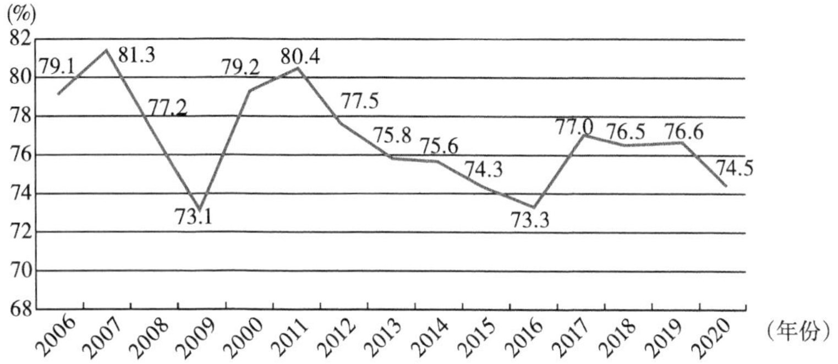

图4.2　2006—2020年我国工业产能利用率

资料来源：各年《中华人民共和国国民经济和社会发展统计公报》。

另一方面，中国的经济增长向世界经济引入了某些稳定性。中国强有力的稳定作用是阻止2007年延宕至今的世界范围的危机彻底地演变成为一场比例失调“总危机”的缘由。虽然如果美元崩溃会拖垮世界贸易，但中国的社会主义制度阻止了这场危机迅速转变成一场总危机。[1]

早在2013年10月《国务院关于化解产能严重过剩矛盾的指导意见》就指出，产能过剩的一个重要成因是产业集中度低，没有形成由优强企业主导的产业发展格局，导致行业无序竞争、重复建设严重。相应对策有支持企业兼并重组、联合重组，提高产业集中度，形成一批产业链完整、核心竞争力强的企业集团；以及向境外转移产能、开拓市场。在世界体系的全面的经常的产能过剩由外部输入而影响我国的经济

---

① 〔美〕瓦迪·哈拉比．世界金融危机是资本主义的“生产过剩危机”[J]．马克思主义研究，2009(6)．

活动，使之在一定程度上成为经济活动的一种常态时，一定部门联合成大型生产组织调节生产，越来越成为竞争本身的要求。要快速大规模高质量完成资本规模的扩张，跑赢资本竞赛，进行资本集中是一条必选之路。

（二）生产集中化的概述

这一部分考察近些年来我国生产集中化的主要情况。全国工业企业的数目、总资产、国家资本金和法人资本金的变化见表 4. 1。

表 4. 1　2010—2019 年全国工业企业单位数、资产总计和法人资本金

年份	2010	2011	2012	2013	2014	2015	2016	2017	2018	2019
单位数（个）	452872	325609	343769	369813	377888	383148	378599	372729	374964	377815
资产总计（亿元）	592881. 89	675796. 86	768421. 2	870751. 07	956777. 2	1023398. 12	1085865. 94	1121909. 57	1153251. 18	1205868. 92
法人资本金（亿元）	46337. 12	53035. 07	58093. 87	61044. 7	67101. 55	73321. 76	81531. 3	82115. 33	91367. 06	104905. 51

资料来源：国家统计局。

由表 4. 1 可见，2010—2019 年，全国工业企业数目减少 16. 57%。由于企业数目和资本金（总资产）两方面的变化，全国工业企业平均法人资本金由 2010 年的 0. 1 亿元增加到 2019 年的 0. 28 亿元，全国工业企业的平均资产由 2010 年的 1. 31 亿元增加到 2019 年的 3. 19 亿元。这表现出生产集中化的趋势。

为了具体地了解生产集中化在我国的发展情况，必须考察有关国有工业企业、股份有限责任公司工业企业和私营工业企业的统计数字。

1. 国有工业企业

国有工业企业的数目、总资产、国家资本金和法人资本金的变化见表 4. 2。

表 4.2　2010—2019 年国有工业企业单位数、资产总计、国家资本金和法人资本金

年份	2010	2011	2012	2013	2014	2015	2016	2017	2018	2019
单位数（个）	8726	6707	6770	3957	3450	3234	2459	1946	1836	1522
资产总计（亿元）	79887.93	88753.63	102035.45	69825.76	66954.56	71514.87	67394.1	63627.72	65398	30159.6
国家资本金（亿元）	20404.37	22601.38	29227.93	34694.96	39470.22	53076.32	59163.1	80050.92	70659.42	70401.64
法人资本金（亿元）	5877.74	6749.89	6232.76	2296.76	1732.24	1654.05	1607.78	1616.31	581.17	2710.10

资料来源：国家统计局。

2010—2019 年，国有工业企业数目减少 82.56%。由于企业数目和资本金（总资产）两方面的变化，单个国有工业企业平均国家资本金由 2010 年的 2.34 亿元增加到 2019 年的 46.26 亿元；平均法人资本金由 2010 年的 0.67 亿元增加到 2019 年的 1.78 亿元。单个国有工业企业的平均资产由 2010 年的 9.16 亿元增加到 2019 年的 19.82 亿元。这表明生产集中化取得了较大进展。

如果考虑到资本金在拥有不同资金的国有工业企业中的分布情况，那么，生产集中化似乎表现得更加明显。从表 4.3 中可以看出，2019 年大型企业占全国工业企业总数的 2.17%，资产占全国工业企业总资产的 47.21%，拥有国家资本金占全国工业企业国家资本金总额的 65.39%。中型企业占全国工业企业总数的 10.58%，资产占全国工业企业总资产的 22.51%，拥有国家资本金占全国工业企业国家资本金总额的 17.09%。小型企业占全国工业企业总数的 87.25%，资产占全国工业企业总资产的 30.28%，拥有国家资本金占全国工业企业国家资本金总额的 17.52%。可以看出，集中化的趋势是无可争辩的。

表 4.3　2019 年各类型企业单位数、资产和国家资本金

工业企业类别	企业数目（家）	资产总计（亿元）	国家资本金（亿元）
大型	8210	569249.1	46031.90
中型	39974	271433.5	12034.58
小型	329631	365186.4	12335.17
总计	377815	1205869	70401.65

资料来源：国家统计局。

2. 股份有限公司工业企业

股份有限公司工业企业的数目、总资产、国家资本金和法人资本金的变化见表 4.4。

表 4.4　2010—2019 年股份有限公司工业企业单位数、资产总计、国家资本金和法人资本金

年份	2010	2011	2012	2013	2014	2015	2016	2017	2018	2019
单位数（个）	9562	8563	9012	10308	10475	11061	12007	12086	11980	11557
资产总计（亿元）	68098.8	84259.03	98056.53	114741.98	125744.34	139031.35	153952.57	167085.17	174685.9	184793.7
国家资本金（亿元）	3587.37	5935.15	7666.2	8573.79	9495.23	9790.48	10101	10525.08	10307.16	11147.86
法人资本金（亿元）	5689.73	6554.82	7132.39	7920.41	8217.42	8983.39	11197.8	11722.61	11778.24	13043.35

资料来源：国家统计局。

2010—2019 年，股份有限公司工业企业数目增加 20.86%。由于企业数目和资本金（总资产）两方面的变化，单个股份有限公司工业企业平均国家资本金由 2010 年的 0.38 亿元增加到 2019 年的 0.96 亿元；平均法人资本金由 2010 年的 0.6 亿元增加到 2019 年的 1.13 亿元。单个股份有限公司工业企业的平均资产由 2010 年的 7.12 亿元增加到 2019 年的 15.99 亿元。这也表明了生产集中化的趋势，但是，与国有工业企

业相比，股份有限公司工业企业所集结的资金少得多。

3. 私营工业企业

私营工业企业的数目、总资产和法人资本金的变化见表 4.5。

表 4.5　2010—2019 年私营工业企业单位数、资产总计和法人资本金

年份	2010	2011	2012	2013	2014	2015	2016	2017	2018	2019
单位数（个）	273259	180612	189289	208409	213789	216506	214309	215138	220628	243640
资产总计（亿元）	116867.83	127749.86	152548.13	187704.4	213114.42	229006.48	239542.71	242636.74	239288.8	282829.6
法人资本金（亿元）	8317.38	9328.5	11964.58	14208	17359.45	17586.54	19387.18	20648.74	25348.74	25233.40

资料来源：国家统计局。

2010—2019 年，私营工业企业数目减少 10.84%。由于企业数目和资本金（总资产）两方面的变化，单个私营工业企业平均法人资本金由 2010 年的 0.03 亿元增加到 2019 年的 0.1 亿元。单个私营工业企业的平均资产由 2010 年的 0.43 亿元增加到 2019 年的 1.16 亿元。这也表明了生产集中化的趋势，但是，与国有工业企业和股份有限公司工业企业相比，私营工业企业所集结的资金更少得多。

图 4.3　国有、股份有限公司、私营工业企业平均资产额

总的来看，2019 年我国的工业企业的数目比 2010 年减少了 16.57%。

2010年全社会固定资产投资251683.77亿元，2019年则是560874亿元，是2010年的2.23倍。2010年全社会工业就业人员21842.1万人，2019年21305万人，比2010年减少了2.4%。企业数在减少，同一时期投资大幅增加，劳动就业人数基本维持不变。这就是集中化的某种标志。然而，由图4.3可见，就目前而言，集中化程度最高的、在促进生产集中以适应世界范围内的有组织竞争方面主要依赖的，还是国家所有制经济。竞争的成熟本身就日益要求限制竞争，要求形成一些全部或几乎全部控制某个生产部门的大型生产组织。以私有制为基础的大型组织，自发地表现了工业的某种程度的集中化和生产力的某种程度的发展。以公有制为基础的大型组织，则本身就是工业的集中化和生产力的发展的自觉性起作用的结果。

二、世界市场和国内市场的双循环

（一）世界市场

世界市场的自由贸易的实质是，排除一些仍然阻碍着资本自由发展的民族障碍，让资本能充分地自由活动。① 随着世界市场的形成而来的是不可遏止的竞争，因为一国是通过牺牲别国而致富的。② 在20世纪初，帝国主义完成了极少数国家对世界的瓜分，其中每个国家剥削着（指榨取超额利润）全世界的一部分；每一个国家都由于托拉斯、卡特尔、金融资本以及债权人对债务人的关系等而在世界市场上占有垄断地位。第二次世界大战在经济方面的最重要的结果是美国剥削全世界的关系的确立，它在世界市场上占有垄断地位。在战争时期，美国指望击溃自己最危险的竞争者德国和日本，夺取国外市场、世界的原料资源，并取得世界霸权。战后，美国使西欧、日本和其他资本主义国家仰其配

① 马克思恩格斯文集（第一卷）［M］. 北京：人民出版社，2009：756.

② 马克思恩格斯文集（第一卷）［M］. 北京：人民出版社，2009：758.

给，德国（西德）、英国、法国、意大利、日本都顺从地执行着美国的意旨。对于没有加入“马歇尔计划”体系的苏联、中国和欧洲各人民民主国家实行经济封锁，想以此窒杀这些国家。

新中国在世界市场上出现得晚：我们的大工业只是在 1949 年的革命为它扫除了最严重的政治障碍以后，才充分发展起来，只是在 1979 年中美建交以后才获得了融入世界市场的机会。然后，我们发现，世界市场大部分已经被占据了。供应大路商品的是美、德、日、韩，甚至中国台湾；供应精致奢侈品的是意大利、法国。我们先是用价格、现在正在用质量和科技创新在生产过剩条件下进行竞争。这样，我国就终于达到了这个地步：建立了大工业并在世界市场上占有一席之地。

一旦在世界市场上站稳脚跟，就会在自由贸易的道路上一往直前地走下去。到这个时候，一场史无前例的工业斗争就不可避免了。在所有的市场上，老牌帝国的工业投入一场同我国工业产品的斗争。随着 21 世纪 10 年代的进展，一切条件都在变化。每个国家内的工业和贸易关系都依赖该国和其他国家的交往，都受该国和世界市场的关系的制约。自奥巴马政府起，我国与各个国家的工业和贸易关系遭到美国在工业和贸易上的世界霸权的破坏。特朗普政府的准脱钩政策（拜登政府没有改变特朗普政府的对华政策），使统一的无所不包的世界市场正处在瓦解的过程中。到这个地步，对我国关键的是，哪一部分世界市场是我们可以争取和把握的？

从图 4. 4、图 4. 5 中可以看出，不论货物贸易还是承包工程代表的服务贸易，亚洲在我国的世界市场格局中都占据绝对重要的份额。非洲和拉丁美洲的份额在不断增长，货物贸易的进展缓慢。在承包工程方面，非洲占据着相当重要的份额。就货物贸易而言，美国主导的欧洲和北美洲在我国的世界市场格局中依然占据重要的份额，这也是我国近些年在世界市场的自由贸易中遭遇困难的主要原因。

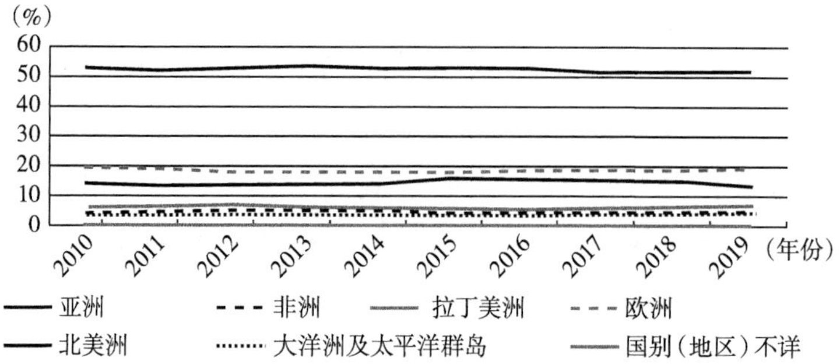

图 4.4 2010—2019 年我国同各洲货物进出口金额占货物进出口总额的比例

资料来源:国家统计局。

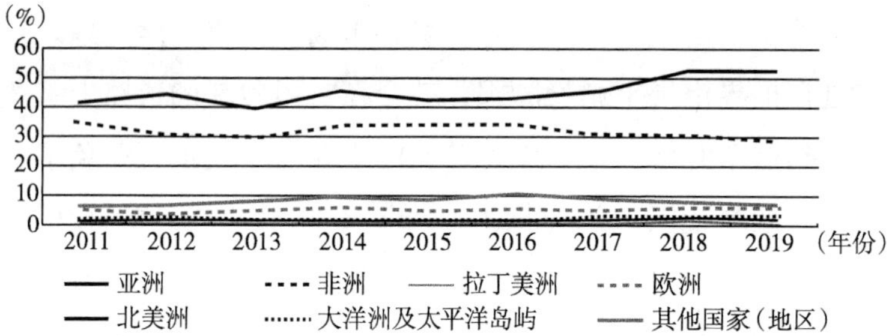

图 4.5 2011—2019 年我国对各洲承包工程完成营业额占对世界承包工程完成营业额的比例①

资料来源:国家统计局。

世界性的贸易还受世界市场上资本家阶级和工人阶级之间的关系的限制。因为工人阶级构成消费者的最大部分,可以说,随着工人阶级收入的减少——在世界市场上的减少——生产和消费之间就会出现不适应,从而造成生产过剩。根据皮凯蒂等(Facundo Alvaredo, Lucas Chancel, Thomas Piketty, Emmanuel Saez, Gabriel Zucman, 2017)的研究,几乎全球所有国家近十几年来最顶层的收入和财富份额都在急剧扩张。②

① 国家统计局提供的此项数据截至 2019 年。

② Facundo Alvaredo et al. , Lucas Chancel, Thomas Piktty & Emmanuel Saez & Gabriel Zucman. Global Inequality Dynamics: New Findings from WID. World[J]. American Economic Review, 2017, 107(5):404 - 409.

我国在世界市场上占的地位越重要，受此种情况的波及就越是如此。

在未来可见的时期，世界销售市场的条件会恶化，企业开工不足的现象会增多。世界市场的瓦解所造成的世界资本主义体系总危机的加深就表现在这里。我们在世界市场活动的原则底线可归纳为以下几条：

第一，有保证的原料和销售市场，具有头等重要的意义。保证自己的独立地位，也保证自己的高额利润。

第二，在日益扩大的规模上生产一切商品——进入世界市场的流通，并且必须运到更远的市场。

第三，需求的世界历史性发展。同亚非拉第三世界的国家在经济上结合起来，建立经济上的合作和互助，给予各发展中国家以真正的和技术精湛的帮助。这就是“一带一路”的高瞻远瞩。问题不仅在于这种帮助是极度便宜的，技术上是头等的，更在于这种合作的基础，是互相帮助和求得共同经济高涨的真诚愿望。

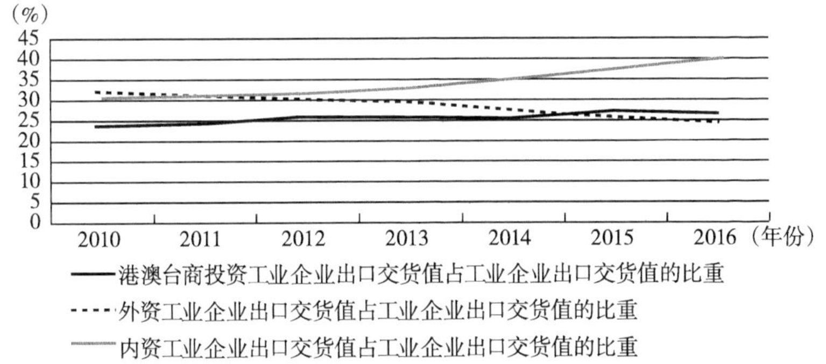

图 4.6　2010—2016 年外资、港澳台商和内资工业企业出口交货值占工业企业出口交货值的比重①

资料来源：国家统计局。

从图 4.6 可见，外资工业企业出口交货值在我国工业企业出口交货值的占比从 2010 年的 31.8% 逐年下降到 2016 年的 24.4%，港澳台商投资工业企业出口交货值占我国工业企业出口交货值的比重从 2010 年的

① 国家统计局提供的此项数据截至 2016 年。

23.8%逐年上升到2016年的26.4%，内资工业企业出口交货值占我国工业企业出口交货值的比重从2010年的30.7%逐年上升到2016年的39.6%①，私营工业企业出口交货值占内资工业企业出口交货值的比重在2010—2016年始终在43.5%～46.5%波动（见图4.7）。说明21世纪10年代以来，我国的民族企业成为我国参与世界市场工业制成品贸易的主体，非公有制经济接近半壁江山；外国投资工业企业代表我国参与世界市场的份额在逐步降低。这是我国从政治结构上杜绝了其他外围地带发生的“买办阶级、工业垄断阶级和大地主从工业生产退到流通（商业和金融）”的结果，是坚持党对经济工作的领导，与中心争夺剩余控制权的结果；也就是这个不能正当说出口的缘由（共产党的执政使整个国家的经济是趋向“工业主义”的），使以美国为首的西方污名化共产党政权，因为它妨碍到了中心资本主义积累的需要。

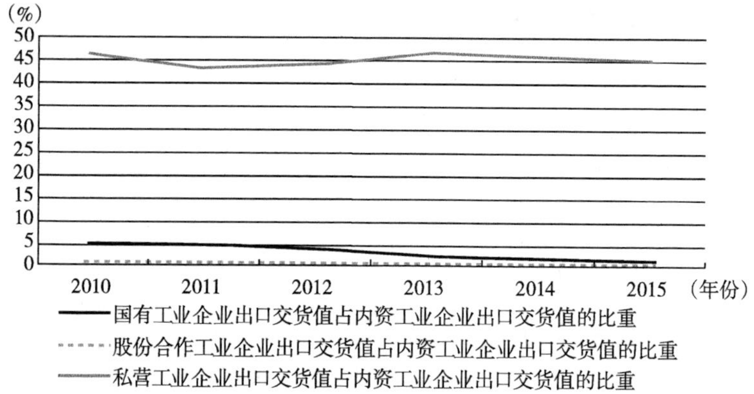

图4.7　2010—2016年国有、股份合作、私营工业企业出口交货值占内资工业企业出口交货值的比重②

资料来源：国家统计局。

（二）国内市场

一个国外的市场同一个既是国内的又是国外的市场相比是有限的。

①② 国家统计局提供的此项数据截至2016年。

世界市场在每一定时刻也是有限的。为了不发生生产过剩，双循环必须建立起来，并且要确立国内市场的主体地位。国内市场有潜在的扩大的能力，而且这种能力掌握在我们的手中。

从表4.6可见，国内市场不完全是我国各种制成品市场的“内部市场”，有一部分市场成了西方资本主义的“世界市场”；一个好的趋势是，2010年以来，进口总额占最终消费的比重不断降低，这意味着国内市场的越来越大的份额正在重新成为我国各种制成品的“内部市场”。

表4.6 2010—2020年我国最终消费、进口总额及进口总额占最终消费的比重

年份	2010	2011	2012	2013	2014	2015	2016	2017	2018	2019	2020
最终消费（亿元）	201581.4	244747.3	275443.9	306663.7	338031.2	371920.7	410806.4	456518.2	506134.9	551494.6	556986.4
进口总额（亿元）	94699.5	113161.39	114800.96	121037.46	120358.03	104336.1	104967.17	124789.81	140881.31	143162.41	112230.57
进口总额占最终消费的比重（%）	47.0	46.2	41.7	39.5	35.6	28.1	25.6	27.3	27.8	26.0	25.5

资料来源：国家统计局。

国内市场份额的夺回只能通过不断地提高我国制造业的竞争力来实现，不能通过保护关税来保护国内市场。胡乱抬高一切进口原料和进口粮食的价格反过来会影响许多本地商品的价格，从而堵塞我国工业制成品在世界市场上的大部分销路。在一个国家在世界市场上的地位得到巩固的时候，实施保护关税制度，会阻碍这一过程的发展。国内市场已经苦于产能严重过剩的矛盾，保护关税所起的作用只不过是使小生产者被结成卡特尔和托拉斯的大生产者所挤垮，让后者，即有组织的垄断势力支配市场，从而剥削国内的消费者。我国的民族工业只有在寻求互惠平等贸易的过程中为自己打开世界市场之门，前提是摆脱保护关税，在两个市场上，在与各国的制成品直接竞争的过程中做强做优做大。

三、以国内大循环为主体

要使建设超大规模的国内市场成为一个可持续的历史过程，必须从消费侧和供给侧同时着手提升国内大循环的效率和水平。

（一）消费侧的公有制经济

公有制生产因其财产关系的特征而区别于其他生产方式。生产资料的所有制极其重要，会对个人生活产生不同的影响。在私有制底下，生产资料的所有权局限于总人口中的一小撮，生产资料所有权及由此产生的利润是这部分人可消费的收入的源泉；其余的不得不出卖劳动力以糊口。在公有制生产下，没有雇主阶级，也没有割裂的工人阶级；原则上每个人都是工人，唯一的雇主是社会本身，实行按劳分配的原则，废除了在雇佣劳动基础上的按资本私有权进行分配的制度。从国有单位就业人员平均工资与其他单位（主要是非公有制单位）就业人员平均工资的比较来看，的确符合前述原则（见图 4.8）。国有单位就业人员平均工资较大幅度地高于非公有单位就业人员的平均工资，是社会主义优越性的体现，而不是造成全社会收入分配差距的原因（全社会收入分配差距是由生产资料私有者与不占有生产资料的劳动者之间关于社会物质产品的占有关系的差别造成的）。

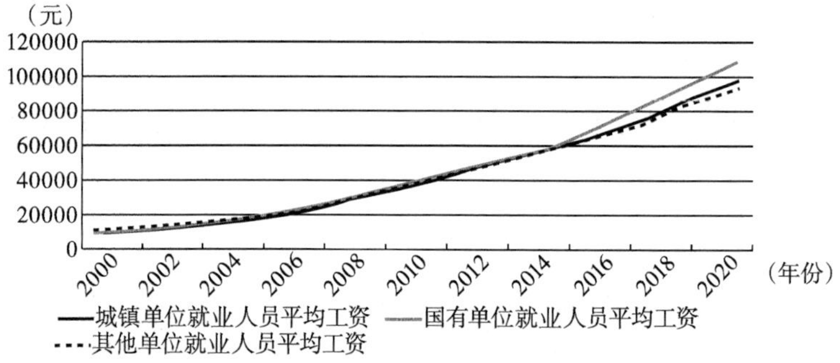

图 4.8　2000—2020 年城镇单位、国有单位、其他单位就业人员平均工资

在生产资料公有制的条件下，私有制生产的无政府状态被联合起来的生产者的总意志和总计划所代替。因为工人阶级领导的劳动群众的利益客观上是和社会进步趋势相一致的，他们通过取得政权而掌握这一部分生产资料，摆脱了赚取利润的必要性。经济活动由一般计划来协调才使公有制生产克服私有制的无政府状态的矛盾。在这里，不像“社会的理智总是事后才起作用”[①] 的非公有制生产那样，事先就能断定结果。公有制生产的根本目的就是人及其需要，不存在生产与消费之间的对抗性矛盾。即使一时出现了生产总量与需求总量不适应的情况，也不会形成全面的生产过剩，国家可以采取多种适当方式在全体社会成员中进行分配，更好地满足他们的需要，因为在这里全部财富本来就是属于全社会的。

公有制经济也会出现严重比例失调现象。在其内部，由于人们对物质生产发展规律认识不够，在经济发展中会发生比例失调的结构性矛盾，这是局部矛盾，要通过对科学发展规律性的认识，加强公有制经济的计划性来校正，它与全面生产过剩危机有着本质的区别。公有制经济总是，并且理所当然地努力调整生产资料的扩张使其符合人民不断增长的消费需要的要求。在规划和平衡经济的框架内，错误是会发生的，但总是可以被纠正，而毋需以一般的萧条为代价。规划者没有理由不去学习纠错以及减少比例失调，使其降低到尽可能小的程度。公有制经济就其本质而言解决了非公有制经济的核心困境，社会可以预见发展，计划发展。

为扩大内需和建立起国内市场循环计，应继续巩固和扩大公有制的主体地位。公有制部门吸纳就业人员的比重，自 2000 年以来持续地下降，目前已大幅低于私营、个体、有限责任和股份有限公司代表的非公有制经济（见图 4.9）。诚然，企业吸纳就业的多寡是由其生产的技术

① 马克思恩格斯全集(第 24 卷)[M]. 北京:人民出版社,1972:350.

构成决定的，即较多地使用机器还是较多地使用劳动力；由于社会主义生产资料可以在小规模生产的产业内保有某一数量的私有权，社会化大生产的产业内实施生产资料的公有制，也就意味着公有制经济天然地较多地使用机器，它吸纳的就业人员相对非公有制经济来说较少，这是客观条件。但是，劳动权是工人基本的要求，“劳动权就是支配资本的权力，支配资本的权力就是占有生产资料，使生产资料受联合起来的工人阶级支配”①，这就要求更大幅地在生产资料公有制的原则上组织整个生产。

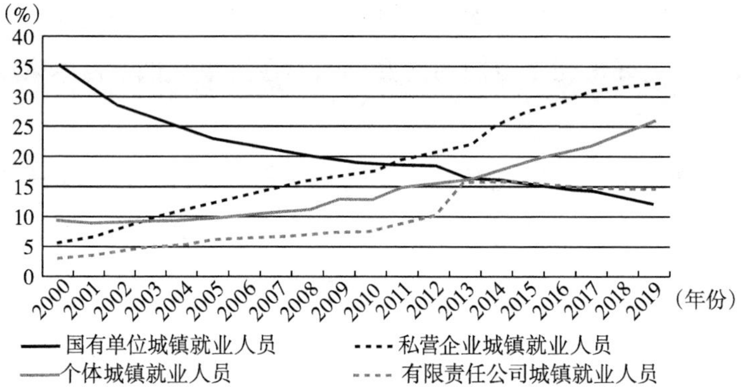

图 4.9　2000—2020 年国有、私营、个体、有限责任公司、股份有限公司城镇就业人员占城镇就业人员的比重

（二）消费侧的非公有制经济

非公有制生产的本质是剩余价值生产。由于追逐剩余价值，民营企业家有着无限扩大资本积累的欲望。资本积累导致资本有机构成的不断提高，因而形成了相对过剩人口。正是过剩人口调节着一般工资率的变动，它的存在迫使在业工人不能提出正常的工资要求。这决定了生产与消费的对抗性矛盾。这一规律表明了有效需求不足的深层根源，也可以说是阐述产能过剩矛盾的深层的一般基础。

① 马克思. 1848 年至 1850 年的法兰西阶级斗争[M]. 北京：人民出版社，2018：2.

构成现代生产过剩的基础的，正是生产力的不可遏制的发展和由此产生的大规模的生产，这种大规模的生产是在这样的条件下进行的：一方面，广大的生产者的消费只限于必需品的范围；另一方面，民营企业家的利润成为生产的界限。平均利润率趋向下降，迫使民营企业家用扩大投资、增大利润的绝对量来弥补。这就更加推动其排除一切障碍无止境地追加投资。平均利润率趋向下降只是劳动生产率提高的另一种表现。

生产资本越增加，它就越是迫不得已地为市场（这种市场的需求它并不了解）而生产，生产就越是超过消费，供给就越是力图强制需求，结果过剩矛盾的发生也就越猛烈而且频繁。这又加速了资本的集中，扩大了雇佣劳动军的队伍。因此，生产资本越扩大，工人之间的竞争就越加剧，而且其激烈的程度大大超过以前。所有人的劳动报酬都减少了，而一些人的劳动负担也增加了。

这个问题的多数研究者避开了深入生产领域研究人与人之间的生产关系、探讨生产与消费为什么会处于对抗性矛盾之中。大多数研究承认供给与需求之间的矛盾，却没有从非公有经济内部、没有从它的生产方式上去寻找过剩矛盾和失业的原因，而是把过剩矛盾和失业归因于有效需求不足，并进一步归结为心理因素。过剩矛盾和失业是非公有制经济的经常现象，不仅产生于生产的不合比例，而且也归因于收入和财富的分化的关系。根据皮凯蒂等（Thomas Piketty，Li Yang，Gabriel Zucman，2019）的研究，中国国民财富与收入之比从 1978 年的 350% 增加到 2015 年的 700%，而公有财产占国民财富的比重从 70% 下降至 30%。据他们的估计，1978—2015 年，中国顶层 10% 人口的收入份额从 1978 年的 27% 上升到 2015 年的 41%，底层 50% 人口的收入份额从 1978 年的 27% 下降到 2015 年的 15%。[①] 从图 4. 10 可见，最终消费率、居民消

① 托马斯·皮凯蒂，杨利，加布里埃尔·祖克曼，刘欢．中国资本积累、私有财产与不平等的增长：1978—2015[J]．财经智库，2019(4)．

费占最终消费的比率呈下降的趋势，从侧面印证了收入和财富的分化与有效需求的相关性。

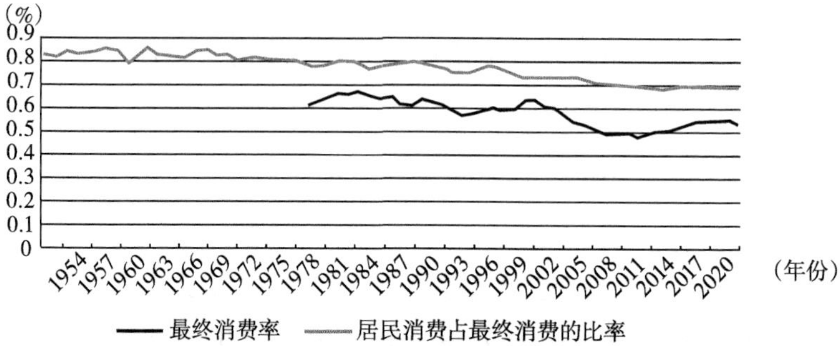

图 4.10　1952—2020 年最终消费率、居民消费占最终消费的比率

资料来源：国家统计局。

要挖掘我国超大规模市场优势和内需潜力，关键是要践行“以人民为中心”的发展，使发展成果更多、更公平惠及全体人民，朝着共同富裕方向稳步前进。就非公有制经济而言，教育企业家对国家、民族、人民的使命感和责任感，回报社会、切实履行社会责任、稳定就业岗位、关爱员工，提高政治站位，鼓励其推动生产的组织方式的创新，是社会主义市场经济的题中应有之义。

（三）供给侧的混合所有制经济

从供给侧的角度讲，就是加速生产力的物质上的发展，生产力的物质上的发展使生产集中，生产集中的结果是，对每一企业必须投入大量资本，新企业在必要资本额方面面临越来越高的要求。当生产和资本的集中发展到了最大规模的控制的高度时，联合制成为工业的普遍组织方式，即把不同的工业部门联合在一个企业中，这些部门或者是以此对原材料进行加工，或者是一个部门对另一个部门起辅助作用。联合企业有更稳定的利润率，使技术改进有可能实现，因为与没有联合的企业相比，它们能够得到更多的利润。大型企业意味着集中在不断地发展，某些企业越来越大，同一工业部门或不同工业部门的企业结合为大型企业的越来越多。国有资本投资运营公司可以是联合企业的指挥者。

国有资本投资运营公司可以用较少的钱控制住较多的资本，确保对工业的广泛控制。首先，应通过合资、增资（以较低的价格向小股东赎回其新证券认购权）、进入董事会（因拥有股票而进入股东会，在其中行使表决权），或通过收购工业证券的业务，控制一大部分工业资本。其次，国有资本投资运营公司应设立股东会服务部，将其一定数目的领导人员或管理人员插到工业的董事会中。最后，在国有资本与非公有制的工业资本相结合的过程中，应秉持国有资本占主导地位的原则，并进行相关的立法，以保障和扩大国有资本的企业经营权，做好对最重要产品的生产和分配的监督。

国有企业是生产资本形式的产业资本。生产资本形式的产业资本与任何别一种形成产品的劳动过程一样，由两个要素构成：一是物的劳动条件（生产资料）；二是生产地发挥作用的劳动力。生产过程表现为产业资本的生产职能。企业用购买的劳动力和生产资料从事生产消费，以及作为卖者回到市场，把商品转化为货币。资本价值在它的生产阶段所采取的形式是生产资本，即资本价值在企业中采取实物形式，这种形式的资本价值不能继续流通，而必须进入生产消费。形成商品的人的要素和物的要素结合一同进入生产过程，消耗生产资本的组成部分，使它们转化为一个具有更高价值的商品量。[①] 国有企业是国家所有制的产业资本在生产资本的形式上组织物质生产过程的存在形式。

国有资本是货币资本形式的产业资本，它是产业资本在流通领域时而采取时而抛弃的不同职能形式由于社会分工而独立化的和发展的存在形式，它属于产业资本。随着产业资本支配社会的生产，在产业资本以前的、成为过去的或正在衰落的社会生产状态中就已出现的货币资本，不仅要从属于产业资本，而且要改变其职能机制来和产业资本相适应，

---

① 马克思恩格斯文集（第六卷）[M]. 北京：人民出版社，2009：94.

且只能在产业资本的基础上运动。货币资本要和它的产业资本的基础同生死共存亡。[①] 国有资本是国家所有制的产业资本在货币资本的形式上采取的独立化的和发展的又属于产业资本范畴的存在形式。

产业资本职能的分工使货币资本作为特殊营业部门的承担者和产业资本并列出现的历史条件是生产的集中。在大工业的一切领域内，生产以日益加快的速度增长，与此相反，这些增产的产品的市场的扩大却不断变慢。全面、经常的生产过剩使竞争自由受阻，因而联合成为调节生产的手段。这种联合是货币资本与“最大规模的控制单位”的工业组织互相渗透的产物。货币资本以这种或那种方式掌握工业资本，这种掌握往往是通过货币资本与业已具备最大规模的集中特点的那部分工业资本相互联合的途径实现的。货币资本可以借助它各方面的联系，切实摸清个别产业资本活动的处境从而掌握工业。

第四节　本章小结

社会主义初级阶段是一个不可跳过的历史过程。新发展阶段，就是社会主义初级阶段中的一个阶段，同时是其中经过几十年积累、站到了新的起点上的一个阶段。强调创新发展、坚持以人民为中心的发展思想，构建以国内大循环为主体、国内国际双循环相互促进的新发展格局是贯彻新发展理念的各个方面中重要的三个。

一、强调创新发展

科技创新摆在国家发展全局的核心位置。在党对科技事业的全面领导下，形成高效的组织动员体系和统筹协调的科技资源配置模式。

第一，谋求发展（劳动生产率的提升）的动力是创新。而创新不

① 马克思恩格斯文集(第六卷)[M]. 北京:人民出版社,2009:63.

应仅仅成为企业对利润的追求，更应该从国家竞争力的角度去理解它，使有为政府和有效市场更好结合。

第二，坚持党对科技事业的全面领导，观大势、谋全局、抓根本。“十四五”规划和2035年远景目标纲要在战略导向上瞄准人类面临的挑战，即“宏大想象”，想象经济发展和技术变迁的方向。

第三，以一种“民主地协商、每个参与者负责任”的方法才有可能解决最迫切的社会和技术挑战。最大限度地抛弃“官僚习气”；以“揭榜挂帅”体制机制发现和激发可堪任用的创业团队，不是专注于创造单个的“国家冠军”型企业，而是致力于打造群星璀璨式的创新型企业；通过搭建共享的科研设施、筛选淬炼科研生态的方法，帮助链接公私风险资本和科学技术成果的所有者。

第四，创新的关键能力，本质是捋顺一条脉络：创造知识、激发传播知识的网络、使知识和创新广泛地扩散到各个经济部门。

第五，在基础研究和应用研究之间没有分割界限。基础研究是从未知到已知、从不确定性到确定性的道路。基础研究突出原创，推进对宇宙演化、意识本质、物质结构、生命起源等的探索和发现，拓展认识自然的边界，开辟新的认知疆域。基础研究更要应用牵引、突破瓶颈，从经济社会发展和国家安全面临的实际问题中凝练科学问题，弄通“卡脖子”技术的基础理论和技术原理。①

二、实现以人民为中心的发展

“以人民为中心，把为人民谋幸福作为检验改革成效的标准”②，这是一条以巩固社会主义制度的方式处理市场关系的进展的政治路线。让群众过问政治，并将越来越大的创造力、议事的权利和责任交给人民大

---

① 习近平．在中国科学院第二十次院士大会、中国工程院第十五次院士大会、中国科协第十次全国代表大会上的讲话．2021－05－28.

② 五年来，习近平这样论述“全面深化改革”，新华网．2019－01－24.

众。经群众斗争而建立起来的革命政权的真正阶级性是由这一政权所服务的阶级利益的性质决定的，也就是国家政权和劳动群众之间的具体关系。党必须竭力反对国家机器脱离群众并高居群众之上，要与群众不断地保持密切联系并帮助群众努力争取控制生产手段和产品。任何把习近平总书记的“全面深化改革”曲解为“以市场原教旨主义为指导的彻底的私有化、自由化”都是严重的歪曲和篡改。马克思并不认为社会主义制度以及社会关系的变化，只是简单的现代经济繁荣的产物。只靠“生产力和物质生活的提高就能使人的思想转变为社会主义思想”，这是把马克思的“存在决定意识”中的“存在”狭隘地解释为生产力。对革命的实践来说，“存在”应被理解为“物质生产的社会组织方式”，也就是直接生产者与生产手段和产品不被分离和分裂的方式。所以，物质基础和社会主义理想、人的社会主义改造、社会主义的人的本质问题共同构成社会主义的前提条件。

新时代中国特色社会主义的两个高频词是“伟大斗争”和“群众路线”。

什么是伟大斗争？①镇压反革命（帝国主义加上国内阶级中跟着他们跑的人）的任务；②党的支配作用以及这一作用的思想性和政治性，决定了党的干部队伍的“无产阶级的”领导作风的绝对必要性；③还有一项重要而艰巨的任务，即把人口中其他劳动群众部分（农民、小资产阶级、流氓无产者）通过教育和其他手段提高到无产阶级的水平。共产党正确地发挥作用，就必须经常把思想意识的教育摆在首位，并使无产阶级思想成为社会思想意识中的普照的光。没有一个“无产阶级的领导作风”的党，主客观的关系就不能革命化。党的十八大以来，中共中央开展各类主题教育活动，这是对延安时期思想改造运动的经验的恢复，把“思想改造”作为一种民主的教育方法，通过连续不断的集体的“批评和自我批评过程”实现思想转变。党的领导采取说服和解释的形式而不以高压手段强制行使权力。

什么是群众路线？党和党所体现的无产阶级思想体系对所有其他社会机构发挥支配作用，对劳动群众也是这样。①无产阶级的国家政权最初是对经济基础行使的，对这种经济基础的彻底改造单单靠掌握政权是不够的。尽管有“国有化”和“国家控制”，大部分旧的社会关系继续存在着，这些关系不能依靠革命政权“上层”立即“废除”，它们的消灭只能来自整个历史时期的改造过程。在这种改造的期间，担任领导工作的政治干部和技术人员，必须生活在群众当中，和他们同甘共苦，接受他们的监督。党员干部必须先当群众的学生，才能当群众的先生，假若不是这样，那么共产党人就得不到群众的支持，也不能与人民群众合作了。②党帮助劳动群众改造自己，也就是帮助群众不断地打破个人利益和特殊利益的优先地位，为自己树立无产阶级世界观。这种世界观起初是在资产阶级思想的作祟下部分地同群众隔离开来的，党有领导群众自己教育自己的责任。工人在革命实践、具体事例和自由讨论中，受到先锋队的说服教育和积极事例的引导，采取越来越自觉的团结一致的无产阶级思想立场，逐步抛弃让自己苦恼的非无产阶级思想。其他劳动阶级经常受无产阶级思想的指导，逐步地乃至全部地抛弃他们原来阶级的狭隘利益。

无产阶级政权要提高劳动生产率、消灭浪费和紊乱，这取决于生产过程的社会条件。企业并不能离开生产关系、劳动分工和管理的形式而具有社会主义性质。只有数个强大的劳动阶级的团结，以及党与群众之间的团结成为最重要的考虑，个人希望运用自己的力量和劳动为建设一个崭新的社会服务，人民大众才有力量消灭妨害直接生产者控制其生存条件的一切障碍，消灭一切把他们同生产手段分离开来的、一切分裂他们的事物，取得对物质力量和社会力量的越来越大的支配权，改造生产力的性质。

三、推动国内循环与国际循环的相互促进

发达国家（中心）的组成部分和“欠发达”世界（外围）的组成部分之间的关系最终表现为价值的转移运动，这就是世界规模的积累问题的本质。[①] 世界资产阶级主要是中心资产阶级，主要力量位于中心的中心——北美的垄断资产阶级。美国所谓“基于规则的国际秩序”的实质就是每当它的资本主义生产方式同受制于它的各种前资本主义生产方式、不发达的资本主义生产方式乃至社会主义生产方式发生关系时，必须发生后三者向它的价值转移。如果这种转移不能完成，也就是这一有利于以美国为代表的中心的积累的中断，那么，美国是绝对不忍受的。

世界无产阶级是谁呢？列宁曾说：“斗争的结局归根到底取决于这一点：俄国、印度、中国等等构成世界人口的绝大多数。”[②] 马克思逝世以后的时代与马克思生活的时代不同，无产阶级的主要核心不是位于中心，而是在外围。这是资本主义体系日益激化的主要矛盾反映在利润率下降趋势中的结果。为了在世界范围内制止这种趋势，只有提高剩余价值率（即剥削率）的水平，外围形态的性质决定了在那里比在中心可以大大提高这一比率。外围的反抗会对中心的积累条件产生影响。毛泽东晚年制定的关于划分三个世界的战略，中国站在第三世界一边，加强同第三世界国家的团结，争取第二世界国家共同反霸，并且同美国、日本建立正常外交关系[③]，就是制定了我国始终站在世界无产阶级这一边的外交原则。

我国推动共建“一带一路”合作就是要推动世界体系民主化进程，

---

① 萨米尔·阿明．世界规模的积累——欠发达理论批判[M]．北京：社会科学文献出版社，2016.

② 列宁．列宁论战争与和平[M]．北京：人民出版社，1963：52.

③ 邓小平．坚持四项基本原则．1979－03－30.

推动世界体系从帝国主义在世界范围内实施专制统治，向维护和践行多边主义、构建人类命运共同体的发展。同亚非拉第三世界的国家在经济上结合起来，建立经济上的合作和互助，给予各发展中国家以真正的和技术精湛的帮助。

中国推动世界体系民主化和美国维系“基于规则的国际秩序”，本质是围绕价值的不平等交换在世界范围的阶级斗争问题。

“以国内大循环为主体、国内国际双循环”的实质是在开放经济条件下建设一个统一的、自主的、以自身为动力的民族经济，从侧重于出口转变为侧重于国内的最终消费，以此为基础拓展世界市场。高质量发展[①]就是用“自主”的、“内向”的发展政策来代替那种携着不平等条件的“外向型”“有增长无发展”政策：①组织低生产率部门的就业人口逐步向高生产率部门转移；②提高人均产值低的部门的生产率，经济重心的这种转移会自然地脱离世界不平等的经济关系建筑其上的国际专业化的现有形式；③在经过正确选择的发展重点周围形成一些由相互支援的生产活动组合起来的工业整体，可以使技术革新和技术进步迅速在整个经济实体中得到推广；④保持世界市场的重要组成部分的地位，在允许的条件下，与世界体系的中心保持贸易、金融、科学交流等的平等交往关系。

① 2017 年党的十九大报告提出，“我国经济已由高速增长阶段转向高质量发展阶段”。2020 年党的十九届五中全会指出，“我国已转向高质量发展阶段”。

第五章
我国工业体系演化史

第一节　现代工业体系的五种技术—经济范式

克里斯·弗里曼和弗朗西斯科·卢桑提出，人类工业革命经历了五种技术—经济范式的演化迭代，每一代有独特的创新集群、核心投入、支柱部门和基础设施。[①]

（1）机制棉纺织品、铁和水力为主的“技术—经济范式”。发生在18世纪70年代至19世纪三四十年代，其代表国家是英国。人力和畜力被水力替代[②]，创新主导部门是棉纺织业和冶铁业[③]，核心投入是铁[④]，

① 克里斯·弗里曼，弗朗西斯科·卢桑．光阴似箭[M]．北京：中国人民大学出版社，2007.

② 16世纪，水车是采矿和冶金的基础，熟铁和铸铁的制造离不开水车驱动的锻锤和风箱。矿石的起重、轧碾和冲压，筒钻和拉丝都要借助于水车。水力还被用于铜矿和银矿开采。18世纪大部分时期水力居主宰地位。Jenkins，D. T.（eds.）The Textile Industries，Ⅷ，In R. A. Church and E. A. Wrigley（eds），Industrial Revolution in Britain. Oxford：Blackwell.

③ 英国棉纺业占工业增加值的份额从1770年的2.6%增长到1801年的17%。随着金属零部件和机器对木制品的替代，棉纺织业越来越依靠冶铁业。Supple，B. The Experience of Economic Growth：Case Studies in Economic History [M]. New York：Random House，1963.

④ 1709年亚伯拉罕·达比（Abraham Darby）首先在鼓风机炉中使用焦炭炼铁矿石，反复加热和锻造生铁使之转化为熟铁耗费大量劳动。1783年科特发明“搅拌”和碾压工艺，该工艺的运用使熟铁供应从1788—1815年增长了500%，价格从1801年的每吨22英镑降为1815年的每吨13英镑。Mitchell W. Business Cycles：The Problem and its Settings[M]. New York：NBER（First Published 1927），1957.

基础设施是运河和公路[①]。机制棉纺织品是 19 世纪最大的单一贸易商品，英国是最大的出口国[②]。

（2）铁路、蒸汽力和机械化为主的“技术—经济范式”。发生在 19 世纪四五十年代至 80 年代，其代表国家是英国。新动力来源是蒸汽机[③]，仍以铁和煤为核心投入[④]，核心部门是与铁路业紧密相关的蒸汽机车制造、铁路车辆以及其他铁路装备制造业和制造各种机器、机床（只有运用机床才能制造机车）的机器设备制造业。制造机器的机器是其他产业机械化的基础。[⑤] 新的基础设施是铁路。[⑥] 铁路也是这一时期的支柱部门，推动所有经济部门扩张和经济系统质的变化。英国有遍及世界各地的铁路投资、设计和建设，以及铁路设备、铁轨大量出口。机器和煤的出口随之迅速增长。[⑦]

（3）钢、电力和电气化为主的“技术—经济范式”。发生在 19 世

---

① 第一次工业化依赖水力、运河和不断改善的收费公路。公路网是那时投资的重点。1700—1750 年，英国议会每年通过 8 个关于收费公路的法案，18 世纪 60—70 年代增加到 40 个。Hawke, G. R. Railways and Economic Growth in England and Wales, 1840—1870[M]. OxfordL: Oxford University Press, 1970.

② 1899 年英国棉纺织品出口超过制造业出口的 30%。Baines, E. History of the Cotton Manufacture, quoted in Rostow (1963) and von Tunzelmann (1995b), 1835.

③ 1800—1850 年的重大技术进步降低了蒸汽机成本，改进了蒸汽机性能，使它可以广泛用于运输业和固定的机器设备。Landes, D. The Unbound Promethrus: Technological and Industrial Development in Western Europe from 1750 to the Present[M]. Cambridge: Cambridge University Press, 1969.

④ 焦炭炼铁、科特的搅拌和翻转工艺都取决于煤的充足供应。1840 年英国冶铁业煤耗量占国内煤炭销售额的 1/4，1848 年铁路建设顶峰时期接近总耗煤量的一半。铁被大量用于铁路建设和新的机械设备的制造。1850 年以后，铁路耗铁量占国内铁总销售额的比重下降到 10% 左右。1856—1870 年，英国铁路国内和出口耗铁总和超过铁总销售额的 20%。

⑤ 蒸汽机性能改进得益于机床技术的进步与机械精度的提高。气缸镗孔的精确程度对高压蒸汽机尤为重要。1775 年威尔金森（John Wilkinson）发明的钻孔机对博尔顿和瓦特蒸汽机的性能改进是一系列机床创新的开始。莫德斯利（Henry Maudslay）领导的专业机床工业的建立，使得以蒸汽机为动力的高效能机械的制造成为可能。

⑥ 19 世纪 40 年代，遍布英国的主要铁路网建立起来，同一时期德、美也开始兴建铁路。铁路的贡献在于它使煤和铁（以及后来的钢）成为所有工业地区的廉价投入品。几乎随处可用煤和铁意味着机器制造业能够在新的中心地区发展。

⑦ 1830—1860 年铁占英国出口的份额逐渐增加（从 11% 增长到 18%），棉织品则有所下降（从 48% 降到 36%）。机器和煤的出口增长是在 19 世纪后半叶（机械从 2% 增长到 7%，煤从 2% 增长到 10%）。

纪70—90年代至20世纪10年代，其代表国家是美国和德国，核心投入是钢材和合金制品。钢[①]、铜[②]和电力[③]是新产业和技术集群的关键。钢被用于机械等重工业和军事工业、造船业。[④] 支柱部门是电力（发电机技术、大规模发电和输送电），新兴产业是电力设备（发电和输电网络所需机器设备）、电动机（电气机械化）、电动冶炼和电化学。基础设施是发电站和电网。新兴工业在英国的扩张慢于德国和美国。[⑤]

（4）石油、汽车及动力化为主的"技术—经济范式"。发生在20世纪20—40年代至20世纪70年代，其代表国家是美国。石油[⑥]、飞机[⑦]、

---

① 钢价下跌(19世纪60年代早期至90年代中期原钢成本下降80% ~90%)以及钢制品普及运用是新的快速增长的产业集群的主要特征。1875年钢的最主要应用是制造钢轨。19世纪50年代以后用于造船业。19世纪90年代生产出锰钢，它高度抗磨损，广泛应用于建筑和工程业、军事武器。1903—1910年研发了不锈钢，异乎寻常的耐腐蚀性刺激了具有特异性能的新钢合金的发展，促进了重工业的发展。许多消费品行业得益于廉价而充足的钢材供给。

② 铜是电气化的一种基本投入。电解提炼的重要性在于它去除了金属中的杂质，提高了金属用于电力工业的能力。电解铜最早的小规模应用出现于19世纪70年代的南威尔士地区，到19世纪90年代应用范围进一步扩大。19世纪末美国铜产量达到世界总产量的一半以上，对电气工业随后的增长特别重要。

③ 19世纪50—60年代，磁发电机和普通发电机达到可以用于商业照明的程度。电的专业应用在60年代得到普及。60—70年代在主要工业国家中，发电机技术大规模用于发电和输送电。80年代碳丝灯的发明意味着新兴发电站找到了家庭室内照明和公共照明市场。电力应用于有轨电车和城市电气化铁路、地铁。电通过输电线能够达到任何地方，作为光源、热源、信息交流媒介、化学工艺制剂，电能改变了工业实践。电能最重要的作用是将能源置于工人的方便操作之下。

④ 钢船是第一次世界大战前英国和德国造船业的基础，在海军竞赛中达到顶峰。高铬钢制造来复枪筒，装甲钢板用于制造海军军械和军船。Heinrich, T. R. Ships a for the Seven Seas: Philadelphia Shipbuilding in the Age of Industrial Capitalism [M]. Baltimore: Johns Hopkins University Press, 1997.

⑤ 1890年美国15%的城市交通线路使用电力街车，1904年增长到94%，这导致城市扩展和上班路途增加。在德国，建有有轨电车的城市从1891年的2个发展到1900年的99个，1900年有超过28个城市的有轨电车正在建设中。重型电气工程技术与化学的结合，最明显地体现在快速成长的德国化学工业。美国(1880—1913年)钢产量从100万吨增加到3100万吨，德国从70万吨增加到1890万吨，英国从130万吨增加到770万吨。Louca F. Nikolai Kondratiev and the Early Consensus and Dissensions about History and Statistics. History of Political Economy, 31/1: 169 - 205.

⑥ 石油工业首先从为照明提供煤油、为供暖提供重燃料而发展起来。分离出优质、足量的石油产品后，才以足够低的成本满足汽车引致的需求。

⑦ 飞机制造业利用了汽车工业发动机和零部件生产以及炼油业技术变革的经验。两次世界大战(尤其是第二次世界大战)、朝鲜战争和"冷战"的刺激，使军用飞机的生产规模极大地扩大了。20世纪50—60年代民用工业异常迅速地增长。

汽车[①]和耐用消费品是这一时期的新技术集群，核心投入是石油。[②] 新的基础设施是高速公路网[③]，由拥有轿车的家庭从城市外迁引发新城市和郊区建设。拖拉机、坦克制造和汽车工业有相似的技术，它使农业的机械化和机动化成为可能。[④] 还有导弹工业、高分子化学和合成材料工业[⑤]，以及注模、模压等机械制造业和专业化工工业等。

（5）信息通信技术（ICT）为主的“技术—经济范式”。发生在20世纪40年代至今，其代表国家是美国。电子、计算机和电信业被统称为信息通信技术。这一时期的核心投入品是芯片。[⑥] 计算机业[⑦]和

① 内燃机最初在19世纪60年代和70年代由法德发明家和工程师设计和制造。20世纪30年代，通用汽车公司研发实验室成功开发出柴油—电力机车，可以使用低标号石油的柴油机广泛应用。随着汽油提炼的蒸馏技术开发和廉价石油的增多，轻型内燃机车在大部分轿车中保持优势地位。1917年美国350万辆注册汽车中，不足5万辆电动车，蒸汽机汽车消失。对内燃机的锁定使福特装配线急剧降低了T型车的成本和价格。美国在世界出口市场占统治地位。

② 1860年，有50家炼油厂使用原油蒸馏煤油。1862年，石油产量上升到300万桶。1866—1867年石油产出以百万桶计。1939年以后，石油产出普遍地以10亿桶计。石油价格从19世纪60年代的高水平降到了20世纪60年代的低水平。石油生产满足了普遍可得和低价格双重标准。随着它成为卡车、小汽车、飞机和各类船只的燃料，它的战略重要性使其成为世界军事外交的目标。

③ 20世纪20年代早期，美国城市出现对道路网络不完善的抗议示威。20年代繁荣时期，道路建设、加油站和供应中心获得诱致性增长。1937年加州修筑第一条高速公路，1956年开始修筑全美高速公路系统，1992年建成。

④ 1930年美国农场有近100万辆拖拉机在作业。20世纪20—30年代，美国拖拉机技术向苏联的转移是斯大林实行农业集体化的一个决定性因素。

⑤ 高分子化学合成材料的发展得益于德国的战争经济，德国担心战时封锁会切断自然资源的供应，迫切需要自然资源的替代物，同样的动机刺激美国政府20世纪40年代建立起庞大的合成橡胶工业。合成材料广泛用于耐用消费品、建筑工程和纺织。

⑥ 集成电路提供了核心投入品价格下降最明显的例子，微电子创新使贮存、加工和传输信息的成本缩减了几个数量级。半导体的制造是一种极为复杂和繁难的工艺，它需要包装、烘干、蚀刻等100多道工序。微电子工业是一个高度研发密集的产业，研发经费经常占到销售收入的10%。Appleyard M. M.，Hatch N. W.，Mowery D. C. Managing the Development of Transfer of Process Technologies in the Semi ~ conductor Manufacturing Industry. 1996.

⑦ 1946年美国人莫克利和艾克发明电子管计算机；1947年贝尔实验室发明晶体管；1958年IBM研发出晶体管计算机；1958年德州仪器研发出集成电路；1962年IBM研发出集成电路计算机；1965年美国数字设备公司研发出小型计算机；1971年Intcl公司的霍夫曼发明微处理器，Intel发明微型计算机；1981年美国奥斯本计算机公司发明便携式计算机。

电信业[①]是微电子工业产品的市场。20 世纪 70 年代，灵活制造系统、机器人和计算机辅助设计应用于工业加工和生产工艺。[②] 20 世纪 90 年代，社区、购物中心、网上电台、教育、网上银行直接连入互联网。[③] 20 世纪 90 年代美国经济迅猛增长，即“新经济”，其源头就是信息通信技术及其产业化。

第二节 全部工业门类的完整工业体系在我国的演化史

联合国工业发展组织公布的年度《工业发展报告》称，中国是全球唯一拥有联合国产业分类目录中所有工业门类的国家（现代工业体系分为 41 个工业大类、191 个中类、525 个小类）。本节利用统计数据，从创新集群、核心投入、支柱部门和基础设施等方面勾勒每一种技术—经济范式的工业大类在我国的演化史。

一、机制棉纺织品、运河和公路

我国传统棉纺织生产是纺织结合、耕织结合的家庭副业、小商品生

① 1876 年美国人贝尔发明电话，1878 年发明人工交换机，1891 年美国人 A. B. 史端乔发明步进制电话交换机，1906 年 Lee De 发明电子试管，贝尔实验室制成电子三极管。1939 年英国人 A. H. 里夫斯发明脉码调制，将电话通信使用的模拟信号变成数字信号。1947 年贝尔实验室发明晶体管，1962 年制成 24 路脉码调制设备（使用晶体管的电子交换机），1975 年 4032 路脉码调制设备，1965 年贝尔实验室制成商用存储程式控制交换机，模拟网发展到数字网。

② 1948 年美国人约翰·帕森斯证明可以用一台数学计算机控制通用精密铣床的所有运动和速度。1955 年帕森斯公司和麻省理工学院伺服机构研究所发明数控机床。1959 年美国人恩格伯格发明“Unimation”机器人。1969 年诞生的莫林斯系统 24（MOLINS System 24）是第一套灵活制造系统（结合机器工具、引导传送装置和计算机辅助设计）。灵活制造系统、机器人和计算机辅助设计应用于工业加工和生产工艺。

③ 1973 年美国人 Vinton G. Cerf 和 Robert E. Kahn 提出 Internet 的基本概念。1977 年美国威斯康星大学开发 THEORYNET，为超过 100 名计算机科学家提供电子邮件服务。1979 年 ARPA 资助无线包交换网（PRNET）实验，它主要用于汽车之间的通信。1981 年美国国家科学基金会资助建立计算机科学网络（CSNET）。1982 年国防通信署（DCA）和 ARPA 为 ARPANET 制定传输控制协议（TCP）和网际协议（IP）。1991 年第一台远程操作的机器接入 Internet。

产和工场手工业。鸦片战争后，在帝国主义控制的低关税保护下，外国倾销的机制棉纱、棉布逐步由通商口岸深入内地、由城市深入农村，传统手工棉织业趋于破产边缘，只在自给自足的小农经济基础上存有少量市场。1889 年上海机器织布局是我国第一家机器棉纺织厂，全套机器设备从美国进口。旧中国纺织工业主要集中在上海、青岛、天津等沿海地区。

1950 年以后，我国在华北、华中、西北一些主要产棉地区新建了一系列纺织工业基地和大型纺织工厂。棉花主要用作国内棉纺织工业的投入品（见图 5.1），纱和布的产量逐年递增，21 世纪以来急剧增长（见图 5.2）。20 世纪 90 年代中叶以来，我国纺织纱线、织物及制品出口逐年递增（见图 5.3），1999 年以来我国始终是世界范围内纺织品第一出口国（见图 5.4）。与早期的纺织品第一出口国英国不同，我国以加工出口贸易（“三来一补”“贴牌加工”）为主，靠“薄利多销”实现规模经济。全球纺织物设计、工艺、商标专利权和大部分利润被欧美日掌握。

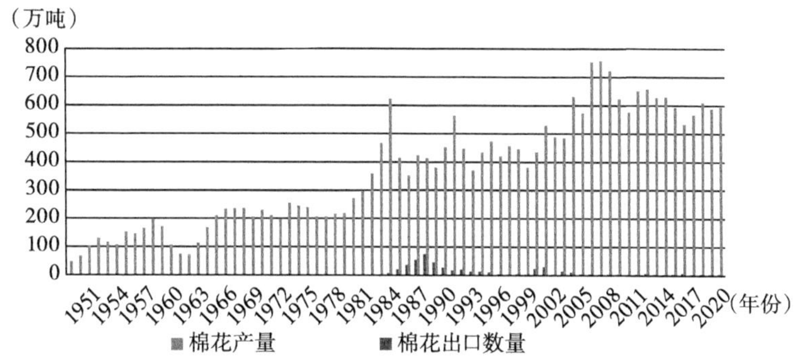

图 5.1 1949—2020 年棉花产量与出口数量

资料来源：中华人民共和国国家统计局国家数据，http：//data. stats. gov. cn。

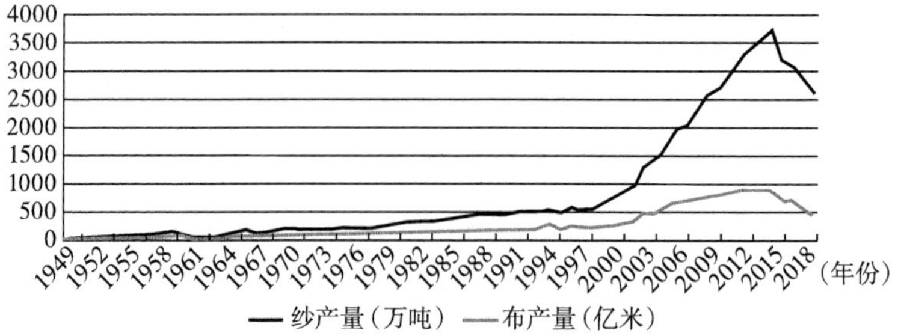

图 5.2　1949—2018 年纱和布产量

资料来源：1998 年前的数据来自国家统计局．新中国 60 年［M］．北京：中国统计出版社，2009；1998 年后的数据来自中华人民共和国国家统计局国家数据，http：//data. stats. gov. cn。

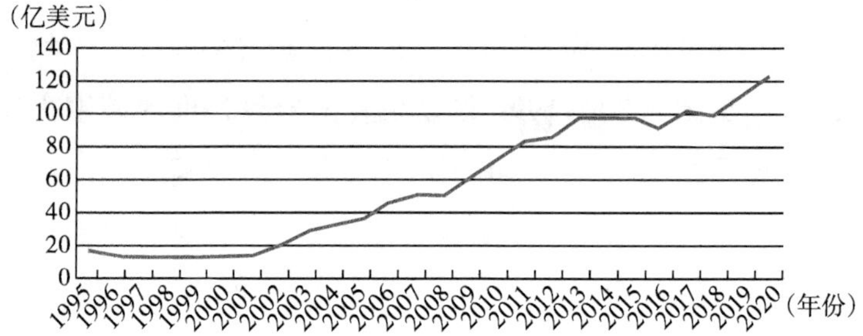

图 5.3　1995—2020 年纺织纱线、织物及制品出口额

资料来源：中经网统计数据库全国宏观月度库。

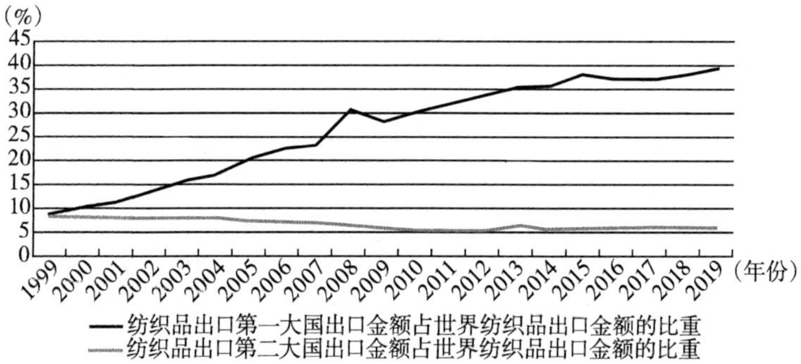

图 5.4　1999—2019 年纺织品出口第一、第二大国出口金额占世界纺织品出口金额的比重①

资料来源：世界贸易组织，https：//data. wto. org/。

① 根据世界贸易组织提供的数据，1999—2019 年，世界纺织品第一大出口国是中国（不包括中国香港），世界纺织品第二大出口国在 1999 年、2000 年、2001—2007 年、2008—2011 年、2012—2019 年分别是意大利、韩国、意大利、德国、印度。数据统计不包括欧盟、中国香港。

机制棉纺织业的繁荣是小企业竞争和国内、国际市场开放的结果。1978年以后，我国按照市场经济的要求改造城市工业经济部门，允许企业拥有工资、价格和投资的自主权。个体户（包括沿街兜售各种商品的小商小贩、开小铺子的小业主）和传统手工生产（由简易的车间生产各种半成品，或由隶属于一个生产系统的工人在自己家里制作）被恢复。政府对这些私人生产给予鼓励，党号召一部分人“先富起来”。市场竞争、资本积累、物质繁荣和经济增长的观念成为社会的共识。①

完备的初等教育和高等教育是科学探索和实际应用的基础。② 新中国成立后，1952年高等院校院系调整，把民国时期效仿英式、美式的高校体系改造成效仿苏联式的高校体系，按行业归口建立单科性高校和独立建制的工科院校，重点培养工业建设人才。1952—1965年实行统一高考制度（普通高等学校招生设置对考生家庭出身、直系亲属和主要社会关系的政治审查制度）。1969—1977年大学免试推荐有实践经验的工农兵上学。③ 1978年春召开全国科学技术大会动员全党全国重视科学技术，恢复大专院校和高等研究机构，恢复高等学校招生制度、强调标准化的入学准则、正规考试和教育质量。高等教育借鉴美欧的学制、系科设置、课程设置、教学环节和教科书，将学生送到美欧日深造。社会主义革命和建设的历史时期依据近代中国关于基础教育的观念和传统制定地方教育计划、实施优先使工农子女接受教育的政策，农村的多数

---

① 在19世纪前后的英国，追求资本积累、国民财富增长和国家繁荣成为国家、贵族和实业家、商人的共同目标，小企业竞争，国内、国际市场开放，促进了技术、组织变革和生产投资增加。Supple, B. The Experience of Economic Growth: Case Studies in Economic History [M]. New York: Random House, 1963.

② 19世纪英国率先建立各种科学学会，成为科学家和发明家们沟通联系的平台。科学专业化萌发，科学语言还没有深奥得难以和普通人的日常语言沟通，它以有利于技术和创新的方式影响社会的普通文化。棉纺织创新集群的出现和扩散被认为是在追求科学、讲究实用、鼓励商业的文化和政治气候下发生的。Supple, B. The Experience of Economic Growth: Case Studies in Economic History [M]. New York: Random House, 1963.

③ 主观目的是实现教育与生产相结合的目标，培养又红又专的人才，客观上过分强调学生的政治素质，忽视其业务素质。

地区（甚至包括偏远地区）实行至少5年的初等教育，大量的文盲变成有文化的人，为整个生产体系调用的劳动力注入了技术和实用的普通文化。

在工业革命的过程中，来自其他国家的技术起着重要作用。[①] 到20世纪70年代末，我国在20世纪50年代建造的工厂日益过时，合格的工程师和技术人员严重不足。除花大力气建设精英教育体系外，与外国公司建立合资企业、为外国公司开展来料加工和装配经营，大规模地输入先进的、中间的技术和资本，给20世纪80年代的经济成功创造了条件。

棉纺织业的特征是“科学”和“技术”的区分并不重要。早期纺织机器的发明人是有高超技艺的工匠，他们拥有算数、几何、测量、计算等应用数学知识，能计算机器的速率、强度和功率，画平面图和剖面图。[②] 大部分发明是对已有工艺和产品的增量改进。发明家身兼设计师、工厂主多重身份，[③] 来自社会各个阶层和各个地方。[④] 20世纪80年代，我国的纺织业涌现一批出身各异，既是手工匠人、设计师，又是工

---

① 19世纪的英国就接受了欧洲大陆传播给它的发明和技术知识。1705—1707年，考切特（Thomos Cotchett,）以荷兰的技术为基础，在德比郡建立起英国最早的水力丝厂，兰伯（Thomas Lombe）利用来自意大利里沃纳的技术改进并扩大了自己的工厂。1750年，在曼彻斯特的大型生产车间有1500台荷兰织机在运转。类似的例子很多。Chapma 曾评论：“在棉纺织业的技术创新中，伦敦是从欧洲大陆或印度引进技术的孵化基地。”Chapman, S. D. The Cotton Industry in the Industrial Revolution[M]. London: Economic History Society, 1972/1992.

② 18世纪的重大发明总体而言非常简单，Ashton 说：“发明是无名技工、木匠或钟表匠的事，他们大体没受过什么教育，只是偶尔发现了某种方法。”Landes 说：“这些人的理论知识令人惊讶。一些大字不识的修补匠简直成了神话。甚至普通技工常常是过得去的算术家，懂得几何、测量和计算。”Ashton, T. S. The Industrial Revolution, 1760 – 1830[M]. Oxford: Oxford University Press, 1948; Landes, D. Technological Change and Industrial Development in Western Europe, 1750 – 1914. In Cambridge Economic History of Europe[M]. Cambridge: Cambridge University Press, 1965.

③ 斯米尔顿曾任欧洲最大的铸铁生产厂卡伦铁厂（the Carron Ironwork）的顾问工程师，他试验和研发铸铁部件在机器设备中的应用，是对机械工程学的最大贡献之一。他于1769年为卡伦一号（the Carron No. 1）熔炉吹风机制造出第一个铸铁水轮轮轴。斯米尔顿充分证明了设计师、顾问和科学家多重身份间卓有成效的相互影响，也成为英国新型工业部门的一个特征。约翰·威尔金森（John Wilkinson）是一位发明家兼企业家，他于1775年取得镗圆筒孔机专利。类似的例子很多。Von Tuzelmann, G. N. Technology and Industrial Progress: The Foundation of Economic Growth[M]. Aldershot: Edward Elgar, 1978.

④ 以上个注释提到的两位发明家为例，斯米尔顿是在给一个制图仪器制造商当学徒之后向皇家学会提交了两篇题为“风力和水力工厂的实验性研究”的论文。威尔金森是铁匠。

厂主的能人，通过雇工生产和加工出口贸易积累财富，向上社会流动。

对内陆运输系统和航运的投资是工业增长的先决条件，需要预先进行广泛的资本动员。① 社会主义革命和建设的历史时期动员农业剩余、按照有计划按比例的原则集中财力物力建设；中国特色社会主义的历史时期以“贷款修路，收费还贷”和提高养路费征收标准、开征车辆购置附加费的办法融资。1949—2020 年内河航道和公路里程的发展情况见图 5.5。

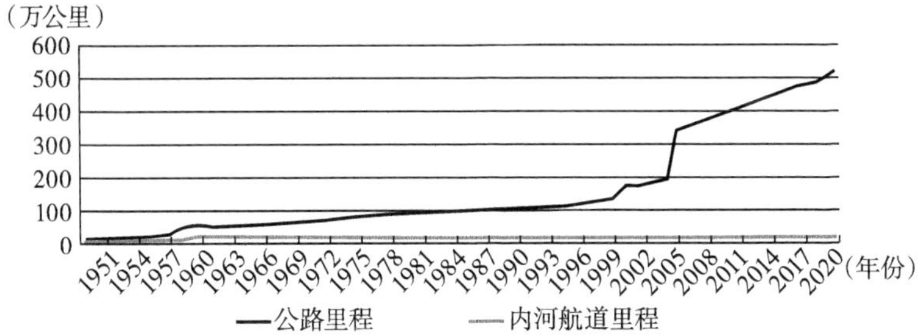

图 5.5　1949—2020 年内河航道和公路里程数

资料来源：中华人民共和国国家统计局国家数据，http：//data. stats. gov. cn。

二、煤、铁、铁路和机械化

煤和生铁的产量和出口量的比较见图 5.6、图 5.7、图 5.8，它们主要用作国内工业的投入品。铁路营业里程持续增长（见图 5.9），铁路使亚当・斯密发现的“市场扩张产生规模经济、专业化等”成为现实。

① 从 18 世纪 60 年代起，运河和收费公路的修建浪潮将运煤成本降低了约 50%。其中，导致煤价下跌的最早一条运河是从沃斯利到曼彻斯特的布里奇沃特（Bridgewater）公爵的运河。这条有名的运河，在沃斯利一端流入地下并几乎直达煤层，并通过一条引水渠跨过艾尔韦河（Irwell）。它为政治上居于主导地位的地主阶级带来直接的利益。他们可以开发领地下面的矿藏，发展乡村制造业。地方士绅和贵族对运河和收费公路投资兴致盎然，不仅希望为地方农产品打开广阔的市场，还希望从地方矿业和制造业的优质、廉价运输中获得预期的利益。英国土地贵族寡头集团和商人对新运输基础设施做出了突出贡献。Hobsbawm，E. J. Industry and Empire：An Economic History of Britain since 1750[M]. London：Weindenfeld & Nicolson，1968.

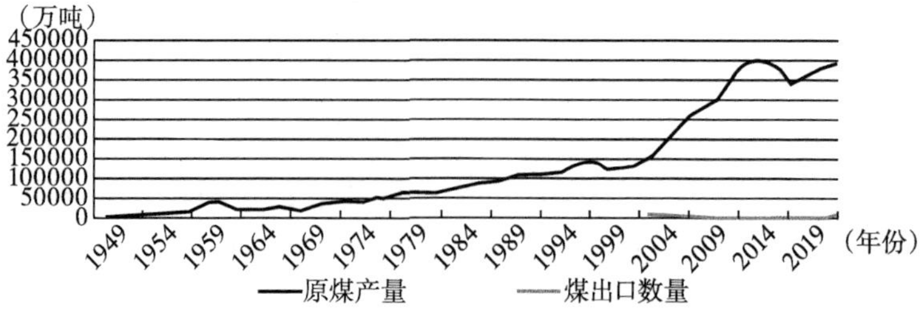

图 5.6　1949—2017 年原煤产量、1998—2019 年煤出口数量

资料来源：1998 年前的数据来自国家统计局．中国 60 年［M］．北京：新中国统计出版社，2009；1998 年后的数据来自中华人民共和国国家统计局国家数据，http：//data. stats. gov. cn。

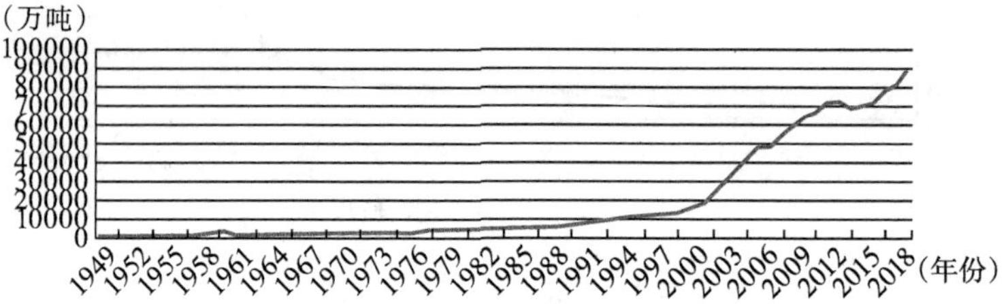

图 5.7　1949—2018 年生铁产量

资料来源：1998 年前的数据来自国家统计局．新中国 60 年［M］．北京：中国统计出版社，2009；1998 年后的数据来自中华人民共和国国家统计局国家数据，http：//data. stats. gov. cn。

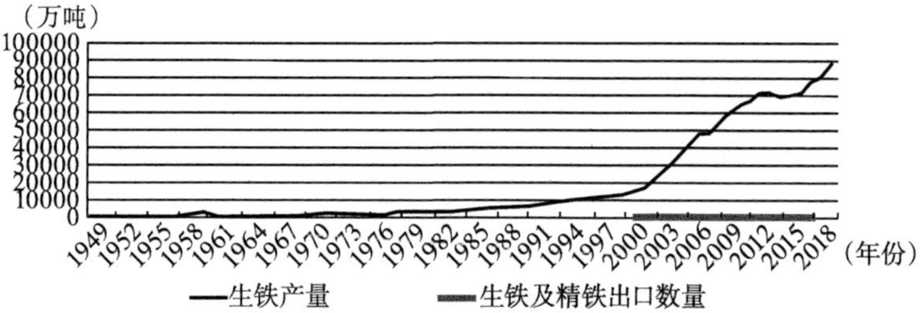

图 5.8　1949—2018 年生铁产量、生铁及精铁出口数量

资料来源：1998 年前的数据来自国家统计局．新中国 60 年［M］．北京：中国统计出版社，2009；1998 年后的数据来自中华人民共和国国家统计局国家数据，http：//data. stats. gov. cn。

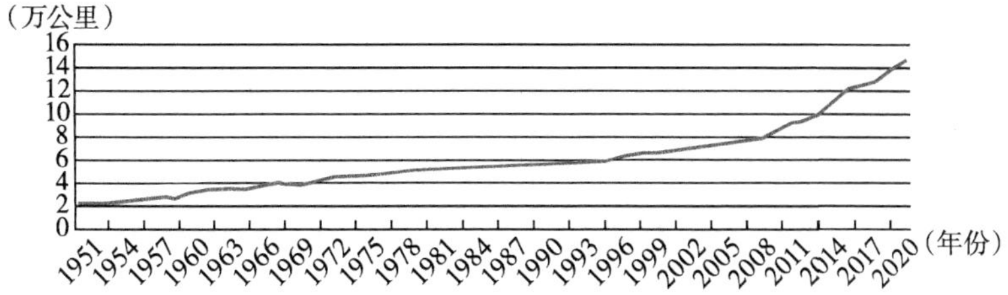

图 5.9　1949—2020 年铁路营业里程

资料来源：中华人民共和国国家统计局国家数据，http：//data. stats. gov. cn。

一个国家内部的创新能力（以政治、文化和经济环境的契合为基础）、与外来技术结合的能力，是一个国家脱颖而出为技术领导国的关键。① 为了使引进技术适用于本国的环境，发明家从一开始就对技术做了修正和改造。②

我国的铁路工程人才培养可以追溯到清末，举办工业专门学校、高等实业学校和交通大学，直接采用欧美著名大学的学制、系科设置、课程设置、教材、教学环节，甚至体育运动，选拔优秀人才派赴欧美留学

① 英国接受了欧洲大陆传播给它的发明和技术知识。1705—1707 年，考切特（一个伦敦的缫丝工）以荷兰的技术为基础，在德比郡建立起英国最早的水力丝厂，伦敦的丝绸商兰伯利用来自意大利里沃纳的技术改进并扩大了自己的工厂。1750 年，在曼彻斯特的大型生产车间有 1500 台荷兰织机在运转。类似的例子很多。Chapman 曾评论："在棉纺织业的技术创新中，伦敦同样扮演了重要角色，它是从欧洲大陆或印度引进技术的孵化基地。" Chapman，S. D. The Cotton Industry in the Industrial Revolution[M]. London：Economic History Society，1972/1992. 美国注重从欧洲大力引进新技术。19 世纪 40 年代，英国的主要铁路网建成，美国开始兴修铁路，英国是美国早期铁路建设中大多数投资、铁轨以及发明的主要来源。19 世纪上半叶，美国的钢材仍旧主要依靠从英国进口，1913 年美国钢产量攀升到 3100 万吨，英国为 770 万吨。如此大幅的增长是因为 19 世纪 50—80 年代一系列基本的工艺创新：贝西默工艺、西门子工艺和吉克利斯—托马斯工艺，这些工艺创新并非源于美国。内燃机是 19 世纪 60—70 年代法德工程师的发明。1909 年以后美国汽车工业在世界市场赢得统治地位。有关电路分体（discrete）器件的较早试验性发展和制造是由欧洲科学家做的，1904 年伦敦大学教授 John Ambrose Fleming 发明第一个电热真空管并取得专利。第一次世界大战前，英国和德国主导无线电产业，1897 年意大利发明家马可尼在英国成立无线电报公司（Wireless Telegraph Company），第一次展示船对岸、岸对船和船对船的无线电通信的可行性，德国电气总公司（AEG）和西门子紧随其后。直到 20 世纪 20 年代早期，欧洲无线电企业一直居全球主导地位。美国企业在 20 世纪后半叶取得制造集成电路的主导地位。

② 1870—1913 年，美国赶上了英国，在经济生产率和增长率方面走在了英国前面。到 19 世纪末，在大多数产业，美国工程师和科学家都开发出了生产率高于英国的新工艺和新产品。

深造。培养的本土工程师（詹天佑、茅以升）设计建造了我国第一条铁路、第一条双车铁路公路两用桥。① 总体而言，晚清和国民政府留给新中国的铁路里程短②、布局不合理，大部分在沿海，西南、西北几乎没有铁路，铁路管理各自为政，限制了铁路运输能力的发挥。

1949 年 1 月我党成立军委铁道部（铁道部的前身），1949 年 10 月设铁道部，2014 年铁道部改组、设置国家铁路局和中国铁路总公司，铁路由国家统一经营。③（解放军接管和院系调整后的）交通大学系统和（铁道部筹建的）铁道科学院提出、直接指导和参加铁路重大工程项目的设计和建造。铁路职工与解放军铁道兵协同劳动。20 世纪 50 年代初建设新中国第一条铁路，20 世纪 90 年代初建设的铁路的科技含量达到当时世界先进水平，21 世纪初叶铁路建设水平领跑全球。④

新中国成立初期铁路货车以仿制为主，20 世纪 50 年代末之后以自行开发研制为主。20 世纪 80 年代以后，在自主开发的基础上引进国外先进关键技术，经过联合设计、试制、试验、采用进口材料少量生产后，进一步消化、国产化和批量生产。铁路客货车产量持续增长（见

---

① 盛怀宣创办南洋公学，王文韶创办山海关北洋铁路官学堂，为交通大学的缘起。詹天佑和茅以升均毕业于交通大学系统。詹天佑留学就读耶鲁大学土木工程系。茅以升留学获康奈尔大学硕士、卡耐基理工学院工学博士，归国担任交通大学体系和多所工学院教职、研究院科学院院士，也任职于交通部、桥梁公司，主持设计铁路和桥梁。

② 1876 年至 1911 年，清政府时期总共建成铁路 9100 公里。1911 年至 1949 年，民国时期共建成铁路 17100 公里，由于战争破坏或其他原因被拆去 3600 公里，计 22600 公里。

③ 19 世纪中叶英国的铁路建设激发了大规模投资的企业家精神，私人资本主导铁路建设热潮。缺陷是没有估计国内网络的宏观布局，造成许多重复建设、许多线路和公司亏损、许多本该建立的规划线路始终没有修建、选取的轨道没有发挥最大的货物运输潜力，缺乏国家战略指导。欧洲大陆国家普遍认为铁路和电报（19 世纪 40 年代电报沿铁路线扩散）具有重要的商业价值和军事用途，大多数铁路和电报基础设施的所有权归国家所有。Marthias, P. (ed.) (1969). The First Industrial Nation: An Economic History of Britain, 1700 - 1914. Cambridge: Cambridge University Press, 2nd edn, London: Methuen, 1983.

④ 成渝铁路（1952 年）是中华人民共和国修建的第一条铁路；宝成铁路（1958 年）是第一条电气化铁路；京秦铁路（1983 年）是中国第一条双线电气化铁路；大秦铁路（1992 年）是中国第一条重载单元铁路、第一条实现微机化调度、第一条采用全线路光纤通信的铁路；广深铁路（1994 年）是中国第一条准高速铁路；上海磁悬浮（2006 年）是世界首条投入商业化运营的磁悬浮列车示范线；青藏铁路（2006 年）是世界海拔最高、线路最长的高原铁路，施工克服了高原冻土层的世界难题。

图 5. 10），除满足国内使用外，还供给国外出口。

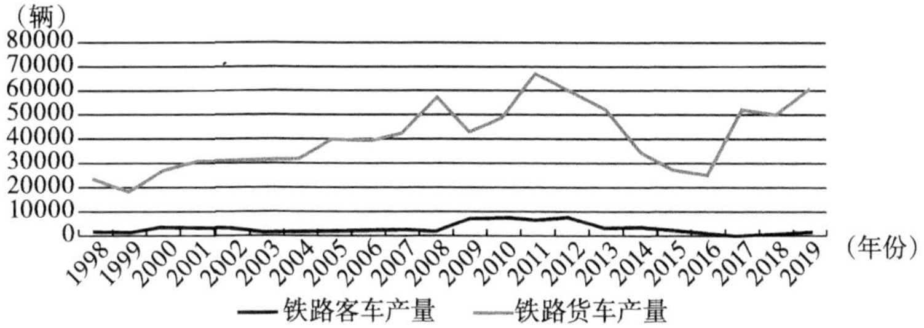

图 5. 10　1998—2019 年铁路客货车产量

资料来源：中华人民共和国国家统计局国家数据，http：//data. stats. gov. cn。

中国中车自主研发的动车组及城铁车系列产品自主掌控全部子系统及各子系统的互联互通技术，制造成本不超过德国、日本、加拿大的 2/3，建设周期短，跻身世界一流装备企业。这是"让渡市场份额、换取外国先进技术"的成功典范。前提是铁道部垄断买方市场。铁道部与国际高铁巨头①谈判，利用超级订单交换技术资料。铁道科学院、交通大学等的科学家在多国技术最核心的先进部件的基础上做逆向工程、消化吸收和综合。我国国土幅员辽阔，气候、地质、地形复杂，科研人员依托大型工程建设和科研课题攻克各类复杂自然条件的技术难关。我国跻身高铁技术输出国。

机器制造业是这一技术—经济范式的支柱部门，专业机床制造诱发了"制造机器的机器"的扩散。从金属加工机床的进出口数量和金额（见图 5. 11、图 5. 12）对比看，我国出口机床量虽大，但价值较低，多属中低档产品。进口机床价值高，高档产品没有国产化能力。②

① 日本川崎、德国西门子、法国阿尔斯通、加拿大庞巴迪。

② 2008 年，世界机床企业产值排名，德国通快以 25. 3 亿美元居首，其后九名依次是日本崎马扎克、德国吉德曼、日本大隈、日本天田、美国 MAG、日本森精机、中国沈阳机床、日本捷太格特、中国大连机床。2018 年，日本捷太格特营收超 130 亿美元，德国通快营收超 41 亿美元，德国吉德曼的 DMG 与日本森精机合并为 MORI－DMG，营收超 40 亿美元。沈阳机床营收 8 亿美元，大连机床 2017 年底破产。

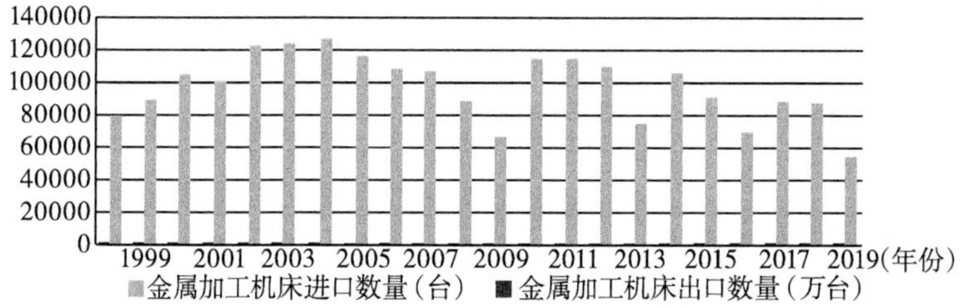

图 5.11 1998—2019 年金属加工机床进出口数量

资料来源：中华人民共和国国家统计局国家数据，http：//data. stats. gov. cn。

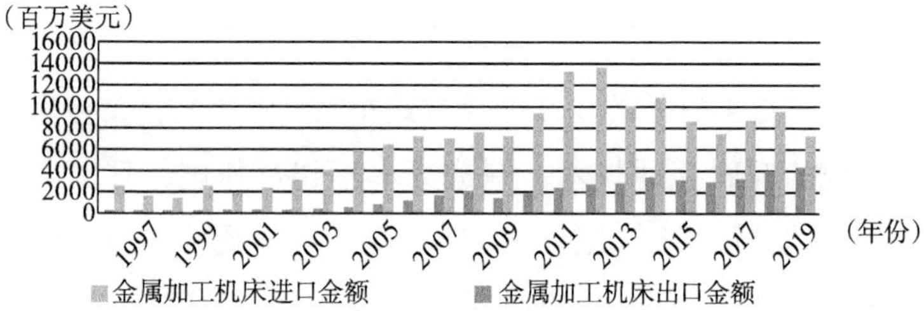

图 5.12 1996—2019 年金属加工机床进出口金额

资料来源：中华人民共和国国家统计局国家数据，http：//data. stats. gov. cn。

最有助于国家经济增长的因素是科学精神，它影响民族文化、支持技术发明。如果一个社会经久不衰的特征是尊重科学和技术，既对科学的实用部分，也对理论部分给予认真关注，表现出一种自由的、具有创造性的和原创性的思想能力，它就有了生产率和增长率赶超的至关重要的条件。[①] 中国古代没有建立起基础科学体系，近代由于帝国主义入侵和国家分裂、财政匮乏，[②] 没有条件建立领先的基础科学体系，新中国的基础科学是在薄弱的基础上开始的。基础科学研究是个长期且艰苦的

① 1870—1913 年这些特征从英国转移到美国，从本杰明 · 富兰克林开始，美国社会就表现出了对科学纯实用部分的令人钦佩的理解。广袤的土地、西进运动、土著文明的毁灭或被限制于狭小区域，北方赢得内战胜利、消灭南方的奴隶制经济，所有这一切都有利于一种纯粹的资本主义的经济发展方式，产生一种超越其他国家的经久不衰的尊重科学和技术的文化，美国的增长率超过了英国以往任何时期。夏尔 · 阿列克西 · 德 · 托克维尔．论美国的民主[M]．北京：商务印书馆，1988.

② 占总收入百分之八十、九十以上的关、盐、统三大税收，因晚清及北洋政府向外举债被抵押给帝国主义。战事频仍，军费开支庞大且要偿还前清政府所定条约债务。

过程，有它的规律，需几代、十几代甚至几十代人的共同努力，对基础科学研究的投入是不可或缺的。《1956—1967 年科学技术发展远景规划》把“自然科学中若干重要的基本理论问题”列入科学技术发展的12 个重点。《1963—1972 年科学技术发展规划纲要》把“加速发展基础科学”列入 5 个重点。1967—1977 年，“极左”路线错误否定和批判基础科学，使基础科学与世界先进水平缩小的差距再次拉大。《1979—1985 年中国科学院发展规划纲要（草案）》提出五个重点科研项目和三项重大科学试验工程，《1978—1985 年全国基础科学规划纲要（草稿）》编制包括基础科学和技术科学两大部分 27 个方面、108 个项目、8 个影响全局的带头学科（含高能物理和空间科学）。1985 年《中共中央关于科学技术体制改革的决定》提出“主要靠国家预算拨款”支持“对认识自然现象、自然规律有价值的工作”，重点还是有应用前景的基础研究。2018 年《关于全面加强基础科学研究的若干意见》提出“加大对重大科学问题超前部署”，“跟国际最高水平比”，“加强中央财政对基础研究的支持力度”，“增加地方财政和企业社会力量对基础研究的投入”。2020 年 1 月印发《教育部关于在部分高校开展基础学科招生改革试点工作的意见》，在部分高校开展基础学科招生改革试点，主要选拔培养有志于服务国家重大战略需求且综合素质优秀或基础学科拔尖的学生，聚焦高端芯片与软件、智能科技、新材料、先进制造和国家安全等关键领域。3 月初，科技部、发展改革委等部门印发《加强“从 0 到 1”基础研究工作方案》，提出“中央财政加大对基础研究的稳定支持力度，建立健全稳定支持和竞争性支持相协调的投入机制。探索实施中央和地方共同出资、共同组织国家重大基础研究任务的新机制”，“北京、上海、粤港澳科技创新中心和北京怀柔、上海张江、合肥、深圳综合性国家科学中心应加大基础研究投入力度，加强基础研究能力建设。”4 月科技部、财政部等部门印发《新形势下加强基础研究若干重点举措》，提出“加大对长期重点基础研究项目、重点团队和科研基地的稳定支持”，“中央财政持续加大对基础研究的支持力度。通过部省联合组织实施国家重大科技任务和共建科研基地等方式，推动地方加大基础研究投入，强化地方财政对应用基础研究的支持”，逐步提高基础研究占全社会研发投入比例。

1995 年以后我国研究与试验发展经费占国内生产总值的比重逐年递增，迄今仍大幅落后于美日韩，欧洲国家里超过英国、接近法国（见图 5. 13）。基础研究经费占研发经费的比重，1998 年是 5. 25%，2017 年首次恢复到 1998 年的水平（达 5. 54%），2020 年首次超过 6%（见图 5. 14）。根据“十四五”规划和 2035 年远景目标纲要草案，基础研究经费投入占研发经费投入比重拟提高到 8% 以上。[①] 21 世纪 10 年代，基础研究经费占研发经费的比重的平均值，法国为 24%、美国和英国为 17%、日本为 12%。2020 年 10 月日本文部科学省下属的研究所统计了 2016 年到 2018 年中美两国发表的论文数的平均值，结果为：中国发表的论文数量为 305927 篇，美国则为 281487 篇，中国首次超越美国夺得首位。在引用数量前 1% 的论文中，美国被引用的论文数量占了 29. 3%，而我国则占了 21. 9%，我国仍然落后于美国。

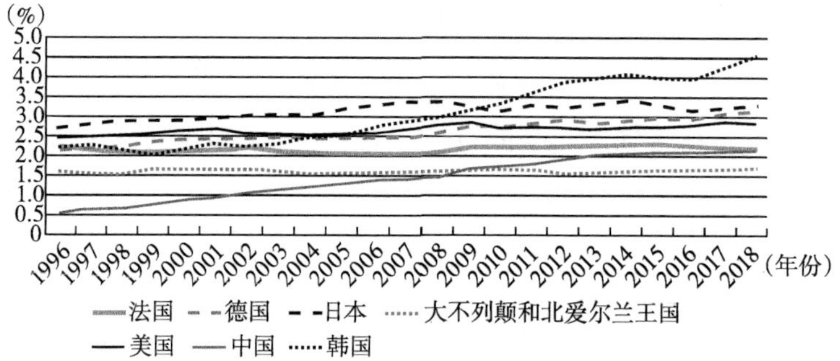

图 5. 13　1996—2018 年主要工业国研究与试验发展经费支出占国内生产总值的比重

资料来源：The UNESCO Institute for Statistics, http://data. uis. unesco. org/.

① 中华人民共和国中央人民政府，http://www. gov. cn/xinwen/2021 -03/08/content_5591392. htm。

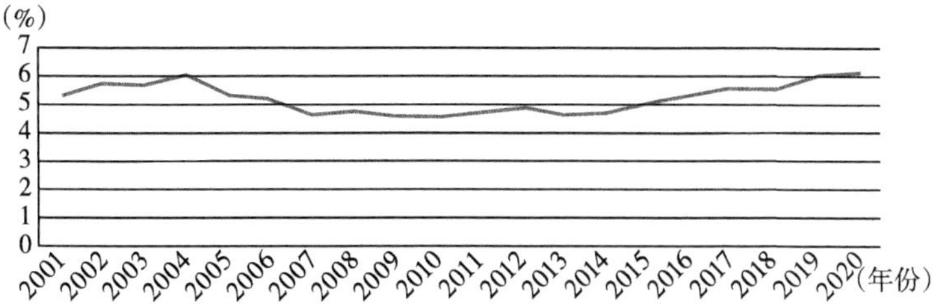

图 5.14　2001—2020 年基础研究经费占研究与试验发展经费支出的比重

资料来源：中华人民共和国国家统计局国家数据，http：//data. stats. gov. cn。

三、钢、电力和电气化

主要投入是钢、铜及铜合金。在钢中加入各种有色金属生产特种钢，使机械的切刃更加坚硬、工程部件的生产更加精确。我国钢铁行业存在结构性失衡，从钢材的进出口数量和金额（见图 5. 15、见图 5. 16）对比看，出口钢材（低附加值的普钢品）量大却价值较低，进口钢材（关键的优质钢品种）价值高。铜及铜合金主要依赖进口（见图 5. 17），加工后的铜材有逐步摆脱进口依赖的趋势（见图 5. 18）。采矿、炼油、化工专用设备机械制造业和造船业产品产量、出口量快速增加（见图 5. 19）。

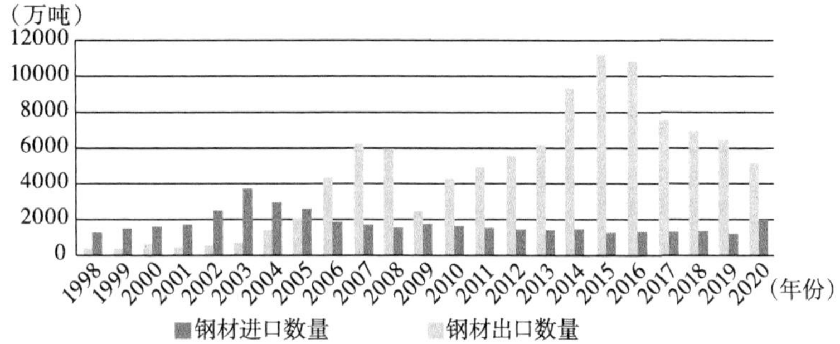

图 5.15　1998—2020 年钢材进出口数量

资料来源：中华人民共和国国家统计局国家数据，http：//data. stats. gov. cn。

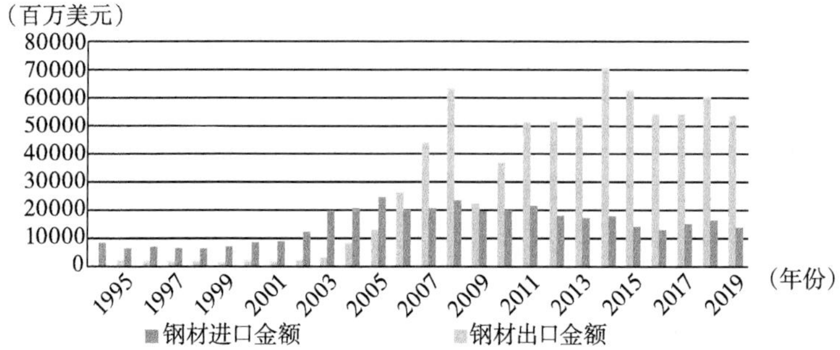

图 5.16　1994—2019 年钢材进出口金额

资料来源：中华人民共和国国家统计局国家数据，http：//data. stats. gov. cn。

图 5.17　1996—2020 年未锻造的铜及铜合金进出口数量

资料来源：中华人民共和国国家统计局国家数据，http：//data. stats. gov. cn。

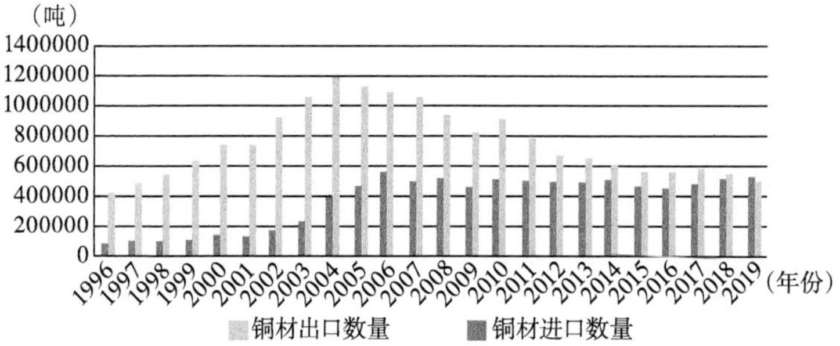

图 5.18　1996—2019 年铜材进出口数量

资料来源：中华人民共和国国家统计局国家数据，http：//data. stats. gov. cn。

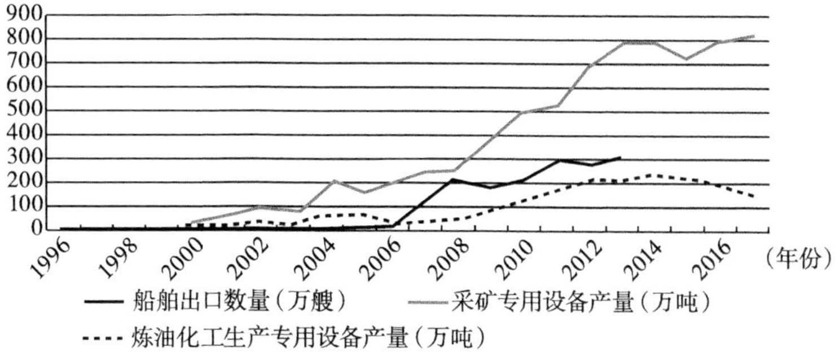

图 5.19 1996—2017 年采矿、炼油化工专用设备产量、船舶出口数量①

资料来源：中华人民共和国国家统计局国家数据，http：//data. stats. gov. cn。

硅钢因良好的磁性和高电阻性能成为变压器、发电机组和电动机的基本部件。铜是电气化的一种基本投入。支柱部门发电（见图 5.20）、电力设备和电动机（见图 5.21）、电气化铁路（见图 5.22）在我国有了巨大的增长。这是因为一系列并非源于我国的基本工艺创新的使用②，中国市场巨大的规模、生产的规模经济使中国得以吸收改进成熟工艺，成长为世界生产基地。我国发电工业的趋势是增加非化石能源发电装机，控制化石能源发电装机的增长。输电工业的趋势是降低电网输电线路损失率，最大限度发挥电网资源调配作用。冬季枯水季节，通过特高压接受北方火电输入；夏季丰水季节，通过特高压将西南富余水电送到华北电网，缓解北方省份的缺电状况，南北互济、东西互济。③ 国家电网对外国输出骨干能源网建设、特高压技术和设备。

① 国家统计局提供的此项数据截至 2017 年。

② 19 世纪末，美国铜产量达到世界总产量一半以上。美国的新企业可以实现采矿、熔炼和精炼一体化，英国的小熔炉仅熔炼很少的铜，1921 年英国主要产铜区的工厂全部停产。Ayres，R. U. Technological Regimes，Industrial Demography and the Evolution of Industrial Structures. Industrial and Corporate Change，1989，6/1：49 – 82.

③ 我国东中部地区经济发达、用电基数大、比重高、一次能源资源匮乏、土地和环保空间有限，特高压大容量、低损耗、少占地的综合优势非常适合“西电东送”“北电南送”的能源战略。

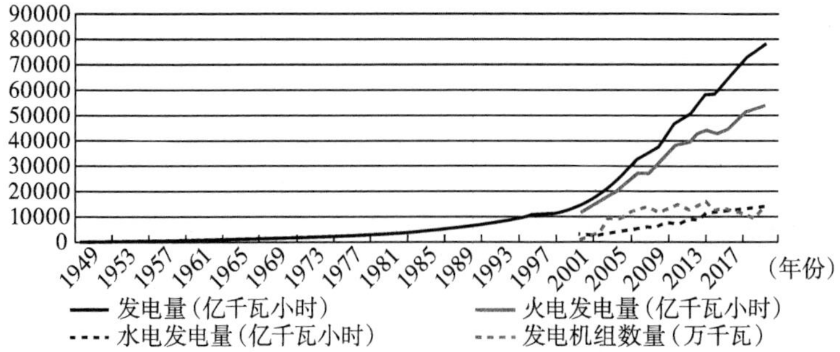

图 5.20　1949—2018 年发电量、1998—2019 年火电、水电发电量和发电机组产量

资料来源：1998 年前的数据来自国家统计局编．新中国 60 年［M］．北京：中国统计出版社，2009；1998 年后的数据来自中华人民共和国国家统计局国家数据，http：//data. stats. gov. cn。

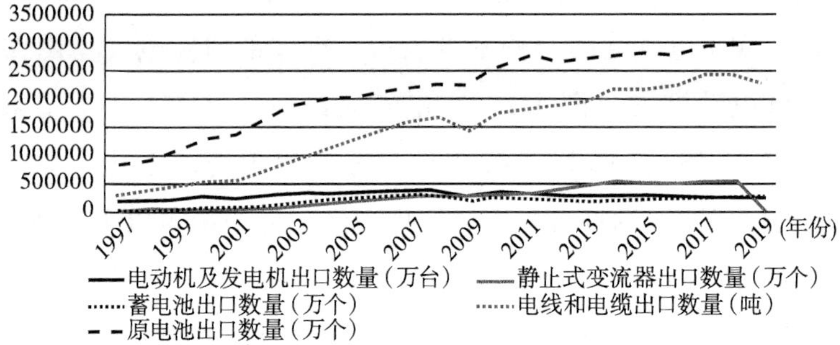

图 5.21　1997—2018 年电动机、发电机及电力设备出口量

资料来源：中华人民共和国国家统计局国家数据，http：//data. stats. gov. cn。

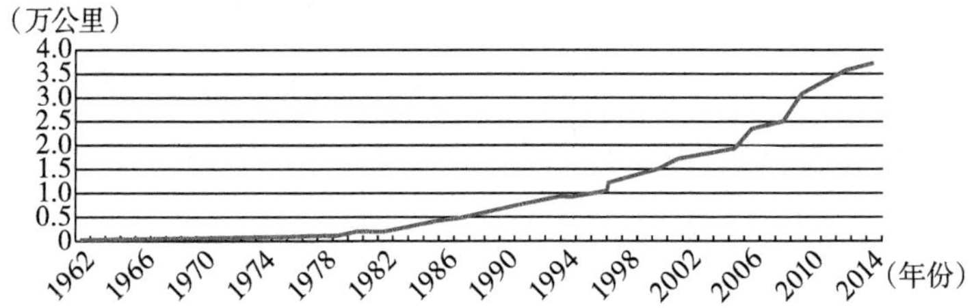

图 5.22　1962—2014 年电气化铁路里程①

资料来源：中华人民共和国国家统计局国家数据，http：//data. stats. gov. cn。

电动机的高端市场［高精密微型电机、大型电机（项目电机）、步进电机和伺服电机］被欧美日占据，市场需求旺盛、技术难度高、毛利率水

① 根据国家统计局的说明，2014 年及以前为国家铁路电气化里程，2015 年起为全国铁路电气化里程。国家统计局没有提供 2015 年之后的数据。

平高。国内厂商大多集中在门槛较低的普通微特电机和中小型电机领域，市场竞争激烈①且盈利能力偏弱。世界电动机制造的第一梯队是日本，属高端步进电机绝对强国，控制全球大部分的市场与技术；② 第二梯队是德国，掌握相对较少的独特技术。精密机械工业的衰败是国有装备制造和关键零部件企业在私有化改制中被外国资本收购，继而被肢解的结果。③

四、石油、汽车及动力化

原油在1996年以前可以自给，1996年以后依赖进口，原油开采长期供不应求，进口持续增加（见图5.23）。支撑原油炼化的是炼油、化工专用设备的增长（见图5.24），加工后的石油产品是主要投入品，数量不断增长（见图5.25）。

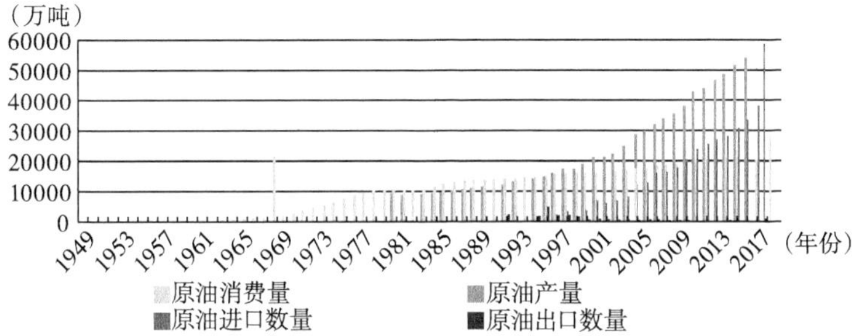

图5.23　1949—2018年原油进出口数量和产量④

资料来源：中华人民共和国国家统计局国家数据，http：//data. stats. gov. cn。

① 国家统计局数据显示，2017年我国规模以上电机制造企业总数为2854家，行业分散。

② 日本厂商合计生产全球70%以上的混合式（HB）步进电机和65%以上的永磁式（PM）步进电机，代表企业主要为日本信浓、日本美蓓亚、日本电产、日本山羊电器、日本东方马达。

③ 沈阳凿岩机厂（成立最早、规模最大的凿岩机械和风动工具专业厂）与世界最大凿岩机械商瑞典阿特拉斯公司合资。黑龙江省佳木斯市佳联农机厂（我国唯一大型联合收割机制造商）与美国约翰·迪尔公司合资。美国卡特比勒公司以200万元人民币收购年销售额10亿元的山工机械40%股份。锦西化机（垄断化机最核心的透平技术及整机制造和维修市场）被西门子收购。长阀（垄断中国液控阀门和金属弹性硬密封蝶阀市场）被德国沃茨公司收购。鸡西煤机和佳木斯煤机（垄断1/3的采煤机市场和1/2的掘进机市场）被美国国际煤机公司收购，我国失去组建综合煤机制造集团的平台。德国舍弗勒集团整体收购洛轴除军工等三个分厂外的所有资产，等等。

④ 国家统计局提供的此项数据截至2018年。

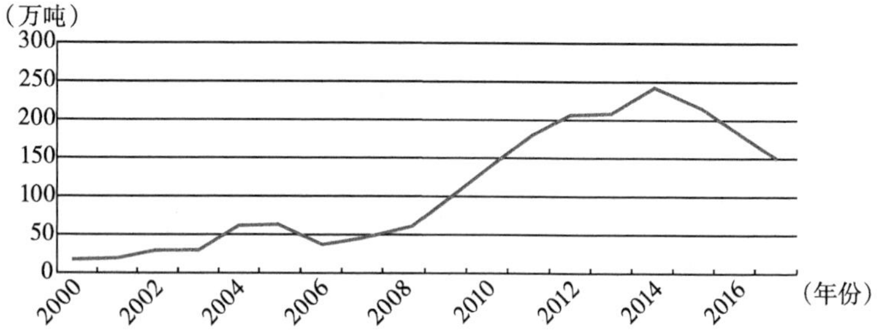

图 5.24　2000—2017 年炼油、化工生产专用设备产量

资料来源：中华人民共和国国家统计局国家数据，http：//data. stats. gov. cn。

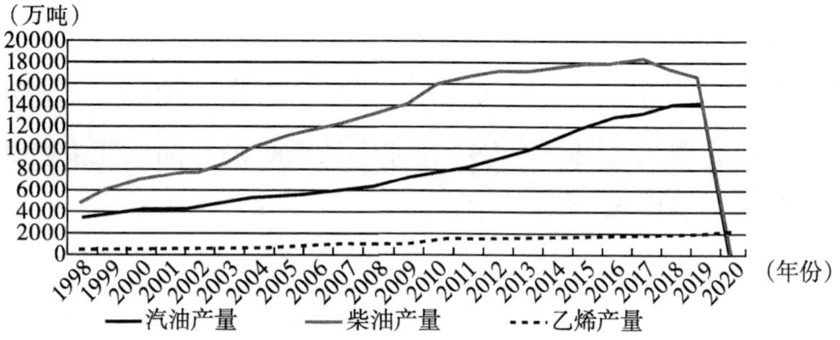

图 5.25　1998—2020 年汽油、柴油和乙烯产量

资料来源：中华人民共和国国家统计局国家数据，http：//data. stats. gov. cn。

中国修建国家高速公路网起步于 1984 年，迄今建成世界规模最大的高速公路网（见图 5.26）①。

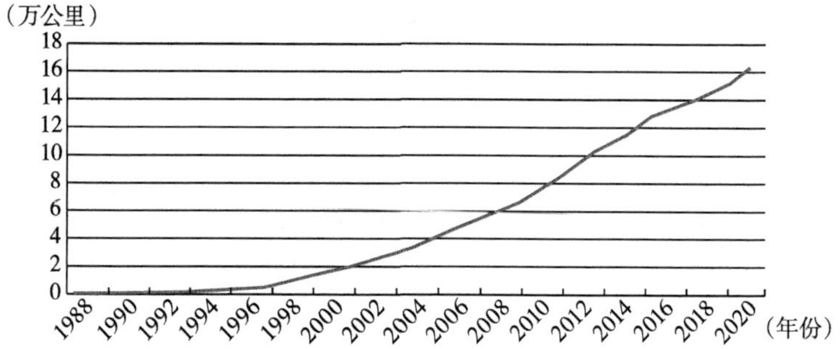

图 5.26　1988—2020 年高速等级公路里程

资料来源：中华人民共和国国家统计局国家数据，http：//data. stats. gov. cn。

① 美国修建国家高速公路网起步于 20 世纪 50 年代初，总长约 9 万公里。中国国家高速公路总长约 14 万公里。

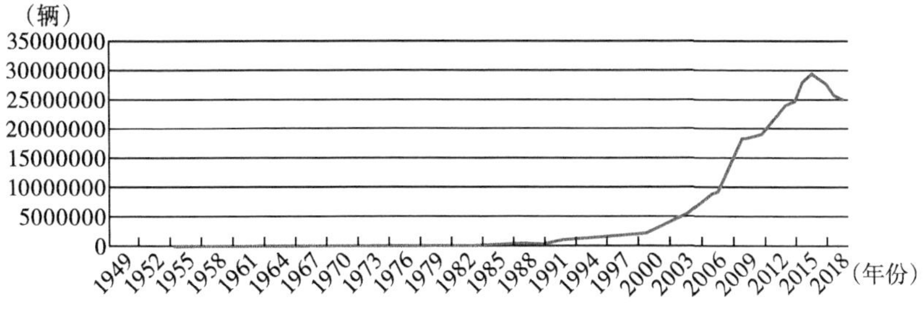

图 5.27　1949—2018 年汽车产量

资料来源：1998 年前的数据来自国家统计局．新中国 60 年［M］．北京：中国统计出版社，2009；1998 年后的数据来自中华人民共和国国家统计局国家数据，http：//data. stats. gov. cn。

1956 年解放牌卡车和红旗轿车下线，结束了中国不能制造汽车的历史。20 世纪 80 年代后期，我国允许外国汽车寡头合资设厂，设想以让渡市场份额的方式换取技术。20 世纪 90 年代中期以后，汽车产量有了明显增长（见图 5. 27）。2016 年我国首次成为全球第一大汽车生产国，占全世界汽车总产量的 29. 51%，2017 年达到 29. 8%。[①] 合资车是主力，核心技术和品牌由欧日美韩掌握，我国贡献土地厂房和资金，完全进口散件组装汽车，交换到的技术寥寥无几。合资的本土母企业垄断中国市场的牌照和资质，与掌握领先车型的外国寡头结成利益共同体，为市场份额联手扼杀本土自主品牌，如游说政策制定者严控汽车生产牌照等。[②] 2018 年占据我国轿车市场销量前十的均是合资企业，没有一家合资的本土母企业的自主分企业；SUV 销量前十有两家自主品牌[③]；车

① 根据 OICA（The International Organization of Motor Vehicle Manufacturers）数据计算。

② 保罗·巴兰在分析帝国主义如何维系落后国家的落后时曾说，帝国主义豢养一批依附西方企业的工业垄断者。他们完全依赖西方资本统治关键领域的经济结构。一旦民族工业资本主义获得累积性动力，他们就无法维系自己的垄断地位。他们关心的是阻止市场上竞争对手的出现，乐于看到资本流入流通领域，并不害怕西方垄断企业。保罗·巴兰．增长的政治经济学［M］．北京：商务印书馆，2000：332.

③ 前十中属于自主品牌或合资的本土母企业的自主分企业的有长城汽车、吉利汽车、广汽乘用车、上汽集团。上海汽车的自主车型采用英国和美国的底盘，广汽乘用车的自主车型采用意大利的底盘，故而被剔除出去。

企总销量前十有两家自主品牌。[①]

由于坚持西方标准为合资汽车配套，培养了中国本土领先的零部件供应商。自主品牌车企高管部分地在合资汽车厂或者其本土母公司工作过。工程师队伍在国内汽车企业（合资车企、其本土母公司和自主品牌车企）之间流动。这些是“市场换技术”的技术溢出（技术转移的一种非自愿形式）。

21世纪初叶以来，我国走自主研发路线的汽车厂商开始崭露头角。[②] 汽车工业诞生100多年后，它处在动力领域技术突破的临界点上，燃料电池和储能动力电池驱动正在替代燃油驱动。日德美韩主流车企的技术优势集中在发动机、变速器和体系制造能力方面，构成技术壁垒。纯电动车既不需要发动机，也不需要变速器。我国自主品牌汽车把追赶和换道结合，在发动机、变速器、底盘平台、整车设计等方面逆向研究，在动力电池、驱动电机、电子控制、系统集成等方面加大研发投入。2010年以后，自主品牌车企从引进外国成熟技术转向引进新兴技术、实验室代表技术。[③] 2018年全球新能源乘用车销量前十中，中国自主品牌占两席。[④]

1970年国家计委、中央军委国防工业领导小组批准《关于上海试制生产运输机的报告》（“708”工程），也就是大型客机运十。比欧洲空中客车立项仅晚两年。机体国产化率100%，航电和机械系统国产化率超过96%（发动机向国外采购配套），参照美国联邦航空局适航条例标准研制。运十与波音707同一量级。同步研制与波音JT3D－7性能相

---

① 吉利汽车、长城汽车。

② 奇瑞汽车公司成立于1997年，2001年推出奇瑞轿车（后更名为奇瑞风云），是自主品牌复兴的开山之作。

③ 吉利把实验室建到全球科技发源地，通过收购瑞典沃尔沃获得下一代紧凑模块化架构（CMA）车辆开发平台，收购美国Terrafugia飞行汽车司获得未来飞行汽车技术。这意味着自主品牌车企的产品和工艺再造能力获得进步。

④ 前十名依次是：特斯拉、比亚迪、北汽新能源、宝马、日产、上汽荣威、奇瑞、现代、雷诺、大众，根据EVsales数据（2018）。

当的915发动机，安装在707上飞行试验成功。1978年运十全机破坏试验成功，1980年首飞成功。至1985年2月，累计试飞130架次，170飞行小时，没有发生任何问题。运十研制费用总计5.8亿元人民币，波音707的研发则耗费15亿~20亿美元。1986年第三架运十原型机及其生产线被拆毁，大型客机研制的实体平台和研究队伍被解散。1979年访美签署的《中美两国政府间科学技术合作协定》规定，1985年上海飞机制造工业公司与美国麦道公司合资生产麦道82飞机。我国承担大部件组装，只占全机工作份额的6%~8%。麦道被波音兼并后，中国民用航空市场被波音和空客垄断。空客授权中国组装A320，禁止中国基于A320做任何改进。波音授权中国组装波音737，附带承诺波音在中国市场份额达到70%的条件，禁止中国基于波音737做任何改进。截至目前，飞机严重依赖进口（见图5.28），2008年以后飞机进口耗费的美元外汇增加了几个数量级。

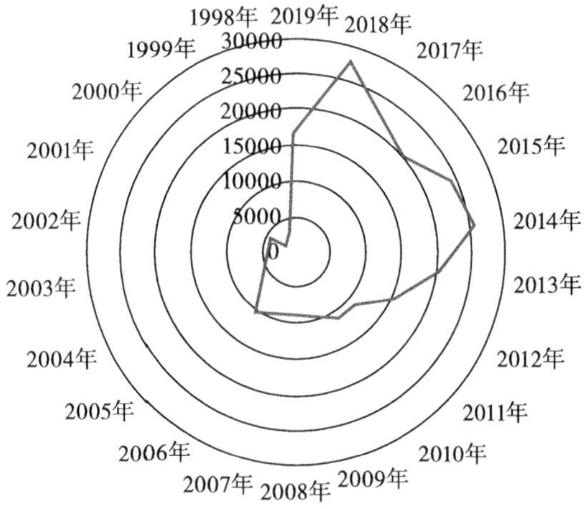

图5.28　1998—2019年飞机及其他航空器进口金额（单位：百万美元）

资料来源：中华人民共和国国家统计局国家数据，http：//data.stats.gov.cn。

我国为西方航空巨头配套积累了机身制造技术，一定程度地了解了西方民航飞机的设计流程和设计要求，这是“市场换技术”的技术溢出。2002年立项ARJ21项目，除飞机设计和机身国产外，全部子系统从国外采购，2008 年完成首飞，2015 年交付试运营，2016 年完成首次载客飞行。2008 年立项 C919，与波音 737 和空客 A320 属同一级别。现阶段 C－919 使用美国发动机，迄今未换装国产长江 1000－A 发动机，据说长江－1000A 发动机的设计制造进入了最后的冲刺阶段。C919 机身和气动布局几乎全部由中航工业和商飞生产，起落架、辅助动力、液压系统、电源系统等由中航工业和国外合作生产。2017 年 5 月，中国与俄罗斯合作成立中俄国际商用飞机有限责任公司，计划研制中国首款大型客机 C929。根据研制经验，C929 从项目启动到实现首飞，预计需要 7 年左右时间，到实现产品交付预计需要总计 10 年左右时间。

以白家电为例的耐用消费品是进口替代和出口创汇的典范。如空调和电冰箱，包括核心部件制冷设备用压缩机实现了国产替代（见图 5.29）；电视机出口创汇，核心部件电视机显像管实现了国产替代（见图 5.30）。

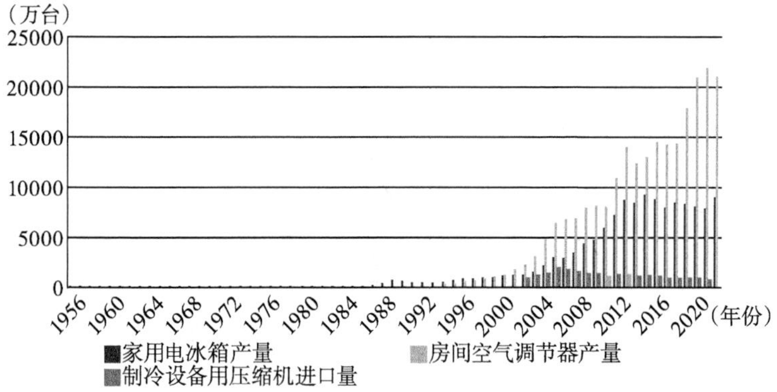

图 5.29　1956—2020 年电冰箱、空调产量和制冷设备用压缩机进口量

资料来源：1998 年前的数据来自国家统计局. 新中国 60 年［M］. 北京：中国统计出版社，2009；1998 年后的数据来自中华人民共和国国家统计局国家数据，http：//data. stats. gov. cn。

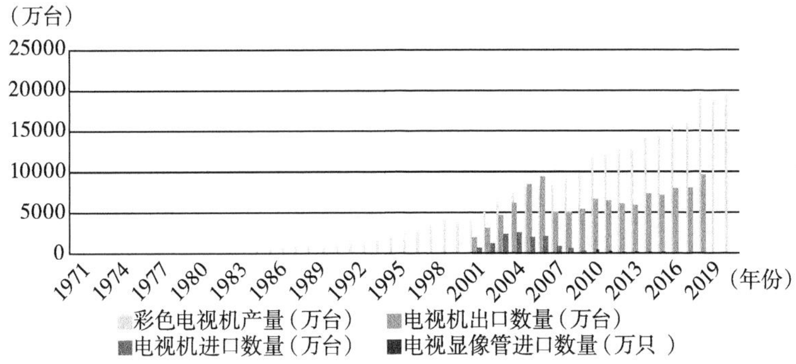

图 5.30　1971—2020 年电视机产量、进出口数量和电视显像管进口数量

资料来源：1998 年前的数据来自国家统计局．新中国 60 年［M］．北京：中国统计出版社，2009；1998 年后的数据来自中华人民共和国国家统计局国家数据 http：//data. stats. gov. cn。

五、信息通信技术（ICT）

电子技术在任何国家都是政府和军方密切关注和投入大规模资金支持的产物。[①] 1950 年我国成立电信工业管理局，1952 年华罗庚领衔成立电子计算机科研小组，1956 年制定“十二年科学技术发展远景规划”，将计算机和半导体技术列为重点。20 世纪 50 年代末至 70 年代，全世界只有三个国家掌握单晶设备、设备制造、集成电路制造的全过程技术，是美国、苏联和中国。[②] 20 世纪 50 年代末、60 年代我国比美国同级别

① 20 世纪初，美国联邦政府和军方把通信技术列为密切关注和管制的对象。20 世纪 40—80 年代，美国经历了战时经济和冷战经济，战备吸收的剩余不断增长，从 20 年代不到国内生产总值的 1% 增至 40 年代的 37% 以上、50 年代的 10% 以上、60 年代的 8% ~9%、70 年代的 5% ~8%、80 年代的 5% ~6%。军费投入研发精密武器系统主要用在开发电子技术。资料来源于美国国务院《总统预算历史表 6. 1——国防预算支出占总支出的组成》。

② 日本的个别领域被美国限制和阉割，韩国和中国台湾刚刚起步。

技术晚实现5～10年，20世纪70年代缩短至5年以内，甚至1年。① 1979年我国批量生产自主芯片。② 20世纪80年代初，深圳特区和其他沿海口岸涌现大批量的进口芯片。③ 20世纪80年代末自主芯片项目被强制停产。持续且高比例的海外芯片进口意味着我国电子产品制造业始终处于外国控制之下。根据IC Insights，2020年在我国销售的1434亿美元IC中，在我国生产的IC仅占15.9%，约227亿美元。其中，总部位于我国的公司的总产值仅为83亿美元，仅占我国2020年IC市场总量的5.9%。在我国拥有晶圆厂业务的外国公司（例如，台积电、SK海力士、三星、联电等）仍占我国IC产量的大部分。④ 微电子工业是高度研发密集的产业，高度的不确定性、建设新厂房需要的巨额投资和研制新一代芯片的巨额费用，形成了令人生畏的进入壁垒。有的年份进口芯片花费的美元外汇超过原油进口（集成电路进出口数量及金额见图5.31、图5.32，原油进口金额见图5.32）。

---

① 1957年北京电子管厂制成锗单晶，中国科学院应用物理研究所和二机部十局第十一所制成锗晶体管，同年制成锗点接触二极管和三极管（即晶体管）。美国贝尔实验室发明半导体点接触式晶体管是在1947年，相距10年。1963年，河北省半导体研究所制成平面型晶体管，美国仙童半导体制出平面工艺技术是在1958年，相距5年。1962年，人民解放军军事工程学院四系制出“隔离—阻塞振荡器”，解决晶体管稳定性问题，美国制出晶体管是在1954年，相距8年。1964年哈军工研制第一台晶体管计算机441B－I，美国发明第一台全晶体管计算机RCA501是在1958年，相距6年。1964年119计算机运算能力每秒5万次，略强于1958年美国IBM 709计算机，它的运算能力每秒4.2万次。1965年河北半导体研究所制成DTL型数字逻辑电路、1966年底上海元件五厂制成TTL型电路，两者都是双极型数字集成电路，1958—1959年美国德州仪器和仙童研制发明半导体集成电路，1960年美国仙童半导体研制第一块商用集成电路，相距5～7年。1968年华北计算技术研究所研制第一台第三代计算机，1961年德州仪器为美国空军研制第一台基于集成电路的计算机，相距7年。1968年，上海无线电十四厂制成P型金属氧化物半导体电路，1960年美国无线电制成金属氧化物半导体晶体管，相距8年。1972年四川永川半导体研究所制成大规模集成电路，1971年英特尔制成大规模集成电路，相距1年。1975年北京大学物理系半导体教研室王阳元领导的课题组完成硅栅P沟道、铝栅P沟道和硅栅N沟道三种技术方案。中国科学院北京109厂采用硅栅N沟道技术生产出中国第一块1K－DRAM。1970年英特尔制成C1103－DRAM，相距5年。20世纪70年代，我国掌握无显影光科技技术，中科院上海冶金所制成制造集成电路所需的离子注入器，出口日本。

② 第一家量产的工厂是中国科学院109厂。

③ 芯片体积小、重量轻、价值高、便于携带，走私利润可观，来自美、日。

④ IC Insights发布2021年版的《麦克林报告》。

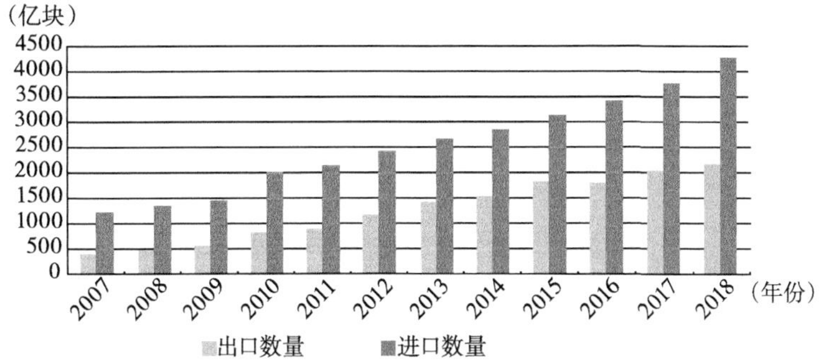

图 5.31　2007—2018 年集成电路进出口数量①

资料来源：中华人民共和国国家统计局国家数据，http：//data. stats. gov. cn。

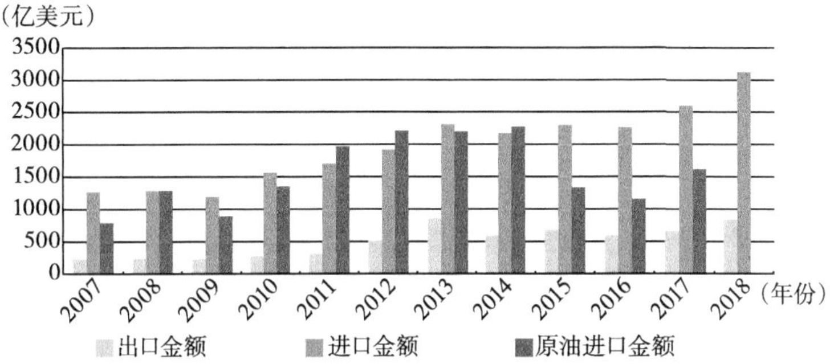

图 5.32　2007—2018 年集成电路进出口金额、原油进口金额②

资料来源：中华人民共和国国家统计局国家数据，http：//data. stats. gov. cn。

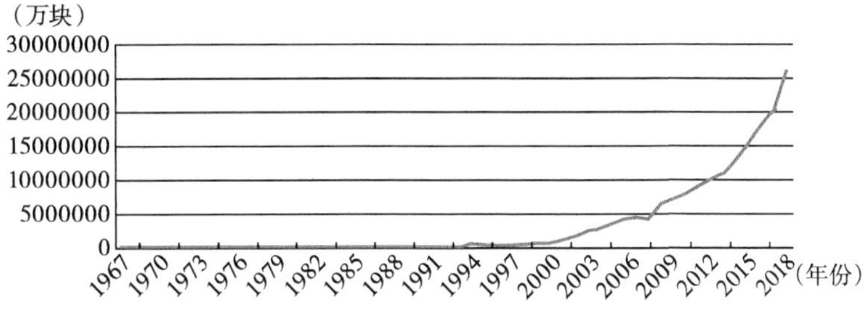

图 5.33　1967—2018 年集成电路产量

资料来源：1998 年前的数据来自国家统计局．新中国 60 年［M］．北京：中国统计出版社，2009；1998 年后的数据来自中华人民共和国国家统计局国家数据，http：//data. stats. gov. cn。

① 国家统计局提供的此项数据截至 2018 年。

② 国家统计局提供的此项数据截至 2018 年。

20 世纪 80 年代以后，我国生产的集成电路数量也不断增加（见图 5.33），微型计算机、笔记本计算机和移动通信手持终端组装量也持续增长（见图 5.34）。从集成电路的进出口数量和金额对比看，我国生产的是中低端集成电路，我国组装微型计算机、笔记本计算机和移动通信手持终端需要的高端通用芯片几乎全部依赖进口。

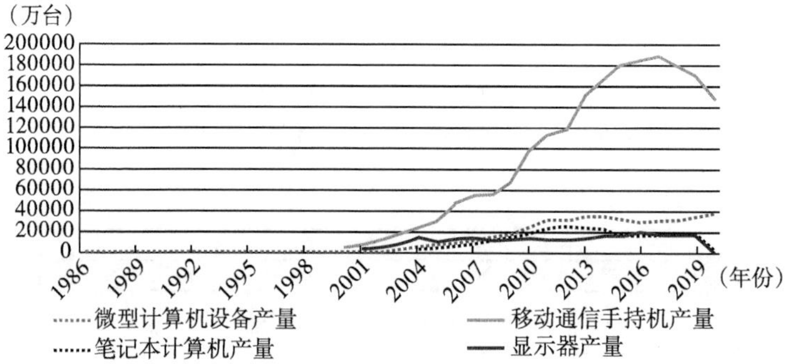

图 5.34　1986—2020 年微型计算机设备、移动通信手持机、笔记本计算机产量

资料来源：1998 年前的数据来自国家统计局．新中国 60 年［M］．北京：中国统计出版社，2009；1998 年后的数据来自中华人民共和国国家统计局国家数据 http：//data. stats. gov. cn。

芯片、底层软件、应用软件的国产化情况见表 5.1 和图 5.35，操作系统的国产化情况见表 5.2。

表 5.1　国产 CPU 的技术路线

CPU 芯片	技术路线	先进性	自主可控	生态系统	目标市场	硬件虚拟化
飞腾	ARM64 +	基于 ARMV8 永久授权	自主	强	桌面终端/服务器/高性能计算	支持
申威	Alpha +	Alpha 在国际市场上已经消亡	自主	弱	专注高性能计算	不支持
龙芯	Mips +	在国际市场上，弱于 ARM	自主	弱	桌面终端/服务器	支持

续表

CPU 芯片	技术路线	先进性	自主可控	生态系统	目标市场	硬件虚拟化
兆芯	X86 +	兆芯受制于威盛和 AMD 成长空间受限	自主性存在较大争议	强	桌面终端/服务器	支持
鲲鹏	ARM64	基于 ARMV8 永久授权	自主	强	服务器	支持
海光	X86 +	受制于 AMD，后续版本禁运	自主性存在较大争议	强	服务器	支持

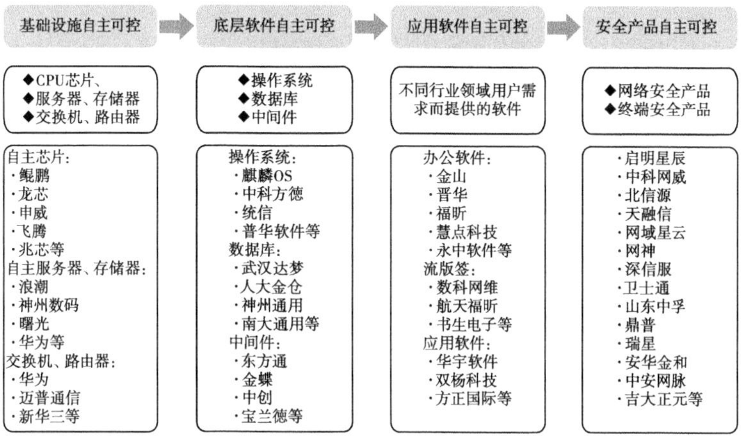

图 5.35 信创产业链

表 5.2 国产操作系统的技术路线

厂商	技术路线	主要产品	背景	适配硬件	排名或资质
麒麟 OS	Ubuntu/CentOS	桌面 OS，服务器 OS	CEC/中国软件	兼容适配目前所有国产 CPU	
统信 UOS	Debian	桌面 OS，服务器 OS	CETC	兼容适配目前所有国产 CPU	全球开源操作系统（DistroWatch）排 10 名左右
普华操作系统	Debian	桌面 OS，服务器 OS	诚迈科技、绿盟科技	支持 X86、Open Power、国产龙芯、申威、兆芯	—

续表

厂商	技术路线	主要产品	背景	适配硬件	排名或资质
凝思	Debian	服务器 OS	北京凝思科技	—	
中兴新支点	CentOS	桌面 OS，服务器 OS	中兴通讯	龙芯、兆芯、ARM	
红旗	CentOS	桌面 OS，服务器 OS	中科院软件所、赛迪	—	于 2013 年破产清算
中科方德	CentOS	桌面 OS，服务器 OS	中科院软件所	兆芯、支持主流 x86 平台	—

第三节　本章小结

20 世纪 80 年代中后期以来，自由主义学说在我国得到了较大规模的传播和讨论。这种不是从现实社会关系出发，而是从“社会”的概念或所谓最简单的要素中构造的学说，要求现实的改革削足适履地适应它制作的“一副歪曲的（因为和它的现实的基础脱离）、头足倒置的映象”①，对建设工业国的伟大斗争产生有害的意识形态影响。

生产方式由两个互相作用的部分构成，即生产力和生产关系。生产方式不是静止的结构，但它也不是随意地和随机地变化。当一种生产方式正常起作用时，生产力和生产关系之间有相关性，这种关系孕育了生产力的发展。② 承认生产方式的概念的基础“特点”是“在自然中发现的”，是非常有用的工具。现代大工业体系的社会组织方式可以运用以下三对术语来勾勒：竞争或垄断、资源配置权力分散或集中、依附式发展或独立自主地发展。

（1）竞争或垄断

小企业竞争和自由贸易是机制棉纺织技术作为一种新的产业集群兴

---

① 马克思恩格斯全集(第二十卷)[M]. 北京:人民出版社,1971:106.

② Paul M. Sweezy. Four Lectures on Marxism[M]. Monthly Review Press,1981.

起的时代的特征。[1]

铁路的设计、建设、经营为管理和运营大型组织提供了第一个范例。[2] 铁路要求制造、维修、维护零部件和装备的大型工程车间升级为研究和开发部门，制造车间向外部发包，研发部门内部化。钢密集制品、精密机械和电力、电气产业集群要求在投资融资、获取原材料、建立销售网络、设计、研究和开发各环节实现规模经济，外部中小企业的许多功能被内部化，企业规模巨型化。

从汽车制造开始，垄断寡头制定计划、卡特尔的内部用计划实行统一领导，取代自由放任的市场。电子、计算机、通信工业关键技术的发明，离不开“军事—工业联合体”扮演的计划经济委员会的角色。[3]

自此，全部生产集中成一个大股份公司，或一定部门的大工业家联合成卡特尔，自由竞争消失。巨型公司垄断控制国家经济命脉，只有经济的边缘和缝隙还有个人企业活动的余地。现代工业体系的典型经济单位不再是为无法知道的市场生产一种统一产品的微不足道的小商号，而是生产一个甚至几个工业部门的大部分产品的大规模企业，单个生产体（垄断资本主义）或全社会整个生产体系（社会主义）按计划生产。

在我国，铁路、钢密集制品、精密机械、电力电气、石油、航空、船舶、汽车、电子、通信的大部分掌握在国家手里。我国发生的就主要不是社会企业取代个人企业的过程，而是以现代社会企业的标准改造传

---

① 典型地发生在18世纪后期、19世纪初叶的英国。

② 高效组织必备的一些行为特征，如高度准时、定期维修、远期服务规划、通过一个中心有计划地控制不同区域的经营活动等，最早是由铁路培育和扩散的。Chandler, AD, (ed.) The Railroads: The Nation's First Big Business[M]. New York: Harcourt Brace, 1965; Faith, N. The World the Railways Made[M]. London: Bodley Head, 1990.

③ 1957年，苏联发射了人类第一颗人造地球卫星Sputnik。作为应对，美国国防部组建高级研究计划局，每一财年预算超过30亿美元，誓使美国在各个产业部门获得技术优势。计算科学部门的塑形就是由该局资助的。半导体研究、人机交互界面研究、因特网的早期阶段开发、用于个人计算机设计的大多数技术均源自该局的资助。

统国家所有制企业的过程。中国共产党领导的国家从“制高点”上对经济实行根本的控制很类似赶超阶段的美、德（美德的垄断资产阶级在上述产业构成的“制高点”上对经济实行根本的控制）。美国却不允许中国走它历史上走过的同一条道路，通过世界银行和国际货币基金组织不断地在意识形态和改革路线上干预中国内政，要求中国更加激进地“私有化”和“市场化”，打的旗号是“反垄断”。事实上，垄断是铁路以后的一切技术—经济范式的内在要求。在任何国家，这部分生产力如果不是垄断在国家的手里，就是垄断在私人财团的手里。继承古典经济学脱离实际的理论气质，新古典经济学竭力主张私有化改制，消灭国家垄断，与媚外崇外恐外的意识形态配合，欲放任美欧日财团垄断，继而肢解和消灭我国较先进的工业生产力。继续深化改革必须继续解放思想，与“私有制成分的高低是检验改革成败的唯一标准”的思想做斗争。指望私有化改变垄断性是不切实际的。

19 世纪末，德美巨型电气企业就世界市场瓜分达成国际专利协议和市场分割协议。公司能够在全球范围内运营，不仅表现为出口，而且表现在与原材料供应商的垂直一体化、控制设备制造和销售代理链条。我国企业在全球运营和整合原材料供应商、设备商和销售代理商的垂直一体化还处在萌发和摸索阶段。我国还没有建立跨国工业复合体及内部的经济计划、按照计划组织整个生产的计划经验。恢复和重建国内和国际经济活动的科学的计划体系是先进生产力的要求。

（2）资源配置权力的分散或集中

自由主义学说把集权化等同于计划经济，分权化等同于市场经济。真实的历史完全不是这么简单。劳动分工及公司与社会的关系，在技术—经济范式演进的过程中，经历了分权化和集权化的交替波动。

机制纺织业和铁路的管理被称为“车间作业管理系统”，特征是把责任下放给熟练工人或工头，以转包合同的形式管理一组工人和机器。这是典型的分权。

电力电气、精密机械、汽车、飞机、船舶工业对投资融资、获取原材料、建立销售网络、研究、设计和开发各环节提出规模经济的要求，外部中小企业的许多功能被内部化，旧“承包人”体系过时了。管理的异常复杂迫使垄断资本主义的巨型公司实施官僚制管理（管理职能极端专业化和计划部门集权），使权力从生产车间转移到办公室和实验室。电话、电报、电动打字机对分布在不同地区的工厂、生产活动以及来自遥远国度的原材料、零部件和设备配送进行调度，使大公司官僚制成为可能。管理分工深化的结果是分权向集权的发展。

20 世纪 80 年代，我国实施企业承包经营责任制，大幅度地向能人分权。20 世纪 90 年代和 21 世纪初叶实施股份制试点、企业组织结构调整、建立现代企业制度、企业集团和大型企业集团试点，是从“承包人”体系向管理职能专业化分工和大企业组织结构过渡，使权力逐渐地集中化。这不意味着改革的停滞，而意味着经济体制适应了技术—经济范式演进的要求。

个人电脑的普及、互联网的推广、产品和工艺设计的迅速变革侵蚀了旧式等级结构，可以轻易接触到的信息使一些管理层级不再必要。企业内部和企业外部关系的网络化成为新组织的典型特征，即公司与客户、再承包商（生产实施网络化外包而不是自己建厂）和雇员（给予关键员工以股票期权，工资不如所有权重要）建立伙伴关系。信息通信技术科学研究的专业化和细分专业化提高了几个数量级。在研究和开发组织中，任何程度的专制主义或个人主义都是错误的，民主制的合作研究、咨询、不同形式的许可授权和技术协议、共享数据库等发展起来。这是从集权向分权的回归，但这不意味着垄断的消失。在电报技术时代，大多数通信业是国家垄断的。在信息通讯技术时代，新一轮集中发生在私有寡头手里，公共所有的国家垄断企业被私有的全球垄断互联网公司取代。垄断力量产生越来越强的对政治和文化的影响力，极大地削弱了国家的力量，民族国家的政府失去控制全球基础设施的能力，国家治理正在失去根基。这是加剧集权的过程。信息通信技术终究会加剧集权还是鼓励分权，取决于社会群体的力量和行动，不取决于技术本身。

（3）依附式发展或独立自主地发展

在工业革命过程中，来自其他国家的技术起着重要作用。引进外国先进技术是落后国家赶超战略的第一步。① 第二步，本国发明家运用“反向工程法”拆解和吸收、修正和改造进口技术，对整个生产体系做根本重塑。② 我国规模以上工业企业引进技术消化吸收经费支出占引进国外技术经费支出的比重，2008 年达到 26% 以上，2009 年 43%，2011—2016 年逐年下降至 22%，2017 年恢复到 29%。③ 日本、韩国用于消化吸收引进技术的费用占技术引进费用的比重，平均值是 700%。合资模式只会培养一个工业垄断者集团，不是凭借掌握先进技术而是凭借行政地位垄断市场牌照和资质，与外国垄断寡头结成利益共谋，不但自己投入很少的资金做引进技术的反向工程研究，还千方百计地阻止本土竞争对手的出现。赶超是国家协调的有机过程，绝

---

① 铁、铁路、钢、电和电气、内燃机的工艺技术都率先出现在欧洲，却在美国实现大规模生产。战后欧洲和日本的赶超过程建立在美国工业技术扩散的基础上。许多工业代表团在战后初期纷纷奔赴美国公司学习先进生产方式。福特和通用汽车在欧洲许多国家建立的生产厂，有助于欧洲吸收美国技术。

② 美国不是内燃机技术的发明者，但它凭借对这一技术集群的支配成为 20 世纪世界经济的领导力量。“一战”前，福特汽车公司引入大规模生产技术（可互换部件）在世界出口市场赢得统治地位。通用汽车公司引入产品和工艺的竞争性设计与福特汽车公司瓜分世界市场。“二战”后，欧洲汽车制造商做了大量创造性设计，在小型汽车、跑车和部分豪华轿车方面出口猛增。日本采用“反向工程法”，解剖成熟产品、根本重塑整个生产体系，革新产品和工艺的设计，日系车的产品质量和劳动生产率一度超越美系车和欧系车。

③ 中华人民共和国国家统计局国家数据。

不仅仅是市场的自发反应。[①] 在我国，高铁“市场换技术”的成功是因为铁道部掌握整个中国市场，汽车“市场换技术”的失败是因为中国市场被细碎地切割，各本土母公司为与掌握技术的外国寡头合资办厂彼此竞争。

第三步，国家投资科学和研究活动、持续突破基础科学理论及培养一种自由的、创造性的、原创性的思想能力，这是国家竞争力经久不衰的条件。专业的科学研究队伍是科学工作的骨干力量，要制订科学研究计划，知人善任，把力量组织好。学术上有不同意见时，坚持自由讨论的原则，对学术论文的评价、科学技术人员业务水平的考核、研究计划的制订、研究成果的鉴定等，充分发扬民主。倾听科学家的意见是科学研究机构党委实行群众路线的一个重要方面。

社会主义国家的经济体制持续地调整和完善，基本的出发点是，“当不变更生产关系，生产力就不能发展的时候，生产关系的变更就起了主要的决定的作用。……当政治文化等等上层建筑阻碍着经济基础的发展的时候，对于政治上和文化上的革新就成为主要的决定的东西了”[②]。计划经济和市场经济两个阶段相互继承。我国的社会主义起步于几乎不能指望任何外国技术援助的冷战背景下，外部技术封锁造成建设一个初步完整的、独立自主的工业体系的需要。主要生产资料公有制，剩余和生产资料的积累、投资和生产受一般国民经济计划的支配，确保生产能力的快速增长。当创造一国生产潜力的基础工业已经建设起来并开始生产，会出现进口外国制造的机器的需要。尽管这种机器对先

---

① 20 世纪 60—90 年代，日本企业获取民用电子工业的市场优势。到 20 世纪 80 年代晚期，5 家最大的半导体生产商中有 4 家是日本企业。美国政府运用军事力量逼迫日本签订不平等条约，在日本、美国和世界市场限制日本产品的市场份额。美国政府资助的半导体制造技术战略联盟（Sematech）组织产业界、大学和政府通力合作，从日本竞争者手中夺回领先地位。到 1994 年，世界销量排名前六的企业中美国夺回三席。Berg, M. Product Innovation in Core Consumer Industries in Eighteenth Century Britain', in M. Berg and K. Broland(eds) Techonological Revolution in Europe [M]. Cheltenham: Edward Elgar, 1998.

② 毛泽东著作选读甲种本（上册）[M]. 北京：人民出版社，1986：166.

进国家来说是陈旧淘汰的，对追赶国家却是先进的。实施一种“不同社会制度的”国家主权和平共处的外交战略，引入外国投资，融入世界经济体系各种商品链条的一个环节，发展出口工业，使进口先进生产资料成为可能。当国民经济变得更复杂、更多样化以后，效率问题和激励问题的重要性凸显出来，需要价格信号调动基层企业自主性。应用性创新只有生产环节的参与者才能了解，依赖基层企业的灵活决策和自主能动性的发挥，此时市场机制介入。

这种调整不是一劳永逸的。在工业与科学（不是与技术）的联系更加直接和紧密的领域，投资原发性科技突破的风险变得不可控。其中，基础研究投资，尤其高度跨学科性质的基础研究的高外溢性使私人部门投资不足，只有持久的、政府的投资才是可行的，这为私人部门的投资指明了方向，为未来几十年的增长提供了基础。要求同时使市场在资源配置中起决定性作用和更好地发挥政府作用。

结　语

资本主义的大工业社会是“过渡的[①]”社会生产制度。[②]“过渡”指的是现代私人交换制度使商品的所有者不把商品当作使用价值来对待，只有通过商品同别的商品相交换，商品的所有者才能占有各使用价值；通过转让进行占有是社会生产制度的基本形式，这种社会生产制度的最简单最抽象的表现就是交换价值。[③] 当直接的物物交换发展为以货币为交换媒介的商品流通后，卖与买分裂为两个独立的过程，卖者与买者之间的对立表明危机的形式已经存在。通过整整一系列的资本主义的关系，危机的形式上的可能性进一步向现实转化。在资本主义经济里，社会资本的运动，由社会资本的各个独立部分的运动的总和构成，总会有对生产产品所必需的社会劳动的相应量的按比例分配的偏离；这种不合比例的情况的不断的平衡运动是以不断的不合比例为前提的。资本主义的本质就是通过一系列的不平衡与不合比例的“危机”来进行社会总资本的再生产和流通。危机的现实必然性最明显地表明了资本主义只不过是历史上一种过渡的、暂时性的经济制度。

交换价值控制了生产的全部深度和广度的现代世界在大工业上达到

---

① 列宁专题文集:论资本主义[M]. 北京:人民出版社,2009:211.

② 马克思恩格斯全集(第十八卷)[M]. 北京:人民出版社,1963.(参看《1866—1868 年第一国际总委员会会议记录》莫斯科版第 229 - 234 页)

③ 马克思恩格斯全集(第三十一卷)[M]. 北京:人民出版社,1998:324.

最高的阶段。机器体系通过分工把工人的操作逐渐变成机械的操作，直接表现出来的是一定的劳动方式从工人身上转移到机器形式的资本上。随着大工业的发展，现实财富的创造较少地取决于劳动时间和已耗费的劳动量，较多地取决于科学在生产上的应用（在资本主义的条件下一切科学都被用来为资本服务），直接形式的劳动不再是财富的巨大源泉。以交换价值为基础的生产便会崩溃，直接的物质生产过程本身也就摆脱了对抗性的形式。①

社会生产制度在社会主义的基础上重构。马克思把生产力的巨大增长看成是社会主义的必不可少的前提，只有现代大工业才是社会主义改造的必要的物质前提。大工业被规定为资本主义有可能被代替的发展阶段。社会主义的本质，就是无阶级差别的社会。随着无阶级社会的建立，生产充裕的能力，不再被逐利的考虑所扼杀；在整体的社会生活中允许理性和共识发挥主导作用，为了全体人民的利益最大化、根据满足社会地发展了的人的需要的原则来有计划地组织社会物质再生产和流通。② 这种把一切生产资料和生产对象变为公共财产、每一个别行业的生产以及这种生产的增加必须直接由社会需要调节和控制的生产是一种“新的”社会生产制度③、“真正的社会生产制度”。④ “真正的社会生产制度”是一个“自由人联合体”，在那里，人们用公共的生产资料进行劳动，并且自觉地把他们许多个人劳动力当作一个社会劳动力来适应。这个联合体的总产品是社会的产品；劳动时间的社会的有计划的分配，调节着各种劳动职能同各种需要的适当的比例：人们同他们的劳动和劳动产品的社会关系是简单明了的。⑤ 在劳动直接表现为一般的社会的劳

① 马克思恩格斯全集（第四十六卷）（下册）[M]. 北京：人民出版社，1980：231 - 232.

② 马克思恩格斯全集（第 26 卷第 3 册）[M]. 北京：人民出版社，1972：126.

③ 列宁全集（第四卷）[M]. 北京：人民出版社，2013：214.

④ 马克思恩格斯全集（第十六卷）[M]. 北京：人民出版社，1963：640 - 642.（参看《1866—1868 年第一国际总委员会会议记录》莫斯科版第 229 - 234 页）

⑤ 马克思恩格斯文集（第五卷）[M]. 北京：人民出版社，2009：124 - 125.

动时，社会生产制度就会成为“真正的”社会生产制度。

社会主义初级阶段是在经济文化落后国家建设社会主义的一个不发达的阶段。中国特色社会主义进入新时代，是我国跻身现代大工业社会之列（拥有联合国产业分类中所列全部工业门类、工业经济规模跃居全球首位、个别尖端性的科学技术研究领域达到世界先进水平）的历史阶段。在生产力水平上衡量，我国社会是不成熟的现代大工业社会；在生产关系上衡量，初级阶段的社会主义是社会主义，又是不发达的社会主义。

附录：先进工业国向发达社会主义直接过渡的经济纲领

列宁曾指出，“一切民族都将走向社会主义，这是不可避免的，但是一切民族的走法却不会完全一样，在民主的这种或那种形式上，在无产阶级专政的这种或那种形态上，在社会生活各方面的社会主义改造的速度上，每个民族都会有自己的特点。”①特定国家向社会主义过渡的路径，其基本特征虽然也是由社会主义的本质决定的，但它同时还受到这个国家特有的历史发展条件的影响，从而使得这些基本特征在表现形式上有某些变化。社会主义制度在一个国家的形式，总是具有这个国家的特色的，一定是有这个国家特色的社会主义。

20 世纪 40 年代末至 70 年代末，美国（和西方）的社会主义作家持续关注向社会主义过渡的问题，这是他们对美国和西方资本主义现实困境的忧虑及寻找出路的诉求。保罗·斯威齐的《美国经济纲领》是他为美国向社会主义过渡撰写的行动纲领。他开宗明义地判断，资本主义注定“生产过剩”。“繁荣和破产的制度不是偶发的或因某些表面缺陷发生的，而是其本性决定的。资本主义国家越发达，也就是说，其生产资源越是高度发达、其资本家越是富有，其繁荣越是虚弱，其破产越

① 《列宁全集》第 28 卷，第 163 页。

是毁灭性的。美国是世界上最发达的资本主义国家。”①

他指出美国资本主义的主要矛盾是：

“美国经济的主要关切不是增长，而是如何避免破产成为国民经济的常态，换句话说，如何避免低生产和高失业。在20世纪30年代，这曾是美国国民经济的常态。尽管有联邦政府的费尽努力，这仍然是持久的和大众的失业的时期。”②

“第二次世界大战拯救了美国资本主义。”③

“一些资深经济学家预言在战后不久会有另一场崩溃，30年代的老问题会重新回到美国。然而，事实不是那样。原因不是资本主义改变了本性，而是冷战替代了热战，成为美国经济的主导因素。冷战不像热战那么昂贵，它没有使生产机器以同样快的速度运转。但是每年200亿美元的军费和外援支出计划足以阻止崩溃、阻止失业触及警戒线。结果是整个资产阶级拥有法定的利益去维系冷战——如果必要的话，他们会激化冷战，使其更加昂贵。他们系统地传播苏联即将入侵的故事、共产党间谍故事、针对美国政府的颠覆性阴谋的故事。他们煽动大规模的歇斯底里，这提供了不容忍、偏执和好斗的恰当氛围，这种氛围孕育了冷战，托它的福，美国资本主义可以争取到极限。”④

“如果要结束冷战，如果要建立一个可以和平、安全地生活的世界，必须改革美国经济，以使繁荣毋需再依赖战争或为战争做准备。”斯威齐总结道，“这是美国经济纲领的首要问题。”⑤

他罗列了若干其他问题。“（2）怎样实现更公平合理的收入分配。（3）怎样提供给老年人、体弱多病者和一切出于任何理由不能够自我谋生的人以福利和安全。（4）怎样消灭私人垄断商剥削工人、消费者和农民的霸权。（5）怎样保护和合理利用自然资源。（6）怎样消灭现有生产和分配制度所需的大量浪费（例如，雇佣脑力、人力和资源于

①②③④⑤ Leo Huberman, Paul M. Sweezy. Introduction to Socialism: Including “The ABC of Socialism”[M]. New York: Monthly Review Press, 1968.

完全浪费性的竞争性广告和销售业务），怎样实现现代科学技术的潜力，不仅为了美国人民的利益，也为了其他在经济上和技术上欠发达国家人民的利益。”①

斯威齐确信，这些问题中的任何一个皆不能在资本主义经济框架中得到圆满的解决。相反，只要采纳一项主要的改革，“就会容易地、自然而然地得到解决方案：生产资料社会化（除了那些实际上为其所有者使用的以外），以及作为其不可避免的推论的，全面经济计划的引入。”②

斯威齐指出，凯恩斯创建的学派未能给美国指明在资本主义框架中解决这些问题的出路。斯威齐引用了斯图尔特·蔡斯的一个问题，据说这是在他去法国的路上通用坦克制造的一位司机问他的问题，扼要地指出凯恩斯主义推荐的解决方案的实质。

“如果国家可以通过制造坦克使像我这样的人死在里面来保持繁荣，为什么不能通过制造房屋使人们在里面生活来制造繁荣?”③

斯威齐给蔡斯的问题的答案是：“如果美国资产阶级政府能够支出200亿美元，如果需要的话，300亿或400亿美元，依赖于冷战来维系繁荣。只要避免旧式的经济学说，允许政府——一方面通过借入和税收政策，另一方面通过借出和支出政策——为和平时期、为建设性目的的同等规模的支出，那么，就可以使经济在和平时期如在战时一样保持平衡。但关键就是，统治的资产阶级决不会同意或允许为和平的、为建设性目的的如此规模（哪怕只是接近这一规模）的支出。这不是忽略或愚蠢。再简单不过，这是阶级利益，对于资产阶级（或历史上的统治阶级），其利益似乎就是国家利益，的确也就是文明本身的利益。对于任何形式的和平、建设性的政府支出，资产阶级都会反对：它作了收入再分配；或者说，它增大了工人阶级的权力和独立性；再或者，它对私

①②③ Leo Huberman, Paul M. Sweezy. Introduction to Socialism: Including “The ABC of Socialism” [M]. New York: Monthly Review Press, 1968.

人企业构成竞争。”①

“但是，如果军事目的的支出，就大不一样了。源源不断的武器订单使最大的资产阶级寡头受益；没有私人企业的竞争者；冷战的整体氛围——假想的女巫、极端爱国主义、整体的强权氛围——创造了统治阶级控制思想和底层人口活动的最容易的途径。”②

“转向清单上的其他问题。在每个都会发现：①其在资本主义中是无解的；②在社会主义中，这些问题的理性解决没有内在的障碍。

收入分配。当今美国收入分配的极端不平等和不公正的真正原因是生产资料私有制。

社会保障。只要资本家掌权，他们会运用其权力反对建设一个真正充足的社会保障制度。进步的最终取得需要实质地消灭资产阶级的反对和阻碍的力量。

资本主义的浪费。资本主义的真正浪费当然不是在其大公司的组织里，甚至也不在于其毫无疑问地浪费了人类继承的自然资源。而是在制度整体的结构和功能里——为少数人生产精美玲珑的奢侈品，而数百万人注定痛苦和贫穷；在于误导人们的头脑、精力和资源以用于疯狂的销售竞争；在于萧条期间废弃的生产和枯萎的生活；在于战争的破坏和杀戮，以及对世界的重新瓜分；在于冷战的滔天浪费以在国内外维持现状。”③

斯威齐的结论是，“如果想有当代科学技术的好处，如果真的要帮助其他人，而不仅仅只是在假装帮助他们的面具下剥削他们，就必须废除这个盲目的、社会地浪费的、破坏性的制度，就必须以另一个制度取代它，这个制度允许理性的智慧和共识发挥主导作用，不只是在个人生活中，也是在整体的社会生活中”。④

这里恰当地解释了他们为何投身社会主义研究。他们判断资本主义

①②③④ Leo Huberman, Paul M. Sweezy. Introduction to Socialism: Including “The ABC of Socialism” [M]. New York: Monthly Review Press, 1968.

的好战、反人道和浪费、低效，归根结底是生产过剩在作祟，它的背后是资本主义对抗性的阶级利益，这是凯恩斯主义无力医治的。因此他们看向社会主义，即无阶级差别的社会。

首先声明，社会主义支持消费资料的私人财产权利，安抚不明所以的劳动群众对社会主义流行的误解和恐惧，“关于社会主义，多数美国人唯一知道的是，他们不喜欢它”，“有如恶魔的工具一样恐怖”。[①] 在此基础上，美国的劳动群众才可能靠近、拥抱、向往社会主义的未来，甚至为之奋斗。

他们告诉劳动群众，当允许土地、原材料、工厂、机器……为个人所拥有时，如果你属于拥有生产资料的那一小群——资产阶级——你可以不劳动。如果你属于不拥有生产资料的大多数人——工人阶级——你要活着就得劳动。不是那些劳动最多的人获得最多的收入，而是那些占有最多的人获得最多的收入。生产资料所有者的利益和他的工人的利益是对立的。这两个阶级之间总是有矛盾，没有调和的可能。否定相对不受限制的生产资料私有权，是根除对抗性的阶级利益的办法。所以，废除生产资料私有权构成社会主义经济制度的第一方面的规定性。

也是在这个意义上，他们没有把“生产资料公有制”本身当作判断社会主义的标准，他们尤其强调财产权利规定的是社会权力结构。把社会主义诉诸旧的社会权力结构的废除，把社会主义界定为一个无阶级差别的社会，而不是表面的生产资料所有制，如果理解到研究出发点是医治资本主义之癌——对抗性的阶级利益，这是水到渠成的。

为什么认为生产资料公有制会天然地、没有争议地推导到经济计划？还是要回到他们赞赏生产资料公有制的出发点是医治资本主义的生产过剩这一点上。斯威齐判断，1929 年危机以后，美国似乎永久性地

① Leo Huberman, Paul M. Sweezy. Introduction to Socialism: Including “The ABC of Socialism” [M]. New York: Monthly Review Press, 1968.

告别了资本主义的扩张期。① 只有一种给资本主义续命的办法——无休止的战争和为战争做准备，冷战——为人、材料、机器和货币提供充分就业。然而战争是反人类的。解决生产过剩只剩下另一个解，全面经济计划的引入。

资本主义存在着生产资料私有权的独裁。休伯曼的《资本主义和社会主义的自由》描摹了这样一个普通得被当作理所当然的事例。“在那个永生难忘的日子，城市居民被一个独裁者的宣告击晕了。该城劳动人口的约1/4，突然被告知，他们将工作到年底，然后被解雇。根据独裁者的命令，工厂被关闭。听到独裁这个词语的时候，你也许会想到许多国家，除了美国；然而刚刚描绘的事情就发生在美国，在新汉普郡的纳舒亚的新英格兰镇，那里的人们长期吹嘘他们的国家是世界上最民主的。得事隆集团的独裁，其所有者，不是由新汉普顿的居民选举的，不对他们任何人负责，只对他自己负责，他做出了一个影响纳舒亚城每一个人的生活的决定。只关心他自己的益处，得事隆的所有者决定关闭纳舒亚的工厂，搬到南方，因为那里的劳动力更便宜、利润更高。纳舒亚工厂的3500名之众的工人终生工作在纺织工业，不懂其他任何营生。他们接下去会发生什么？这不是得事隆关心的。使国家某一处的工业搬到另一处，对美国的利益意味着什么？这也不是得事隆关心的。以真正的独裁的方式，不用把这个问题跟直接受影响的人们讨论，不用考虑工人、城市、国家的福利，得事隆就做了决策。新汉普顿的纳舒亚被加入了曾经繁荣、之后转入长期萧条的地区的长长名单——这是一群只考虑猎取利润、不在场的所有者下的武断命令。”②

资本家不敢反对政治民主，但他们的确反对经济民主。这是缺乏“人民的、由人民控制的、为人民的”经济政府的结果。

① Leo Huberman Freedom Under Capitalism and Socialism[M]. New York: Monthly Review Press, 1968.

② Leo Huberman. Freedom Under Capitalism and Socialism[M]. New York: Monthly Review Press, 1966.

"社会主义者设想的好的社会，不仅仅理性地被计划，而且民主地被控制——一个合作的社会，一个充满人类情谊的社会，没有垄断权力或享有特权的一小撮人。在这里一切公民都有权被充分地告知，丰盈其头脑，不同意或批评，最重要的，参与控制其生活的决策和执行决策的活动。"① 基于这样的缘由，休伯曼提出，社会主义经济计划从设计到实现，不是自上而下强制的，工人和农民可以在里面发声。当然，"完全的民主的可得，要在社会主义预言的国家消亡真正实现的时候"②，这也是斯威齐和休伯曼强调的。

许多人，包括社会主义者，都期待社会主义立刻或至少是在短时间内实现其伟大的目标：丰裕的经济、增长的民主和自由，每一个人获得更富裕的生活。假如是英国、德国和美国率先进入社会主义，那这是可能发生的。

现实是，随着资本主义受到两次世界大战的破坏性灾难的蹂躏，其最薄弱的，而不是最强大的环节被打开缺口。社会主义首先出现在沙皇帝国，然后从那里传播到东欧和中国。当然，这意味着社会主义发展的早期阶段与马克思预想的很不一样。新社会秩序不能建立在旧社会成果之上——没有发达的工业基础，没有受过教育和培训的劳动力队伍，等等。

所以，斯威齐和贝特兰承认过渡社会里面市场关系的存在。贝特兰反对用市场/计划矛盾作为判断社会主义的标准。社会主义的本质是权力。确保向社会主义过渡的，是"无产阶级专政（结果是劳动群众掌握权力、马克思列宁主义意识形态占主导地位，群众路线的革命领导的实践，等等）"。③

关于社会主义经济里的生产资料私有制，他们甚至不认为它仅仅只在过渡时期存在。他们主张社会主义经济并不只有社会化大生产的大工

①② By Leo Huberman. Freedom Under Capitalism and Socialism[M]. New York: Monthly Review Press, 1966.

③ Paul M. Sweezy, Charles Bettelheim. On the Transition to Socialism[M]. New York and London: Monthly Review Press, 1971.

业，还有小规模生产的产业，后者不属于生产资料的资产阶级私有制的改造范畴。因而社会主义的小规模生产的产业，生产资料“可以有私有权”。

（一）财产关系方面的规定性

就社会主义经济的财产关系而言，它支持保留消费资料的私人财产权利、要求废除生产资料的私人财产权利、主张掌握生产资料的公共机构的多样性、允许保留一部分生产资料的私人财产权利但有界限。尤为强调的是，生产资料财产关系的本质不是财产关系本身，而是由这种财产权利规定的社会权力结构。也就是说，公有制的生产资料财产关系不构成社会主义经济制度的绝对标准，比生产资料财产关系更本质，从而决定社会性质的，是社会权力结构。

1. 保留消费资料的私人财产权利

斯威齐在《社会主义》“关于社会主义的定义”里首先挑明，“资本主义和社会主义有共同点，即两者皆保障个人对于消费资料的广泛的所有权和处置权。在这个意义上，可以说这两种制度皆承认私人财产原则。”①

收编在他与休伯曼合著的《对社会主义的介绍》里的《马克思主义的社会主义》再次重复这一观点，“（社会主义的）根本的变革包括废除生产资料的私有制。请注意，无论马克思还是（就我所知）其他重要的当代社会主义者都没有倡导或期待废除消费品的私有权。相反，他支持低收入群体手里消费品的倍增，从而带来这个领域内私有权的扩大。”②

《共产党宣言》第一次概括地和系统地表述了共产主义社会，这个

---

① Paul M. Sweezy, Seymour E. Harris. Socialism[M]. New York, Toronto, London: McGraw – Hill Book Company, INC, 1949.

② Leo Huberman, Paul M. Sweezy. Introduction to Socialism: Including “The ABC of Socialism” [M]. New York: Monthly Review Press, 1968.

文件把所有制问题看成是“运动的基本问题”。[①] 马恩在这里指的是废除“在资本同雇佣劳动的对立中运动的”[②] 现代资产阶级私有制，即生产资料的私有制，而不是生活资料的私有制。雇佣工人个人占有的维持直接生命的再生产的劳动产品不应当被消灭，也就是保护消费品的私人财产权利。马恩写道：“共产主义并不剥夺任何人占有社会产品的权力，它只剥夺利用这种占有去奴役他人劳动的权力。”[③] 这与斯威齐和休伯曼提出“马克思从没有倡导或期待废除消费品的私有权”是一致的。

《资本论》第三卷草稿，在分析资本主义再生产过程、研究社会总产品时指出，未来社会把劳动产品中进入工人个人消费的部分从资本主义的限制下解放出来，把它扩大到“一方面为社会现有的生产力……所许可，另一方面为个性的充分发展所必要”[④] 的范围。这与斯威齐和休伯曼提出的“社会主义主张消费品领域内私有权的扩大”的观点相契合。

2. 废除生产资料的私人财产权利

斯威齐在《社会主义》“关于社会主义的定义”里开宗明义，社会主义和资本主义的区别是在生产资料的财产权利方面。“资本主义承认相对不受限制的生产资料私有权，而社会主义否定这一权利，把这一所有权保留给公共机构。”[⑤]

在 1867 年 9 月举行的国际洛桑代表大会上，工人活动家们讨论了如何对待生产资料私有制的问题，此后，所有制问题就成了马克思和恩格斯所关注的中心，以致这个问题被列入了 1868 年 9 月的国际工人协

---

① 马克思恩格斯选集(第 1 卷)[M]. 北京:人民出版社,1995:285.

② 马克思恩格斯选集(第 1 卷)[M]. 北京:人民出版社,1995:265.

③ 马克思恩格斯选集(第 1 卷)[M]. 北京:人民出版社,1995:267.

④ 马克思恩格斯全集(第 25 卷)[M]. 北京:人民出版社,2001:990.

⑤ Paul M. Sweezy, Seymour E. Harris. Socialism[M]. New York, Toronto, London: McGraw - Hill Book Company, INC, 1949.

会布鲁塞尔代表大会议事日程。在布鲁塞尔大会以前，马克思不得不一方面批驳主张使小生产和生产者对生产资料的个人占有在新社会永久存在下去的右翼蒲鲁东主义者和其他小资产阶级社会主义思想的拥护者，另一方面他也同虽然承认大工业的进步性但却否认有必要把它变为公有制的自由派工联主义的代表人物进行了斗争。① 布鲁塞尔代表大会决议说明，有必要去建立“一个更为合理的社会组织”，在这个社会中机器将成为工人“自己的财产”。② 1869 年 9 月巴塞尔代表大会通过了一项决议：“社会有权废除土地私有制并把它变为公有制”，而且“这种转变是必然的”。③

《共产党宣言》强调，“共同占有和共同控制生产资料”④ 是共产主义社会中联合起来的个人的基础。

3. 掌握生产资料的公共机构的多样性

斯威齐在 1949 年出版的《社会主义》中指出，作为社会主义特征的生产资料所有制的形式，马克思主义从来不是教条的。“掌握所有权的必须是公共主体，但这并不必然意指唯一的中央政府：在社会主义里，地方政府、特殊的这种或那种公共权威以及合作社，也可以拥有生产资料。”⑤

马克思极其密切地注视国际工人协会就未来社会集体所有制应采取哪种形式的问题所展开的热烈讨论。有许多国际会员虽然已经接受集体主义的思想，但却仍然认为：生产资料或者是直接归协作工人和农民的

---

① 参看 H. M. 缅沙皮亚科娃《第一国际布鲁塞尔代表大会》，载于《马克思主义和国际工人运动史》1964 年莫斯科版第 15 - 119 页。——弗里茨·沙夫《1848—1890 年德国工人运动争取农业工人和劳动农民的斗争》1962 年柏林版第 53 - 85 页。

② 《布鲁塞尔代表大会关于资本主义制度下使用机器的后果的决议》，《德国的第一国际（1864—1872）。文件和资料》1964 年柏林版第 261 页。

③ 《巴塞尔代表大会关于土地所有制的决议》，载于《德国的第一国际》第 427 页。

④ 马克思恩格斯全集（第 46 卷上册）[M]. 北京：人民出版社，2003：105.

⑤ Paul M. Sweezy, Seymour E. Harris . Socialism[M]. New York, Toronto, London: McGraw - Hill Book Company, INC, 1949.

各个集团所有，或者归城乡公社，即公社所有。

在这方面，总委员会法国通讯书记、法国工人中最早的马克思主义者之一——欧仁·杜邦在布鲁塞尔代表大会前夕写给被指定为所有制问题委员会的报告人的比利时社会主义者塞扎尔·德·巴普（他最初主张生产资料归公社所有）的一封信中写道：“我认为，公社将进行普遍的联合。马克思说，它们必然走向经济上的集中。我赞同他的看法。因为如若不然人们又怎么能建立应存在于各生产部之间的那种和谐呢？”①

马克思后来在应杜邦的请求所写的一篇文章中明确地写道：“生产资料的全国性的集中将成为自由平等的生产者的联合体所构成的社会的全国性基础，这些生产者将按照共同的合理的计划自觉地从事社会劳动。”② 马克思否定了建立在集团所有制基础上的社会主义模式。所有制的基本形式只能是整个社会所有制，首先是国家所有制，因为新的社会制度是建立在生产高度社会化的基础上的。

1868 年布鲁塞尔代表大会通过了一项要求矿山、煤矿和铁路实现社会化的决议。它们应当成为整个社会的财产，即国家的财产，并且应当由国家监督下的工人协会来加以经营。此外，决议指出，“现代社会的经济发展将产生出把耕地变为社会公共财产并以国家名义把土地转让给农业协会的社会必要性”。③

马克思对工人阶级如何对待土地所有制的问题做出回答。他指出，谁诉诸人对土地的天然权利，谁最终就会得出反动的观点，认为社会主义社会每一个人都应当耕种自己所有的小块土地。与此相反，社会必然性则要求把土地从私有财产变为公有财产。但是，这种要求的提出必须针对大土地所有者和大农，针对农村的剥削阶级，而不是针对那些几乎

---

① 《1865 年 5 月 12 日杜邦致塞扎尔·德·巴普的信》苏共中央马列主义研究院中央档案馆，F. 21. 78/3。

② 马克思恩格斯选集(第 2 卷)[M]. 北京：人民出版社，1995：454.

③ 《布鲁塞尔代表大会关于土地矿山、铁路等所有权的决议》，载于《德国的第一国际》第 264 页。

没有雇工的农村小私有者，没有他们的支持，工人阶级就不能夺取政权。工人阶级不是通过剥夺，而只有通过自愿结合才能引导小农走向集体生产形式，而这一点只有当工业和大地产都归社会所有以后才能实现。

巴塞尔代表大会以后，根据总委员会的提议，土地和劳动同盟在英国建立。马克思关于土地所有权的观点通过这一同盟开展的活动大大地具体化了。在国际工人运动史上他第一次开始组织广大的农业工人。它的主要要求是“实行土地国有化”，为了达到这个目的，同盟要求建立“一个由全民选举并受到全民信任的政府”。[①] 因为英国改良主义的工会领导人歪曲了这条路线，所以马克思后来写了《论土地国有化》这篇重要的文章。

马克思在这篇文章中对资产阶级国有化和社会主义国有化所做的详细区别是非常重要的。国家接管土地这种做法在资本主义制度下也是可能的。只有当这种资产阶级国有化为社会主义革命扩大物质前提时，它才是一项进步的措施。但是，马克思进一步指出：“在资产阶级掌握政权的情况下，实行土地国有化，并把土地分成小块出租给个人或工人协作社，只会造成他们之间的残酷竞争，引起地租的增长，从而给占有者提供了靠生产者为生的新的方便。”[②] 农业问题只有当工人阶级夺取政权以后才能得到最终的解决。这样，土地国有化才会成为“使劳动和资本之间的关系彻底改变，归根到底将完全消灭工业和农业中的资本主义生产方式”[③] 的最重要的措施之一。

如果说，在从资本主义向共产主义的革命过渡时期，马克思支持无产阶级专政国家的国家所有制；那么，在建立共产主义社会之后一切阶级都消亡的时候，马恩提出，它要被一种非政治的全社会的组织所

① 马克思恩格斯全集(第16卷)[M]. 北京:人民出版社,2007:661－662.(参看B. N. 库尼娜《卡尔·马克思和英国工人运动(1845—1883)》1968年莫斯科版第287－292页)

② 马克思恩格斯选集(第2卷)[M]. 北京:人民出版社,1995:453.

③ 马克思恩格斯选集(第2卷)[M]. 北京:人民出版社,1995:454.

代替。

马克思的《法兰西内战》写道，如果合作制生产要“排除资本主义制度，如果联合起来的合作社按照总的计划组织全国生产，从而控制全国生产”，那么，被资产阶级思想家说成是不可能、然而是绝对“‘可能的’共产主义”就会变为现实。[①] 马克思指出的是国家一级的合作制生产的必要性。

1851—1852 年，以厄内斯特·琼斯为首的左翼宪章派在《寄语人民》杂志和《人民报》阐述了他们的纲领。马克思宣称，“我偶尔翻了几期厄内斯特·琼斯的杂志《寄语人民》（1851 年和 1852 年），就经济论文来说，这个杂志在主要问题上是在我的直接领导下，一部分甚至是在我的直接参与下编写的”。[②] 这两份刊物深入地论述了合作生产在什么条件下可以取代资本主义生产。为此，首先必须把合作原则变成国家的信条并把单个的地方合作社和小企业变成全国联合体的分支。它们的利润只要是超过了一定金额就必须作为供扩大合作社生产的总的基金。[③] 琼斯不仅认为，只有经过一个较长的过程才能实现这种形成全国性阶梯的合作生产，而且指出，合作生产将来会被更高级的社会组织所代替。他的刊物指出，共产主义者同盟所宣传的“共产主义制度”是一种“一切生产工具和生产资料属于大家的社会组织”。[④] 这两家左翼宪章派刊物在论述它们的社会经济纲领时实事求是地讨论了共产主义第一阶段生产和分配所固有的一系列规律。他们指出，形成全国性阶梯的合作生产可以消除人对人的剥削，为一切人创造了自由运用生产资料的条件，从而使人们有可能按照能力和兴趣进行劳动。

马克思对合作经营作为社会试验给予高度评价。马克思在《国际

---

① 马克思恩格斯选集（第 2 卷）[M]. 北京：人民出版社，1995：379.

② 马克思恩格斯全集（第 31 卷）[M]. 北京：人民出版社，1998：11.

③ 厄内斯特·琼斯. 致合作原则的拥护者和合作社社员的信[M]//马列著作编译资料[M]. 北京：人民出版社，1981：7－17.

④ 《科伦共产党人审判案》，载于 1852 年 10 月 30 日《人民报》。

工人协会成立宣言》中以合作工厂为例说明，在未来社会中，工人怎样“带着兴奋愉快心情自愿”① 完成他们的工作。自 1857—1858 年英国爆发经济危机以来又重新兴办了越来越多的工人合作工厂。19 世纪 50 年代初，在参与制定左翼宪章派社会主义纲领时马克思已经注意到，在那些大都还在中小企业做工的工人中间，合作化是关于社会主义生产方式的一种最明确的，因而也是最流行的设想。

在写作《资本论》时，生产合作社——同股份公司一样——都曾被马克思用来证明：没有企业主同样可以进行共同生产。此外，他还通过生产合作社探讨了生产者对劳动看法的转变、领导职能的新作用和在用自己的生产工具进行生产的集体中出现的一些其他问题。“工人们不是在口头上，而是用事实证明：大规模的生产，并且是按照现代科学要求进行的生产，在没有利用雇佣工人阶级劳动的雇主阶级参加的条件下是能够进行的；他们证明：为了有效地进行生产，劳动工具不应该被垄断起来作为统治和掠夺工人的工具。”② 这样马克思就用工人自己的经验向他们说明：“雇佣劳动，也像奴隶劳动和农奴劳动一样，只是一种暂时的和低级的形式，它注定要让位于带着兴奋愉快心情自愿进行的联合劳动。”③

在《国际工人协会成立宣言》中，马克思再次以合作社为例证明了“那种专制的、产生赤贫现象的、使劳动附属于资本的现代制度将被共和的、带来繁荣的、自由平等的生产者联合的制度所代替”。④

恩格斯 1880 年提出，“至于在向完全的共产主义过渡时，我们必须大规模地采用合作生产作为中间环节，这一点马克思和我从来没有怀疑过。但事情必须这样来处理，使社会（即首先是国家）保持对生产资料的所有权，这样合作社的特殊利益就不可能压过全社会的整个利

①②③ 马克思恩格斯选集(第 2 卷)[M]. 北京:人民出版社,1995:133.

④ 马克思恩格斯全集(第 16 卷)[M]. 北京:人民出版社,2007:216－217.

益”。[①]

斯威齐提出，“在社会主义里，中央政府、地方政府、特殊的这种或那种公共权威以及合作社，都可以拥有生产资料”。中央政府和地方政府所有制对应马克思支持的过渡时期的无产阶级专政国家的国家所有制作为社会主义生产资料公有制的主要形式；特殊的这种或那种公共权威和合作社对应马克思说的，一切阶级都消亡的共产主义社会，国家所有制要被一种非政治的全社会的组织所代替。但马克思明确反对割裂的各个集团所有制或公社所有制作为社会主义生产资料公有制的形式，这一点似乎在斯威齐那里是模糊的、含义不明的。

4. 允许保留一部分生产资料的私人财产权利，但有界限

斯威齐的《社会主义》也不含糊地指出，社会主义生产资料“可以有某一数量的私有权”，界限是“只要其限定在小规模生产的产业内”。[②] 即社会主义经济制度排除社会化大生产的产业内的生产资料的私有权，而保留与小规模生产相联系的生产资料的私有权。

马克思在1868年7月28日的总委员会会议上的一篇发言指出：只要资本主义私有制存在，机器大生产就必然给工人阶级带来毁灭性的后果。但是，只有大工业才能为建立一个新的社会制度创造客观前提。[③] 1868年9月在布鲁塞尔举行的国际代表大会上以马克思提出的草案为依据通过了一项决议，指出“机器社会的发展”是“一个真正的社会生产制度取代雇佣劳动制度所必需的物质条件”。

《德意志意识形态》中，马克思和恩格斯谈到要“在已有的生产力的基础上取消现在的社会”[④]，即建立在私有制基础上的社会制度“在私有财产成为新出现的生产力的桎梏以前”[⑤] 是不会瓦解的。“在大工

①② 《马克思恩格斯全集》第23卷第12页。

③ 马克思恩格斯全集(第16卷)[M]. 北京：人民出版社，1963：640－642.（参看《1866—1868年第一国际总委员会会议记录》莫斯科版第229－234页）

④ 马克思恩格斯全集(第3卷)[M]. 北京：人民出版社，2002：231.

⑤ 马克思恩格斯全集(第3卷)[M]. 北京：人民出版社，2002：411.

业中，生产工具和私有制之间的矛盾才第一次作为大工业所产生的结果表现出来；这种矛盾只有在大工业高度发达的情况下才会产生。因此，只有在大工业的条件下才有可能消灭私有制。”[①] 这就说明，马恩反对盲目废除一切生产领域内的生产资料私有制，这种废除应当且只应当与大工业的生产条件相联系。从逻辑上反推，就是斯威齐说的，社会主义生产资料“可以有某一数量的私有权”，界限是“只要其限定在小规模生产的产业内”。马恩还专门指出资本主义制度下的生产力的社会性质，即“发展为一定的总和并且只有在普遍的交往范围里才存在的生产力”。[②] 可以确定，小规模生产的生产力不属于资本主义性质的，从而不属于社会主义改造的对象。

5. 生产资料的财产关系不仅仅是财产关系本身，而是由这种财产权利规定的社会权力结构

斯威齐的《社会主义》阐述了生产资料的财产关系作为社会主义本质特征第一方面的规定性的理由。“资本主义和社会主义的财产制度极其重要，不仅仅是因为其对个人生活产生不同的影响，也因为其反映了并构成极端不同的社会结构的条件，每个社会制度有自己的法律和发展趋势。在资本主义中，生产资料的所有权通常局限于总人口中的一小撮；其余的不得不出卖劳动力以糊口。这样，财产制度是资本主义基本社会结构的法律表达，社会分裂为两个根本上对抗的阶级，即雇主和工资劳动者。”“生产资料所有权及由此产生的利润不仅仅是可消费的收入的源泉，也授予其免于劳动的权力，授予其支配他人劳动的权力，加总起来，即社会权力和特权。”[③]

“与社会主义财产制度相联系的社会结构、法律及趋势，与资本主

---

① 马克思恩格斯选集（第 1 卷）[M]. 北京：人民出版社，1995：72.

② 马克思恩格斯选集（第 1 卷）[M]. 北京：人民出版社，1995：74.

③ Paul M. Sweezy, Seymour E. Harris. Socialism[M]. New York, Toronto, London: McGraw - Hill Book Company, INC, 1949.

义截然不同。既然在社会主义中没有生产资料的私有者，那么，就没有雇主阶级，也没有割裂的工人阶级；原则上每个人都是工人，唯一的雇主是社会本身，通过社会政府及与其合作的机构行动。”①

社会权力关系由财产权利所决定，是比财产权利更本质的规定性。“资本主义社会进阶的路径是积累更多的财产，永无止境的扩大生产资料的努力作为目的本身，成为资本主义发展的驱动力。”“社会主义私人所有权和私人利润不再存在，那么，积累的动力、资本主义社会进阶的手段也就消失了。代替它的，是有意识的努力，实现一般的社会目标，成为生产发展的动力。”②

“社会主义的主要含义，它是一个完整的社会制度，它与资本主义的区别，不仅仅是没有生产资料私有制，而且也在其基本结构，更在其功能方面有区别。”③

休伯曼的《社会主义 ABC》有类似的看法，“随着生产资料不再掌握在私人手里，社会不再被分裂为雇主和工人两个阶级。没有人处于剥削别人的位置——A 不能通过 B 的劳动赚取利润。简言之，社会主义的核心是国家不再被少数人所有，不再由他们为其私利管理不善，将由人民拥有，由人民为人民的利益实施管理。”④

马克思在《经济学哲学手稿》中阐述对新社会特征的看法时，把这种社会称作“社会主义”，也称作“共产主义”。“共产主义是私有财产即人的自我异化的积极的扬弃，因而是通过人并且为了人而对人的本质的真正占有；因此，它是人向自身、向社会的（即人的）人的复归，这类复归是完全的、自觉的而且保存了以往发展的全部财富的。”⑤ 马克思说的“人的自我异化的积极的扬弃”“对人的本质的真正占有及人

①②③ Paul M. Sweezy, Seymour E. Harris. Socialism[M]. New York, Toronto, London: McGraw - Hill Book Company, INC, 1949.

④ Leo Huberman, Paul M. Sweezy. Introduction to Socialism: Including “The ABC of Socialism”[M]. New York: Monthly Review Press, 1968.

⑤ 马克思恩格斯全集(第 42 卷)[M]. 北京:人民出版社,1979:120.

向自身、向社会的（即人的）人的复归"，就是斯威齐说的"没有雇主阶级，也没有割裂的工人阶级"的社会权力关系的实现，也就是无阶级差别的社会权力结构。马克思把"人的自我异化的积极的扬弃"等同于"私有财产的积极扬弃"，这就是斯威齐说的"社会权力关系由财产权利所决定，是比财产权利更本质的规定性。"

马恩在《德意志意识形态》中把分工的发展程度看作是一个民族的生产力发展水平的尺度。[①] 他们指出，分工使社会分裂为阶级，"分工发展的各个不同阶段，同时也就是所有制的各个不同形式。"[②] 阶级分裂，即私有制的条件本身反过来又对分工产生影响并加强它的作用：有利于统治阶级的更高的生产率和生产者的片面化、畸形化。"个人本身完全屈从于分工，因此他们完全是相互依赖的"，[③] "变成片面的人，使他畸形发展，使他受到限制"。[④] 马恩从分工、私有制和阶级分裂的关系出发取得了这样的认识：必须消灭私有制，从而消灭阶级分裂以及旧的分工。再次表明，私有制的消灭的实质是阶级分裂的消灭。

（二）资源配置手段方面的规定性

就社会主义经济的资源配置而言，生产资料公有制天然地、没有争议地推导到经济计划。围绕经济计划的讨论涵盖计划的目标和达致目标的方式。方式问题的讨论牵涉斯大林主义计划经济的关键弊病。

1. 生产资料公有制的推论是经济计划

斯威齐的《社会主义》直截了当地指出，"生产资料公有制的推论是经济计划。"[⑤]

"资本主义经济由市场统治，也就是说，由私人生产者对价格运动

① 马克思恩格斯选集(第1卷)[M]. 北京:人民出版社,1995:76.

②③ 马克思恩格斯选集(第1卷)[M]. 北京:人民出版社,1995:26.

④ 马克思恩格斯全集(第3卷)[M]. 北京:人民出版社,2002:514.

⑤ Leo Huberman, Paul M. Sweezy. Introduction to Socialism: Including "The ABC of Socialism"[M]. New York: Monthly Review Press, 1968.

作出反应，以最大化私人的利润。通过这一机制，供给和需求彼此调整，生产资源被配置给各行各业和生产的各个部门。公共机构没有非常强烈的理由要最大化其利润（尽管，不可否认，在某种环境下，其也会被命令尽可能地赚取利润）。所以，一般地，必须有一些其他原则来指导其经济行为，并且只有计划才能协调所有这些公共机构的活动。”①

斯威齐在收编在《社会主义 ABC》的《美国经济纲领》中提出，社会主义经济是“一种社会化的、有计划的经济”。“单个生产和贸易单位不是以利润最大化的观点经营的；其目标是完成国家经济计划为其制定的任务”。“这是（社会主义经济制度与资本主义的）重大区别”②。

“区别是，在资本主义中这些资源的配置——尤其是生产生产资料的资源与生产消费品的资源之间的分工——是数百万资本家根据自己的利益、彼此独立决策的结果；而在社会主义中，资源配置是提前计划的、以满足自觉意识到的社会需求。”③

休伯曼的《社会主义 ABC》简明扼要地确认，“正如生产资料公有制是社会主义的本质特征一样，中央计划也是”。④

在社会中和对自然界建立自觉的关系，马恩在 19 世纪 40 年代就已经产生过这一想法。第一次席卷全世界的 1857 年经济危机，使很多劳动者看到资本主义生产的无政府性质，并留下了深刻的印象。鉴于资本主义危机的破坏作用越来越大，社会主义生产的计划性问题就获得了重要意义。马克思预言了新的周期性的生产过剩危机，于是他就把更大的注意力放在生产的计划性这一问题上。以此为出发点，他在《资本论》中阐明了劳动日益社会化、生产资料公有制的必要性和按计划组织全部再生产过程的必要性的经济联系。

只有在生产资料公有制的条件下，资本主义无政府状态才能由联合

①②③④ Leo Huberman, Paul M. Sweezy. Introduction to Socialism: Including “The ABC of Socialism”[M]. New York: Monthly Review Press, 1968.

起来的生产者的总意志和总计划所代替。因为取得政权的工人阶级的利益客观上是和社会进步趋势相一致的。对客观社会规律及其要求取得尽量完善的认识，这是工人阶级的阶级利益所在。马克思把整个社会发展和生产的计划性看作继资本主义之后的更高级的生产方式的特点。“资产阶级社会的症结正是在于，对生产自始就不存在有意识的社会调节”。①

“在资本主义生产内部，各个生产部门之间的平衡表现为由不平衡形成的一个不断的过程，因为在这里，全部生产的联系是作为盲目的规律强加于生产当事人，而不是作为由他们的集体的理性所把握，从而受他们支配的规律来使生产过程服从于他们的共同控制。”② 这样他就间接说到了未来社会的生产发展的平衡问题。

马克思认为，有计划的社会生产要求中央的社会监督。在这里，不像“社会的理智总是事后才起作用”③ 的资本主义社会那样，事后才能断定结果。对更高级的生产方式来说，主要的是，社会可以预见发展、计划发展。马克思在《政治经济学批判大纲》中描述了通过掌握社会规律而取得的新的质，同时他预言，那时，社会将内行地处理其不断发展的再生产过程。不仅对生产过程而言，而且在“人类交往的发展”④ 方面，人将以监督者和调解者、以自己的社会关系的自觉创造者的身份出现。

《德意志意识形态》谈道，共产主义社会形态的新的质在于：人们第一次自觉地创造自己的生活，“社会调节着整个生产”。⑤

恩格斯在《共产主义原理》中详尽地论述了共产主义社会中生产的性质和目的。他突出地强调了一个关于新制度的基本思想：由整个社

---

① 马克思恩格斯全集(第32卷)[M]. 北京:人民出版社,1998:542.

② 马克思恩格斯全集(第25卷)[M]. 北京:人民出版社,2001:286.

③ 马克思恩格斯全集(第24卷)[M]. 北京:人民出版社,1972:350.

④ 马克思恩格斯全集(第46卷下册)[M]. 北京:人民出版社,2003:218.

⑤ 马克思恩格斯选集(第1卷)[M]. 北京:人民出版社,1995:38.

会来领导生产。“社会将剥夺私人资本家对一切生产力和交往工具的支配权，也将剥夺他们对产品的交换和分配权……将按照实有的资源和整个社会需要而制定的计划来支配这一切东西。”① “首先将根本剥夺相互竞争的个人对工业和一切生产部门的管理权。一切生产部门将由整个社会来管理，也就是说，为了公共的利益按照总的计划和在社会全体成员的参加下来经营。这样，竞争将被这种新的社会制度消灭，而为联合所代替。”②

2. 计划包括什么

休伯曼的《社会主义 ABC》提出社会主义经济计划的核心是两个部分的问题：“目标是计划的一部分，达致目标的方式是另一部分。”③

目标的问题，放到后文专题讨论。

就方式的问题，休伯曼指出，“计划必须服从于全体人民”。“‘控制数字’应被提交各种人民委员会及处理国民经济的其他中央机构以细读和评价，例如，人民重工业、商业、交通、外贸委员会。每一中央权威把计划的各部分指派给下属机构，以至最终计划的对应部分下达给单个的工厂或农场。当其到达从国家计划委员会出发的旅程的最后驿站——工厂或集体农庄，一切踊跃的工人和农民在计划的讨论和考察中发挥了积极作用，提出意见和建议。在此之后，‘控制数字’沿着同一路线发送，直到其最终以修正或补充过的形式回到国家计划委员会。”④

“工厂的工人和农场的农民对计划的优缺点发表意见”⑤，休伯曼指出，这是最关键的部分，“通常发生的是，这些工人和农民不同意其特定工作领域相关的控制数字。” “计划工作完成、目标实现，不是自上而下强制的。工人和农民在里面发声。”⑥ 这里的关键，恰是斯大林主

---

① 马克思恩格斯选集（第 1 卷）[M]. 北京：人民出版社，1995：222.

② 马克思恩格斯选集（第 1 卷）[M]. 北京：人民出版社，1995：217.

③④⑤⑥ Leo Huberman, Paul M. Sweezy. Introduction to Socialism: Including "The ABC of Socialism"[M]. New York: Monthly Review Press, 1968.

义计划经济没有做到的，是斯大林主义计划经济体制僵化、浪费、低效的根源。中央决定的生产计划既忽略了地方的能力和社会的需要，也缺乏对劳动者提高劳动生产率的激励。

对斯大林主义计划经济的可替代的选择是生产者本身控制劳动的条件和产品。“工人自豪地说，‘这是我们的工厂；这是我们的医院；这是我们的休养所’，这不意味着他们个人是特定事物的所有者，而是意味着，其直接地为他们的利益而起作用和生产”。“在社会主义中，通过生产资料公有制和中央计划，人民能够控制自己的命运——人是经济力量的主人。”①

由于社会主义社会和共产主义社会建立在生产力和劳动社会化的高度发展水平之上，所以它只能是一个有高度组织性的制度。只就这点而言，它一方面提高了权威，另一方面也扩大了服从。然而权威和服从的阶级性改变了，原来的一些职能消失了，而其他一些职能却得到了发展。在资本主义社会，权威和服从具有资本家及其帮凶压迫劳动者的职能。在无产阶级专政下，它们则是占人民大多数的工人阶级和与之联盟的其他劳动者统治的表现。无阶级社会建立以后，它们将完全失去其阶级性，将彻底表达整个社会和每个人的利益。

在共产主义社会中，特别是生产过程的组织性将得到加强，那时生产过程将由生产者本身来控制。1872 年 9 月 2 日国际工人协会在海牙召开代表大会，这次会议上，恩格斯对于在共产主义社会取代政治国家的将是什么这一问题，给予了极有远见的答复：“经济的中央集权制。”②

一种错误的两难困境是，在共产主义社会要么全民管理，那就不能有政府；要么有政府，因而也就有管理者和被管理者。马克思解决了上

① Leo Huberman, Paul M. Sweezy. Introduction to Socialism: Including “The ABC of Socialism” [M]. New York: Monthly Review Press, 1968.

② 1872 年 9 月 7 日谢·安·波多林斯基致彼·拉·拉甫罗夫的信。载于格·巴加图利亚《未来的轮廓。恩格斯论共产主义社会》1975 年莫斯科版第 142 页。

述这个错误的二者择一的问题：因为政府是由公社自治开始的，所以“阶级统治一旦消失，目前政治意义上的国家也就不存在了”，[①] 那么所有“被管理者”同时就都是管理者了。诸如政府和统治的概念就失去了自己的含义。马恩所理解的共产主义社会国家的消亡显然就是向社会组织性的高级形式过渡，在这里人将完全掌握其自身的社会化。

只要无产阶级专政履行阶级职能，它就是政治国家。但同以前所有的国家制度不同的是，它不再是少数剥削者用以压迫多数人民的工具，所以它“已经不再是原来意义上的国家了”。[②] 这是恩格斯于1875年论述巴黎公社时写的，并代表马克思建议在德国社会民主党纲领中使用“公团”[③] 这个词来表达未来国家。

马恩强调，在共产主义社会消亡的仅仅是政治国家，认为“在共产主义社会国家还将继续存在，但已不是政治国家了”，这是有一定道理的。马克思把共产主义的公团称为“工人国家”。共产主义的社会自治不是通过削弱社会主义的国家政权，而是通过社会主义民主的发展和随之而来的社会主义国家的职能及形式的完善来进行准备的。

马恩在科学共产主义的产生阶段就强调，新社会的特征是劳动生产率的不断提高。未来社会将从其社会经济基础中解放出来的提高劳动生产率的另一种潜力，在于消除了无政府状态的竞争制度所造成的“社会生产资料和劳动力的最大的浪费”。通过生产过程中的关系的彻底民主化，可以取消“无数现在是必不可少的，但就其本身来说是多余的职能”。[④] 马克思在这里主要是指那些为了对工人进行监视、监督和检查而从剥削过程的专横性质中产生出来的活动。

（三）生产目的方面的规定性

如果说生产资料公有制和经济计划构成普遍接受的社会主义定义，

① 马克思恩格斯选集（第2卷）[M]. 北京：人民出版社，1995：637.

②③ 马克思恩格斯全集（第34卷）[M]. 北京：人民出版社，2008：123.

④ 马克思恩格斯全集（第23卷）[M]. 北京：人民出版社，1972：579.

那么，社会主义物质生产的目的方面的规定性，是常常被忽略或被认为不言而喻的。然而，事实上，生产资料所有制和资源配置手段两个原则都必须接受物质生产目的的指导，社会主义物质生产目的才能保证公有的生产资料在经济计划的协调下为着社会主义性质被运用。

经济计划的指导原则是“社会主义为了全体人民的利益最大化而发展其资源和技术”。①

斯威齐在《美国经济纲领》中展开论述说，“资本主义的基本趋势，即社会的总和的生产资料的无限扩张、毫不顾忌消费品最终市场的规模，这一趋势在社会主义中既不会也不能起作用”。“社会主义经济总是，并且理所当然地努力调整生产资料的扩张使其符合人民不断增长的消费需要的要求（当然，包括作为集体需要的公路、教育和国防）。”②

休伯曼在《社会主义 ABC》的“社会主义有计划的经济”章节指出，“社会主义不意味着资本主义的零碎拼凑的改革。它意味着革命性的变迁——沿着完全不同的路线的社会重构。”革命性表现在“不是个人为自己的利润而努力，而是为集体的利益而集体努力”。③

“人凌驾于人的权力会减少；人掌控自然的能力会增加。生产充裕的能力，不是会被逐利的考虑所扼杀，而是会被运用到极致来为一切人提供充裕。”“成功不再以你的积累规模来衡量，而是以你与你的同志合作的程度来衡量”。④

“没有要受益的所有者或股东，没有金钱利润的考虑。唯一的目标是在长期、对整个社会最大的安全和福利。”“人民的需要，不是利润，是广泛的一般的目标。”⑤

马恩在《共产党宣言》中规定了生产的目的。“在资产阶级社会

---

① Paul M. Sweezy, Seymour E. Harris Socialism[M]. New York, Toronto, London: McGraw – Hill Book Company, INC, 1949.

②③④⑤ Leo Huberman, Paul M. Sweezy. Introduction to Socialism: Including“The ABC of Socialism”[M]. New York: Monthly Review Press, 1968.

里，活的劳动只是增殖已经积累起来的劳动的一种手段。在共产主义社会里，已经积累起来的劳动只是扩大、丰富和提高工人的生活的一种手段。”[①]

马克思在《资本论》中分析资本主义生产的总过程时，提出了生产的目的（目标、动机）和手段这种概念。马克思指出，在资本主义剥削关系中，目的（资本增殖）不断地和手段（生产力的无条件发展）发生冲突。[②] 与此相反，共产主义生产的目的和手段不仅原则上是一致的，它们甚至在越来越大的程度上互为条件。一方面，发展社会生产力和创造相应的生产的物质条件的目的是“为一个更高级的，以每个人的全面而自由的发展为基本原则的社会形式创造现实基础”[③]。另一方面，高度熟练的、受过全面训练和全面发展的个人是共产主义物质生产劳动的要求。马恩在《共产党宣言》中设想了一个没有剥削的社会。在这个社会里人们自觉地控制和创造自己的社会关系。这样的社会恰恰需要全面发展的、具有专业知识和判断能力的个人。

马克思批判了资本主义物质生产的扩大或缩小取决于利润率高低的现象，同时他指出在新生产方式下将根据什么原则来有计划地组织国民经济的再生产过程。生产的发展，取决于满足社会地发展了的人的需要。[④] 每一个别行业的生产以及这种生产的增加必须直接由社会需要调节和控制。[⑤] 建立在废除私有制基础上的全新的生产方式为以新的方式解决社会发展的一系列基本问题——首先是生产和它的计划性——提供了出发点。生产足够数量的产品第一次使得满足社会全体成员的需要成为可能。

共产主义社会形态的新的质在于：人们第一次自觉地创造自己的生

① 马克思恩格斯选集（第1卷）[M]. 北京：人民出版社，1995：266.
② 马克思恩格斯全集（第25卷）[M]. 北京：人民出版社，2001：278－279.
③ 马克思恩格斯全集（第23卷）[M]. 北京：人民出版社，1972：649.
④ 马克思恩格斯全集（第25卷）[M]. 北京：人民出版社，2001：288－289.
⑤ 马克思恩格斯全集（第26卷第3册）[M]. 北京：人民出版社，1972：126.

活。“转化为对那些异己力量的控制和自觉的驾驭，这些力量本来是由人们的相互作用所产生的，但是对他们说来却一直是一种异己的、统治着他们的力量”。[①]“确立个人对偶然性和关系的统治，以之代替关系和偶然性对个人的统治”。[②]“人们每次都不是在他们关于人的理想所决定和所容许的范围之内，而是在现有的生产力所决定和所容许的范围之内取得自由的”。[③] “各个个人在自己的联合中并通过这种联合获得自由”。[④] 马恩的出发点是，个人的发展总是只有在社会中和通过社会才能实现。[⑤]

斯威齐和休伯曼说社会主义物质生产的指导原则是“符合人民不断增长的消费需要的要求”、“为了集体利益的集体生产”；马克思说社会主义物质生产的指导原则是“扩大、丰富和提高工人的生活”、“以每个人的全面而自由的发展为基本原则”、“满足社会地发展了的人的需要”，“个人的发展总是只有在社会中和通过社会才能实现”。这是同一个意思的两种表达。

① 马克思恩格斯选集(第1卷)[M]. 北京:人民出版社,1995:42.
② 马克思恩格斯全集(第3卷)[M]. 北京:人民出版社,2002:515.
③ 马克思恩格斯全集(第3卷)[M]. 北京:人民出版社,2002:507.
④ 马克思恩格斯选集(第1卷)[M]. 北京:人民出版社,1995:82.
⑤ 马克思恩格斯全集(第3卷)[M]. 北京:人民出版社,2002:235.

参考文献

[1]毛泽东选集(第四卷)[M]. 北京:人民出版社,1991.

[2]毛泽东选集(第五卷)[M]. 北京:人民出版社,1977.

[3]邓小平文选(第二卷)[M]. 北京:人民出版社,1994.

[4]邓小平文选(第三卷)[M]. 北京:人民出版社,2001.

[5]习近平谈治国理政(第一卷)[M]. 北京:外文出版社,2014.

[6]习近平谈治国理政(第二卷)[M]. 北京:外文出版社,2017.

[7]习近平关于全面深化改革论述摘编[M]. 北京:中央文献出版社,2014.

[8]习近平关于全面建成小康社会论述摘编[M]. 北京:中央文献出版社,2016.

[9]习近平关于社会主义经济建设论述摘编[M]. 北京:中央文献出版社,2017.

[10]Maurice Meisner. Mao's China and After:A History of the People's Republic[M]. New York: The Free Press, 1999.

[11]莫里斯·迈斯纳. 马克思主义、毛泽东主义与乌托邦主义[M]. 北京:中国人民大学出版社,2006.

[12]Oskar Lange. Economic Development, Planning, and International

Cooperation[M]. New York: Monthly Review Press, 1963.

[13]保罗·巴兰. 增长的政治经济学[M]. 北京:商务印书馆,2000.